特斯拉传

INSANE MODE

［新西兰］哈米什·麦肯齐 著　牛小婧 译
（Hamish McKenzie）

实 现 不 可 能

HOW ELON MUSK'S TESLA SPARKED AN ELECTRIC
REVOLUTION TO END THE AGE OF OIL

中信出版集团｜北京

图书在版编目（CIP）数据

特斯拉传：实现不可能/（新西兰）哈米什·麦肯齐著；牛小婧译. -- 北京：中信出版社，2019.5（2024.11重印）

书名原文：INSANE MODE:How Elon Musk's Tesla Sparked an Electric Revolution to End the Age of Oil

ISBN 978-7-5217-0210-1

Ⅰ.①特… Ⅱ.①哈…②牛… Ⅲ.①埃隆·马斯克—传记②电动汽车—汽车企业—工业企业管理—经验—美国 Ⅳ.①K837.125.38②F471.264

中国版本图书馆CIP数据核字（2019）第041334号

Insane Mode by Hamish McKenzie
Copyright © 2018 by Hamish McKenzie
Simplified Chinese translation copyright © 2019 by CITIC Press Corporation
Published by arrangement with author c/o Levine Greenberg Literary, Agency, Inc
Through Bardon Chinese Media Agency
ALL RIGHTS RESERVED

本书仅限中国大陆地区发行销售

特斯拉传：实现不可能

著　　者：[新西兰]哈米什·麦肯齐
译　　者：牛小婧
出版发行：中信出版集团股份有限公司
　　　　　（北京市朝阳区东三环北路27号嘉铭中心　邮编　100020）
承　印　者：北京通州皇家印刷厂

开　　本：880mm×1230mm　1/32　印　张：9　字　数：210千字
版　　次：2019年5月第1版　　　　 印　次：2024年11月第6次印刷
京权图字：01-2019-1320
书　　号：ISBN 978-7-5217-0210-1
定　　价：69.00元

版权所有·侵权必究
如有印刷、装订问题，本公司负责调换。
服务热线：400-600-8099
投稿邮箱：author@citicpub.com

目 录

前 言_V

第 1 部分
感应：颠覆认知_001

第一章　开启电动疯狂模式_003
马斯克相信在物理学定理允许的范围内，任何事情都可以做到。"疯狂模式"代表着他所须付出的激情和努力，他要让马路上每辆车都变成电动汽车。

第二章　没有马斯克就没有特斯拉_017
马斯克能带领特斯拉走到今天的高度，其自身的特质发挥了至关重要的作用。如果没有它们，特斯拉很可能活不过 Roadster 的时代。

第三章　流言终结者_031
在媒体自顾自地刊登报道，臆测火灾可能对电动汽车构成生死存亡的风险时，马斯克对特斯拉进行了软硬件升级，有力回击了流言。

第四章　颠覆传统的销售模式_037
特斯拉坚持向消费者直接卖车主要是为了把控将产品带给市场的方式。这对电动汽车的销售来说尤为重要，因为大多数人对电动汽车的了解不如对燃油车多。

第五章　打消焦虑 _ 043

人们认为电动汽车有限的续航里程会把人束缚于短途旅行。特斯拉的全球超级充电站不仅能够解决这个问题，而且能够开辟新的"充电公路"。

第 2 部分
变速：舍命狂奔 _ 053

第六章　从活下来到活下去 _ 055

特斯拉在一次次的资金危机中拯救了自己，它的估值在十几年时间里由零增至数百亿美元。它继续着自己的故事，或许故事才刚刚开始。

第七章　失败总比没尝试好 _ 081

马斯克认为，如果没有失败，说明你的创新就还不够。和好莱坞一样，这也是一种大片驱动模式。风险投资者会下注一批有潜力的初创公司。

第八章　鲨鱼还是鲇鱼 _ 117

想要干掉特斯拉的大公司名单已经很长了，一家小公司胜过这些大公司的唯一手段就是更快、更高效、更加努力地工作。

第九章　持续纠错和进化能力 _ 143

特斯拉一直走在前面。孤注一掷的研发策略让其技术领先了至少四年：它能够量产电动四驱车；每周为用户提供无线软件更新；充电网络覆盖超过世界上任何一家公司。

第 3 部分
阳关大道：实现不可能 _ 177

第十章　超级工厂和"秘密宏图" _ 179
这家位于电动大道尽头的工厂存在的意义不仅限于汽车，它支撑着一场革命，而这场革命的意义远大于取代石油。

第十一章　重新定义能源 _ 195
只要每天替代 200 万桶石油（约占全球日产量的 2%），就足以让油价出现类似于 2014 年危机开始时的下跌。特斯拉正在带来重大的变革，最终重新定义能源业务。

第十二章　天堂还是地狱 _ 227
特斯拉要想取得长远成功，还必须克服许多挑战，面向大众市场生产仅仅是诸多挑战之一。

第十三章　雄心壮志并不止步于"S3XY" _ 249
特斯拉是一家不断把自己推向极限的公司，虽只有 3 万名员工，却试图去做许多规模大得多的公司从未考虑尝试的事情。毕竟，特斯拉的雄心壮志并不止步于此。

参考说明 _ 269

致　谢 _ 271

前　言

我正儿八经开过的第一辆车是带手动阻风门的1983年款福特全垒打（Ford Laser）。作为一个需要打天下的16岁少年，我熟练掌握了一门精细活儿，学会了如何慢慢调节阻风门，使空气与汽油完美混合，好让我身材精干的"全垒打"像藏在钢琴琴箱里的黑豹一样发出低鸣。这辆汽车的喷漆一开始是金色的，但经过几年的日晒雨淋，最终褪成了暗棕色。我管这车叫"棕棕"，开着它跑遍了我的老家——有5 000人的新西兰亚历山德拉，去过附近能游泳的水塘和体育场，还有亚历山德拉四周那些灌木丛生的小山，那里可是情侣亲热的好去处。

不过，我的能耐仅限于操纵阻风门，此外，我对这车并不很了解，也不太想去钻研。我爸爸是搞物理的，知道如何指挥"棕棕"的小零件们井然有序地翩翩起舞，去上演推进力的奇迹。保养工作他全包了，我只需要给车加加油，不让车在前不着村后不着店的结冰路面上熄火就可以了。这个我能搞定。

上大学后，我趁着假期在本地果园摘水果挣房租那会儿，确实尝试了解了一下汽车的工作原理。那时我的车已经升级成1991

年款丰田凯美瑞，依我的标准算是豪车了。这辆车不仅没有阻风门，还是自动挡的。记得有一天天很热，我和朋友在樱桃树林里休息，我坐在梯子顶端，听我那精通汽车的朋友坐在旁边一棵树下给我解释内燃发动机的工作原理。虽然我父亲在这方面很在行，但我是文科生，也没有搞机械的头脑，估计让我父亲大失所望了。我一边大嚼樱桃，一边努力把化油器、活塞、凸轮轴等术语塞到脑子里，却很难记清它们以何种顺序相互作用，或者究竟存不存在相互作用。朋友很快就被我的愚笨弄得灰心丧气，我也认定自己这辈子是搞不懂这种极其复杂的精妙法术了。不过没关系。

29 岁时，我离开新西兰，远赴汽车业的精神家园美利坚合众国。即使到了美国，我与机动车之间的爱恨情仇也依然在延续。开着我夫人那辆 2001 年款本田思域，我学会了如何靠右行驶，如何抑制自己狂踩油门的冲动，以免在公路上找死，但我还是搞不懂火花塞怎么点火，正时皮带是怎么连接的。事实上，我能不开车就不开车，而且开始相信，如果没有汽车，世界会变得更加美好。我加入科技新闻网站 *PandoDaily* 后写的最早一批文章中，有一篇便是呼吁硅谷让我们摆脱汽车。我觉得汽车和公路的环境成本实在太高，在气候急剧变暖的当下，很快就会有更多人死于中暑而不是车祸。我在文中提出了以下理由：汽车是死亡陷阱、健康大敌、地球杀手，是让人陷入孤立的阴险引擎。要它们做什么？

当然，很多人都想拥有汽车，路径依赖是确实存在的。我们已经为这些神奇的四轮玩具挖山填海，还发明了车库，因此，现在放弃它们恐怕是不现实的。一大堆留言打消了我的无车梦，算了，还是继续开车吧。

就在那时，我发现了特斯拉。

我是2012年4月加入 *PandoDaily* 的，当时苹果公司创始人兼CEO（首席执行官）史蒂夫·乔布斯去世刚几个月，科技圈还在缅怀这位陨落的超级巨星。业界失去了一位能以恰到好处的一颦一笑吸引全世界目光、能用幻灯片让媒体为之癫狂的传奇人物。硅谷在急切地寻找下一个传奇，结果却不尽如人意。那时，iPhone（苹果手机）已不再新奇，硅谷的伟大创新者已将注意力转向照片分享应用和广告化技术。对用户偏好做数字化处理并据此推送动态消息的软件工程师一年能赚到好几百万美元。而其他创意都平淡无奇。要说脸书吧，还局限在一个个小圈子里；要说叫车应用吧，除了旧金山中产阶级还有谁用？要说玛丽莎·梅耶尔吧，出了雅虎还有谁知道她!?

2012年6月，特斯拉的Model S面世。虽然特斯拉为Model S搞了一场华丽的发布会，但知道这款车的人并不多。这款豪华电动轿车标价为7万美元，而且这还只是最低配置版的价格。在发布活动上，特斯拉仅交付了10辆车的钥匙，计划之后再扩大生产规模。测评者仅有10分钟时间试驾，但这已足以让汽车和科技媒体浮想联翩。《华尔街日报》的丹·尼尔把Model S比作兰博基尼，盛赞这款车开起来非常安静。《连线》(*Wired*)杂志称，Model S"开起来太有意思了"。在性能方面，Model S在4.2秒之内就能从零加速到每小时60英里[①]，堪称轿车中的超级跑车。

翌月，特斯拉CEO埃隆·马斯克现身于在旧金山举办的Pando月度系列演讲活动。当时我在中国，但上网观看了活动的视频。我对马斯克还不大了解，却立刻被他身上那种毫不掩饰的大胆吸引住了。他已经拥有一家向国际空间站运送商业载荷的火箭公司SpaceX（美国太空探索技术公司），筹划并投资建立了太阳能初创公司太阳城（SolarCity）。他想凭借特斯拉让世界摆脱对化石燃料的依赖。他在活动上对我当时的老板萨拉·莱西说："我试图把精力放在我认为最能对人类未来发挥积极影响的事业上。"他还说："很多创业者把精力和资金投向互联网，但在汽车、太阳能和航天等一些领域，却看不到什么新人进来。"

我心里嘀咕，如果非得继续开车，或许可以让这家伙把车做成电动的，这样至少可以不必再把那么多二氧化碳排到大气中。

在进一步研读有关特斯拉的资料后，我发现这家公司2008年就已经推出了一款名为Roadster的电动跑车。这是第一款酷炫的电动汽车，第一次证明了由电动机驱动的汽车比高尔夫球车更有魅力。Roadster定价在10万美元上下，主要面向富人和名流，因此高昂的定价是个不错的吸睛之举。当然，电池的成本也决定了特斯拉必须通过较高的定价来实现经济效益。马斯克早在2008年就开始谈论全电动家用车，但最终实现却花了很长时间。我一开始搞不懂这是为什么，后来我看了一部名为《电动汽车的复仇》

---

① 1英里=1.609344千米。——编辑注

（Revenge of the Electric Car）的纪录片，这部 2011 年拍摄的片子讲述了特斯拉如何历尽艰辛挺过金融危机。我还读到一些新闻报道和杂志上刊登的人物特写，描述了马斯克如何自掏腰包给特斯拉员工发工资，以使公司维持运转。特斯拉 2008 年年底一度处于破产边缘，在最后时刻被一笔 4 000 万美元的投资挽救，次年，戴姆勒又向特斯拉伸出了援手。在接下来的几年里，特斯拉买了一家工厂，上了市，随后打造了 Model S，这款汽车后来荣获《汽车族》（Motor Trend）杂志年度汽车大奖，成为该杂志有史以来首款全票通过的获奖汽车。这个叫马斯克的家伙没准儿真能捣鼓出大名堂。

到 2013 年年中，特斯拉的股价已突破 160 美元，市值接近 200 亿美元。2010 年以每股 20 美元左右的价格购入特斯拉股票的散户投资者成了百万富翁。马斯克开始出名了——不仅在科技界，普通人对他也是耳熟能详。2013 年 8 月，马斯克宣布他计划打造可在半小时内把乘客从洛杉矶送往旧金山的"第五种交通模式"，该计划使他的名气一举达到新的高度。他熬夜为所谓的"超级回路"（Hyperloop）绘制了蓝图，随后将蓝图发布在特斯拉和 SpaceX 的公司博客上。他并不打算自己修建超级回路，而是希望其他人来把它变为现实。接下来的新闻报道让马斯克获得了通常专属于史蒂夫·乔布斯的那种关注。

当时我受命为 PandoDaily 撰写了一篇关于超级回路计划的报道，我写道：马斯克对社会的贡献绝对大于乔布斯。乔布斯通过发明能放进口袋的强大联网计算机而为世界做出了重大贡献，马斯克则在为另一个目标奋斗。马斯克不是去开发另一个照片分享应用或下一代 *Flappy Bird* 游戏，而是试图改变交通业的面貌，并向实现太空旅行之梦大步迈进，从而为新一代创业者树立了榜样。

文章刊登后，一位纪实类书籍编辑发邮件问我是否有兴趣写一本关于马斯克的书。看这封邮件时，我正戴着拳击手套，穿着T恤衫，待在我巴尔的摩公寓里一间兼作办公室的卧室里。我琢磨了一下这个建议，并得出结论：没错，是个好主意。于是我联系了马斯克，但令我意外的是，他给了我一个在特斯拉工作的机会。我犹豫了一段时间（我并不太想离开新闻业），最终接受了邀约。我想，毕竟自己随时都可以回过头来写书。

我在特斯拉待了一年多一点，然后我意识到，做新闻是我未了的心愿。2015年3月，我离开特斯拉，真的回过头来写书了。我要向本书的读者事先声明以下几点：没错，我曾是特斯拉的员工，我认同这家公司的使命，甚至持有特斯拉的股票，但我也致力于为读者服务。在这本书中，我将尽力站在公正的立场准确地阐述特斯拉的伟大之处及其面临的非常现实的挑战。

不过，本书不会只谈特斯拉。这本书的范围要比这广泛得多。本书将讲述一家充满雄心的硅谷初创公司如何改变整个汽车行业，并一路启发一批出身中国和加州等国家和地区的资金充裕的效仿者。本书将站在系统层面，考察技术和经济变革如何影响地球上每个人的生活。这是一段始于特斯拉的变革历程。

第一次开特斯拉 Model S 的时候，我觉得它就像一台带有四轮的计算机。Model S 的数字控制、互联网连接、软件更新和像 iPad

（苹果平板电脑）一样的触摸屏确实容易给人留下这种印象。但这种描述没能充分体现这款车的前景。我们最好把Model S（和特斯拉的所有汽车一样）当成是有轮子的电池。只要看看它的构造就知道了。如果去除外壳和座椅，Model S的构造从本质上说就是四个车轮环抱一个位置较低的金属垫，垫内有几千个老式笔记本电脑中使用的那种圆柱形锂离子电池。掀开盖板，你会看到电池竖立着，一个挨一个打包成八个模组，像守纪律的学童那样排成整齐的队列。正是这种不起眼的电池组合终将结束石油业对全球能源供应的统治。

特斯拉承载着一种理念：人类有更好的方式来为生活提供动力，而不必去燃烧导致空气污染和环境恶化的化石燃料。这种理念不仅适用于汽车。特斯拉还将电池作为储能单元销售，自2016年收购太阳城并将太阳能电池板纳入产品线以来，马斯克便明确陈述了他的意图：特斯拉是一家能源公司。

本书将讲述电动汽车如何成为新能源经济的特洛伊木马。我相信，这是21世纪最重要的科技事件。在它的启发下，我总算弄懂了内燃发动机的工作原理——刚好赶在它退出历史舞台之前。

第1部分　感应：颠覆认知

第一章　开启电动疯狂模式

马斯克相信在物理学定理允许的范围内，任何事情都可以做到。"疯狂模式"代表着他所须付出的激情和努力，他要让马路上每辆车都变成电动汽车。

2014年夏，我父亲从新西兰来旧金山看我。为了招待他，我借了辆Model S。我把车停在附近的公园里，也没跟父亲说我有车，但在他来后不久，我提议一起到那个公园里走走。我们走近时，我假装惊讶地指着马路对面说："看啊，那儿有辆Model S！"我64岁的老爸是埃隆·马斯克的"迷弟"，但从未亲眼见过特斯拉，于是他立即走了过去。趁他拢手放在挡风玻璃上朝车里窥视时，我从他背后走上前，偷偷按了一下藏在口袋里的车钥匙。镀铬的门把手随即自动弹出。老爸吃惊得倒退了一步。我说："咱们进去吧。"他像孩子一样开心地笑了。

第二天，我们把Model S开到纳帕谷，和朋友们一起参观了葡萄园，他们对这辆时尚的红色轿车赞不绝口。一位朋友兴奋地说："你们开着特斯拉在纳帕兜风呢，祝贺你们！"到2014年年中,也就是上市两年之后,Model S已有了很高的人气,被追求新鲜刺激的人奉为图腾,还成了看得见摸得着的财富标志。Model S自动伸缩的门把手赋予其鲜明特色,能立刻提供谈资。它的外观很漂亮,就算开到纳帕谷最高端的度假村也毫无违和感。熟悉特斯拉的人立刻就会把这款车视为硅谷开拓创新、秉持前瞻性思维和步出化石燃料时代的象征。

在纳帕的乡间小道上,我把方向盘交给了老爸。我还算谨慎地开了大半天时间,以维持续航里程。从旧金山到纳帕约有60英里,我想确保电池中有足够的能量,能让我们轻松往返,同时还得考虑到去葡萄园参观所需的额外里程。当时,最近的充电站距我们40英里,而且是在不同的方向。但我怎么能剥夺老爸开着自Model T以来最具里程碑意义的汽车烧胎的乐趣呢?

Model S是特斯拉自主生产的第一款汽车,也是预示内燃发动机的统治可能走向尽头的第一款汽车。为这款汽车85千瓦时的电池充一次电,能让车行驶265英里。电动汽车车主头一次能够开车去离家很远的地方,而不必担心电量耗尽没法回家。这款汽车拥有亮眼的高科技元素,其中包括充当中央指挥部的17英寸触摸屏,能让车主访问地图、控制音响系统和开闭天窗。底盘高度和蠕行自动控制等方面的改进可以通过软件无线升级来实现,就像为笔记本电脑升级一样。驾车者还可以在世界各地的特斯拉高速充电站("超级充电站")免费为汽车充电。

不同于日产聆风、三菱i-MiEV等较早的电动车款,Model S的实用性特别强,如果算上两个朝后的备用座椅,这款车能够容纳 7 名乘客，并可提供逾 63 立方英尺的储物空间，其中包括一个前备厢，利用了取消发动机组而腾出的空间。Model S 的车身为铝制，车体下方是锂离子电池，在没有热保护的情况下可能发生剧烈燃烧，但这款汽车的安全性却非常好。重达上千磅的电池组平置并集成在乘员舱下方的底盘上，因此这款汽车重心低，不易侧翻。由于没有发动机组，车辆前部有更多缓冲空间来吸收撞击能量，而用铝挤压材和硼钢加固的车顶甚至撞坏了测试其强度的机器。

这款车的高配版售价 10 万美元左右，不算便宜，但很快受到了狂热追捧，尤其是在加州富有的科技圈内。特斯拉最早的车主正是这些人。和苹果的 iPod（多功能数字媒体播放器）一样，Model S 既漂亮又好用，虽然贵一些，但把竞争产品衬托得颇为落伍。到 2012 年年底，它已把汽车行业能得的奖项几乎全部揽入囊中，其中最引人注目的当属《汽车族》杂志的年度汽车奖。但最重要的是，Model S 开起来感觉非常惊艳。它的电动机能瞬间产生扭矩，使其在短短 4 秒左右就能达到公路限速。重重地踩一下加速踏板，它会像过山车一样猛冲出去。

在老爸的掌控下，这匹重 4 647 磅的铝制坐骑转了个弯，驶上了一条宽阔的大道，这时我催他开足马力。你可以想象一下接下来的慢镜头会是什么，片名就叫《速度与激情：老爷子的复仇》吧：摄像机镜头会拉近，聚焦在他右脚那只即将踩下加速踏板、让踏板击出的重拳撬动最大杠杆的旧运动鞋上。背景音乐开始变调，变得模糊不清，就好像播放劲爆摇滚乐曲的磁带缠在了一起，整个宇宙都屏住了呼吸。这只穿了7年的运动鞋向包裹着橡胶的加速踏板徐徐下落，慢得让人心焦，最后总算释放出腿部蓄积的力量，向不明就里的踏板狠狠踹了一脚。这时，磁带恢复正常转速，配乐中有力的和声炸裂成让人肾上腺素飙升的声响，踏板砰的一声撞在脚垫上，却连一声道歉也没有。随后，镜头突然切换到上半身，观众会看到我俩的脑袋猛地撞上背后的头靠，小腹收紧，瞬间拥有了自打成年后就没再奢望的平坦腹部，脸上则现出惊诧的傻笑。这就是Model S突然从电池组中集结奔涌的电流所产生的效果，这就是在4.2秒内从起步加速到时速60英里给人的感觉。

老爸说："这车不赖。"

Model S之所以如此之快，是因为它的感应电机一起步就能输出最大扭矩。这种电机还能比传统汽车更快地利用动力。原因很简单，电流从电池到电机比汽油从油箱到活塞的速度要快。Model S能瞬间获得超大马力（我们开的Model S最大功率为416马力，与福特野马相当），而且无须应对诸如从第一挡切换到第二挡、第二挡切换到第三挡带来的加速延迟。这款车能够不断地平滑加速，直到获得最大速度。事实上，使其无法更快加速的主要障碍也许是轮胎，如果迫使轮胎更快转动，轮胎或许会打滑和冒烟。最后，位置较低的沉重电池组有助于车体保持平衡，使压力平均分配到车与路面的所有接触点上，从而让汽车像粘在平底锅上的焦煳薯饼一样牢牢贴住路面。

相反，燃油车需要经过一大堆步骤才能把燃油中的潜在能量转换为运动。如果喷油嘴不把一股股燃油喷入发动机（比较老的汽车是把燃油和空气泵入化油器），让燃油与空气混合成燃烧所需的比例，燃油车就无法启动；火花塞点燃混合物，以造成爆炸，推动活塞下落，产生最终让车轮转起来的扭矩。要完成这些步骤，发动机必须已经转起来才行，而这需要一个由12伏电池驱动的电启动器。发动机产生的部分机械能被转移至一个交流发电机，使电池保持充满电的状态。与此同时，在加速过程中，汽车必须向更高的挡位不断切换，才能达到巡航速度。燃油车必须要有变速器，因为发动机输出的扭矩只能维持在很小的发动机转速范围内。让情况更加复杂的是，汽车的外形会产生类似飞机机翼的效果——有气流从汽车上方通过，但比从汽车下方通过的气流所经路径要长。这样一来，上方较低的压力会让汽车始终处于对抗重力的状态，于是汽车高速行驶时会自然而然地出现脱离路面的倾向。传统汽车和电动汽车高速行驶时都会出现这种问题，但特斯拉超轻的重量使问题有所缓和。对燃油车来说，由于位于车辆前部或后部、位置较高的沉重发动机组导致重量分布不均，汽车会更难紧贴路面，尤其是在转弯处。

看到这儿，你没准儿会认为我在给电动汽车做宣传。对，我可能是有一点偏心。但现在确实到了让天平向电动汽车倾斜的时候。毕竟，电动汽车问世已有120年左右。不妨想想在过去120年里，我们提出的种种电动汽车不合时宜的理由：

成本：为电动汽车提供动力的电池成本高昂，因此，电动车不经济。譬如说，日产聆风比日产Versa贵，但充一次电所能行驶的距离仅为后者的 1/4，性能也并不比后者优越。

续航里程：在特斯拉 Roadster 之前，市面上的电动汽车只能短途行驶。

燃料补给时间：把管子接入你的油箱并加满油只需要几分钟时间。但大多数电动汽车需要好几个小时才能充满电。

基础设施：加油站随处可见，所以你在长途旅行时很少会担心燃油耗尽。电动汽车在跑长途时则需要找充电站，而充电站仍然相对短缺。

天冷时的性能：电动汽车的电池在寒冷环境下耗电较快，这就进一步限制了续航里程。

仍有污染：如果电动汽车的电能来自燃煤发电厂，它们最终的碳足迹就与那些能效最高的传统汽车相当。

利润微薄：汽车公司卖电动汽车很难赚到钱，部分原因在于消费者存在抵触情绪，还有部分原因在于电池成本高昂，缺少成熟的供应链，而且这些公司价值数十亿美元的产能几乎完全以生产基于另一种推进技术（即内燃机）的汽车为导向。

接着往下读，你会发现上述所有问题都能找到很好的答案，但汽车和石油行业的种种势力长期以来一直想方设法让我们认为这些问题不可能有解。电动汽车的支持者多年来一直在打败仗，直到最近依然如此。不管你喜欢还是讨厌，燃油车都会存在下去。何必费神去做根本做不到的事情呢？

这些人不知道的是，会有一个人横空出世，去疯狂地创建公司，做其他人说不可能实现的事情。他们不知道，会有人带着充足的资金、满满的智慧和十足的魄力，去颠覆全世界对电动汽车种种自以为是的认知。他们不知道埃隆·马斯克。

马斯克相信，在物理学定理允许的范围内，任何事情都可以做到。在SpaceX之前，没有任何私人公司从近地轨道发射过航天器。在特斯拉之前，几乎没有人相信一辆高性能电动汽车充一次电能行驶200英里以上。2007年，与马斯克联合创立贝宝（PayPal）的马克斯·列夫琴说："埃隆最杰出的能力之一是让人们相信他的愿景是一种天命。可以说他是这样一种人，要是有人说某件事情不可能，他会耸耸肩说，'我想我能行'。"

马斯克的幼年时代在南非度过，在比勒陀利亚市长大。显然，他从小就是个学究范儿、性格孤僻、很有决心的孩子。他很小就被父母送去上学，是学校里年纪最小的孩子，招来了令他不快的关注目光。同学给他起了个绰号，管他叫"Muskrat"[①]。马斯克渐渐变得内向起来，与同龄人相比，他通常更喜欢与书为伴，他沉浸在艾萨克·阿西莫夫的"基地"系列与《指环王》等科幻和奇幻小说中，以此逃避现实。马斯克成年后曾说："我读过的书中的主人公总有种要拯救世界的使命感。"

---

① 意为麝鼠，恰好由马斯克的名字"Musk"和老鼠"rat"组合而成。——译者注

马斯克的父亲埃罗尔是一位电气和机械工程师，会开飞机、开船，还投资了赞比亚一个祖母绿矿山。他的母亲梅耶出生在加拿大，1950年前后与家人一起迁往南非，外祖父是美国人。梅耶曾经是，现在依然是模特兼营养师。梅耶和埃罗尔在马斯克8岁时离婚了（梅耶日后把离婚形容为逃离埃罗尔），马斯克跟着母亲和弟弟妹妹搬到另一个城市生活了三年。不过，马斯克11岁时决定回到比勒陀利亚与父亲一起生活。马斯克曾说，父亲这个人不好相处，马斯克的妹妹托斯卡也说，他们的父亲"非常严厉"，但马斯克似乎觉得应该回到父亲身边，因为埃罗尔家里没有孩子。多年后，就连68岁的埃罗尔也说自己是个"独断专行的父亲"。

埃罗尔不屑地把电脑说成是"毫无意义的玩意儿"，但马斯克还是弄到一台电脑并且自学了编程。12岁时，他编写了一个名叫 *Blastar* 的电子游戏，并以500美元将代码卖给了一家计算机杂志。这个用操纵杆控制的游戏明确阐述了玩家的使命：摧毁携带致命氢弹和状态束机器的外星人运输机。13岁以后，马斯克继续迸发创业激情，他和比他小15个月的弟弟金巴尔准备合伙在学校附近开一家电子游戏厅。兄弟俩拿到了租约，供应商也找好了，但事到中途却卡了壳，因为他们发现，需要有成年人签字才能获得必要的经营许可。两个男孩只好转而向同班同学兜售自制的巧克力。

不过，高中生活就不好过了。马斯克当时在南非的成长环境充斥着暴力，他遭到了严重的欺凌。有一回，他因为一次霸凌事件在医院住了两周。他被打得面目全非，连父亲都认不出他了。金巴尔后来说："孩子们狠狠地欺负埃隆，这段经历对他的人生造成了很大影响。"

马斯克一直想要逃离种族隔离的南非。他不想在南非国防军服兵役，他说："我不想把时间花在镇压黑人上。"他梦想去美国，去创新之都生活。他在2007年表示："我愿从任何国家来这儿。美国是能让伟大的东西成为可能的地方。"在16岁生日前，埃隆和金巴尔申请了加拿大护照，但没有告诉父母。马斯克认为这是前往美国的最便捷途径。次年，他不顾父亲的反对买机票去了加拿大。他在加拿大过得很节俭，靠热狗和橙子过活，打零工，并在不同的亲戚家借住。1989年，他来到了安大略省金斯顿，并入读女王大学。他的母亲和弟弟妹妹很快跟着他来到加拿大，父亲埃罗尔则留在南非。

马斯克在女王大学的变态心理学课堂上邂逅了初露头角的作家贾斯汀·威尔逊，用马斯克的话说，贾斯汀"知性，有几分泼辣"。他用巧克力脆片冰激凌赢得了她的芳心，随后，两人开始了一场时分时合的恋爱。马斯克转学去宾夕法尼亚大学沃顿商学院学习经济学和物理学之后，两人仍然继续着异地恋。

马斯克的美国梦终于开始实现了。在沃顿商学院求学期间，他写了两篇暗示他未来职业道路的论文。在一篇题为《太阳能的重要性》的论文中，他预言太阳能技术将会遍地开花。在另一篇论文中，他用44页的篇幅详细讨论了如何用超级电容器储存能源，他认为这可能对电动汽车等产品有所助益。

马斯克对清洁能源技术的痴迷甚至延伸到他的私人生活中。记者艾什利·文斯在2015年撰写的马斯克传记中，详细描述了马斯克在他于多伦多举办的生日派对上与一位名叫克里斯蒂·尼科尔森的年轻女子的会面。克里斯蒂是马斯克征求过商业建议的一位银行高管的女儿，在此之前两人从未见过面。克里斯蒂抵达派对现场后，马斯克跟她打了一个招呼并请她在沙发上坐下。落座后他没有花时间寒暄，而是直截了当地说："关于电动汽车，我有很多想法，你也想过关于电动汽车的问题吗？"

从上路第一天起，特斯拉的 Model S 就算得上是一款出色的电动汽车。但马斯克为自己确立的使命，让电动汽车取代每辆燃油汽车。在他看来，仅做同类产品中的佼佼者还不够，要想实现初心，即加快全球向可持续交通转变的进程，他的汽车就必须在几乎所有方面碾轧内燃机汽车。

我和老爸开着 Model S 穿越纳帕并体验极致加速带来的"收腹感"时，这款车还只能靠后轮驱动。Model S 在下雪和结冰的情况下表现良好，但在世界上一些冬季天气极其恶劣的地区，消费者仍然青睐四轮驱动车。当时还没有任何四驱电动车投入量产。对特斯拉来说，这项挑战太诱人了，诱人到不容忽视。

2014 年 10 月 9 日，马斯克在位于洛杉矶郊区特斯拉设计工作室旁边的霍桑市政机场登台发布了 Model S P85D——电动汽车革命的新标志。这款车前方和后方都装有电动机，这种构造能使其将扭矩独立地分配到每一个车轮。与此同时，数字控制系统和反应高度灵敏的电动机能使车在路况较滑的情况下精准控制附着摩擦力，反应时间还不到几毫秒。Model S P85D不仅是有史以来加速最快的轿车（能在4.2秒内从零加速到每小时60英里），其附着摩擦力控制也完全能够与最棒的燃油车媲美。P85D进一步动摇了许多人关于内燃发动机理应占主导地位的执念。

马斯克身穿牛仔裤和深色晚礼服站在台上，对好几千名仰头注视前台的特斯拉股东和粉丝说："这车帅呆了。"他说，你把脚踩在加速器上，立刻就能获得最大动力。他又打了个比方："好比飞机从航母的甲板上起飞，简直疯了。它就像是你随时都可以坐的专属私人过山车。"

这可以说是特斯拉当年最重要的一个夜晚。当晚马斯克情绪高涨，他开了个玩笑作为开场白，这玩笑出自身家数十亿美元的明星公司创始人之口，在许多人看来颇为出格。8天前，他曾在推特上发了条神秘的帖子，戏谑地宣布推出P85D。他在推文中写道："差不多该推出'D'和其他东西了。"短短几分钟内，推特用户和博主就开始调侃这条推特，用最恶毒的方式解读马斯克的用词。站在台上的马斯克大胆承认了他的不安。他说："大家对'D'代表什么有很多猜测。"他顿了顿，咧嘴笑了："对，大家可以看到我裤子上有搭扣。"观众立即爆发出一阵嘘声和笑声。

他开始陶醉地介绍这款战斗机般强悍的汽车自带的卖点。他咧嘴一笑，露出了酒窝，接着说道："是的，这很疯狂。"然后补充了一句："在选项中，你可以选择三种设置——普通模式、跑车模式和疯狂模式。"人群中爆发出一阵笑声。他又说了一句，像是给其他所有人打气，又像是给自己打气："确实就叫'疯狂模式'。"他耸了耸肩，笑了起来。

次日，视频网站优兔（YouTube）上出现了在这次活动中体验了一把"疯狂模式"的试驾者发布的视频。当汽车加速产生推背感时，这些视频的旁白无一不夹杂着脏字和其他表达惊喜的字眼。在接下来的几周乃至几个月里，有更多反馈视频在网上出现并传播开来，其中一个特别刺激的精选集浏览次数更是突破了千万。

"疯狂模式"不仅可以看成是一种产品性能展示和营销噱头，同时也是防范卖空特斯拉股票的人、传统汽车生产商、政治对手和神经越发紧张的石油企业所必须抱持的心态。它代表着为电动汽车赢得人心所需付出的激情。它还是一项声明，告诉人们要想在地球气候变化不可逆转之前让世界转向可持续能源，就必须达到一定的创新速度。

不过，即便是作为豪车专属的性能，"疯狂模式"也可谓非常大胆，无论从意图还是影响上看都是如此。历史上几乎没有人奢望成功开启"疯狂模式"，但埃隆·马斯克已为取得这一资格奋斗了多年。

从被人揍得屁滚尿流的南非学童，到加州身家数十亿美元的航天业和汽车业实业家，两者之间隔着遥远的距离，但马斯克一来到硅谷，就开始一步步跨越这一鸿沟。1995年离开沃顿商学院（他最终于1997年毕业）后，他来到加州的帕洛阿尔托，打算在

斯坦福大学攻读物理学博士，主要研究超级电容器。但他看到身边发生的一切后，便改变了主意。

当时，创业者和风险投资家刚开始往互联网肥皂泡里狂热地吹气。网景和雅虎等无名小卒正争当下一个微软或甲骨文。马斯克清楚地看到，互联网将改变世界。

马斯克放弃了攻读博士的计划，创办了自己的互联网公司Zip2，这家公司做的是一种将企业详情发布在网上的在线导航产品——是原始的网络版黄页。他的弟弟金巴尔和一个朋友当年晚些时候也加入了这家公司。他们以一个月400美元的租金租了间破办公室，在里面工作，也在里面住，睡觉靠打地铺，冲澡则是去当地的基督教青年会。马斯克兄弟把所有精力都投入了公司，但投资者坚持要安插一名有经验的专业人士担任CEO。经过多轮融资，马斯克的持股比例最终降到了7%，但1999年2月（接近泡沫最高潮）他以3.07亿美元把公司卖给康柏后，一举赚了2 200万美元。

为庆祝这笔横财，马斯克豪掷上百万美元买了辆世界顶级超跑迈凯伦F1。1999年，美国有线电视新闻网一部讲述硅谷新晋百万富翁的纪录片跟拍了这辆车运到马斯克家的情景。28岁的马斯克身穿肥大的暗黄色西装夹克，显得傻乎乎的（不过，那可是20世纪90年代），他郑重其事地说："全球总共有62辆迈凯伦，我将拥有其中一辆。就在三年前，我还在基督教青年会冲澡，在办公室打地铺，但是现在，瞧，我有了一辆百万美元的车，还有了一些享乐的东西。"女友贾斯汀看向他的时候，这位少年得志的暴发户得意地笑了起来。和女友并肩坐在车里的马斯克表示："我想说，真正的回报在于创建我卖掉的这家公司所获得的成就感。"随后,贾斯汀靠过来,双手搂住他的脖子,在他耳边说:"对对对,可这车很酷。"马斯克点点头,露出腼腆的笑容:"那是,这车确实好玩。"

马斯克的下一家公司将为他带来更大回报。为打造一家提供全面服务的网上银行,他与人共同创立了X.com,并自掏腰包投资了1 200万美元。该公司一开始只打算专攻电子邮件辅助支付功能,但X.com并非该领域唯一的玩家。2000年,为在拍卖网站易贝(eBay)上争夺消费市场份额,X.com与竞争对手Confinity卷入了一场夺标大战,两家初创公司随后决定合并,并一举成为电子邮件支付市场的领导者。合并后的公司便是贝宝。

马斯克在合并后的公司担任CEO,但只当了一小段时间。履职10个月后,他花了两周时间前往澳大利亚悉尼与潜在投资者会面,并和贾斯汀(两人于2000年1月结婚)度假。趁他不在公司,Confinity的创始人彼得·蒂尔和马克斯·列夫琴发动了一场"政变",说服董事会解除了马斯克的职务。按照官方说法,矛盾的核心是双方在使用什么软件作为技术平台这一问题上存在分歧,但个性不合也是原因之一。列夫琴称,马斯克很难共事,"他是那种自以为是的人"。X.com与Confinity合并后一度离开公司的彼得·蒂尔回来重新担任了CEO一职。

不过,马斯克仍是贝宝最大的股东,持有该公司11.7%的股权。当贝宝最终在2002年作价15亿美元卖给易贝时,马斯克赚了约1.8亿美元。他用这笔钱创立了SpaceX,并投资了一家不知名的电动汽车公司,这家公司名叫特斯拉汽车公司(Tesla Motors)。

第二章　没有马斯克就没有特斯拉

马斯克能带领特斯拉走到今天的高度，其自身的特质发挥了至关重要的作用。如果没有它们，特斯拉很可能活不过 Roadster 的时代。

即使在没当特斯拉 CEO 的时候，身为创始人的马斯克也爱亲自过问公司事务。他协助特斯拉吸引其他投资人，干预产品设计，并满怀焦虑地关注特斯拉早期面临的成本超支和质量问题。2007 年 8 月，身为特斯拉董事长的马斯克向该公司创始人兼 CEO 马丁·艾伯哈德通报了他将被降职的消息。2007 年 12 月，艾伯哈德彻底离开特斯拉。马斯克最终自己接过了领导职责，但在此之前，他也曾试图寻找其他人选。到 2007 年年底，马斯克已面试了不下 20 名应聘该职位的候选人。他想寻找一位能让特斯拉成为下一个汽车巨头的 CEO，但很难找到既懂初创公司又知道如何生产出几十万辆汽车的人。

在两任临时 CEO 之后，马斯克于 2008 年 10 月不情愿地接受了 CEO、董事长兼产品架构师的三重头衔（他身兼三职至 2014

年，之后成为单纯的CEO）。这些职位在2008年那会儿似乎都没有什么吸引力。马斯克一执掌公司，就得立即迎战全球金融危机，同时还得设法让前三次发射试验均告失败的SpaceX存活下去。

那一年，他和贾斯汀已经有了5个儿子（包括双胞胎和三胞胎），但他们的婚姻出现了裂痕。马斯克申请了离婚，并在离婚后几周内与年轻的英国演员妲露拉·莱莉相恋。对莱莉倾心不已的马斯克很快便向她求婚，莱莉欣然接受了（他们于2010年结婚）。① 这时马斯克已住到了洛杉矶并经历了一番脱胎换骨。

马斯克不再以一副与时尚绝缘的典型软件工程师模样示人，而是包装成与全国性杂志封面和夜间脱口秀匹配的形象。很快，他便在这两个场合频频亮相。2008年12月，《智族GQ》发表了一篇题为《信徒》的人物特写，将马斯克作为主人公，充满溢美之词。配图中的马斯克脑袋伸出云霄（注意，不是埋在云里），望向太空。2009年4月，马斯克应邀作为嘉宾参加了《戴维·莱特曼深夜秀》，在节目中谈他的Model S概念车。同年，《纽约时报》也在人物特写中对他做了报道，配图是一张他和5个儿子待在黏土汽车模型前的照片。

接下来，马斯克陆续在《连线》（2010年）、《福布斯》（2012年）、《时尚先生》（Esquire，2012年）和《财富》（2013年）等杂志的人物特写中亮相，并成为2011年一部名为《电动汽车的复仇》的纪录片的主人公，这部纪录片展现了特斯拉如何在金融危

---

① 夫妻俩最终于2016年离婚（第二次离婚）。

机中艰难求生，如何推广Roadster，并揭开了Model S的面纱。然而，在光鲜的封面报道和电视节目背后，是一种语言和图像都无法完全捕捉的坚强意志。马斯克能带领公司走到今天，靠的是拳脚、利爪和奋争。

众所周知，马斯克是个非传统的领导者。在职和离职员工都说他大胆、富有魅力，却又难以相处。他手下一名员工曾对作家蒂姆·厄本说："埃隆总在问，'为什么我们不能快一点？'他总想要更大、更好、更快。"就连马斯克的创业搭档、特斯拉首席技术官史朝保也说，在他老板身上，"要求极严和极难相处这两种特质形成了有趣的组合"。但作为CEO，马斯克最重要的特质或许是他克服逆境的能力。他曾援引过一句他最喜欢的名言："如果你正在地狱穿行，那就继续前进。"

马斯克能带领特斯拉达到今天的高度，这些特质发挥了至关重要的作用。事实上，如果没有它们，特斯拉很可能活不过Roadster的时代。创业在任何环境下都非常艰难。马斯克曾套用他的朋友、企业家兼投资人比尔·李的话说，创办公司"就像嚼着玻璃凝望深渊"。要想投身汽车行业就更难了，高耸的壁垒保护着业内现有公司，新入行者得花钱兴建工厂，寻找愿与小规模生产者合作的优质供应商，还得建立分销网络。而创办电动汽车公司更是要面临全新层面的挑战。历史上，电动汽车是不受待见的。就连拥有更优越条件的托马斯·爱迪生都没能成功。

爱迪生于1903年说："电是关键。"

没有嗡嗡作响、尖锐刺耳的齿轮和一大堆让人困惑的拉杆。没有大功率内燃发动机那紊乱到近乎吓人的颤动和轰鸣。没有失控的水循环系统，也没有危险、难闻的汽油味和噪声。

在汽车时代刚刚开始时，爱迪生便断定电动汽车是未来的发展方向。要是他知道前方会发生什么，兴许要感叹这条道路的曲折漫长。爱迪生尽其所能，为电动汽车技术的发展做出了重大贡献，他发明了恰好能为此目的服务的镍铁电池。1901年，他宣称自己开发了一款时速可达 70 英里的电动汽车。次年他又表示，这款原型样车每充一次电能行驶 85 英里，并发誓要在几个月内把他的电池推向市场。当时他说："只需要很短一段时间，对蓄电池的需求就将缔造出地球上最庞大的产业。"在 113 年之后，马斯克也将提出类似的主张。

爱迪生最终没能兑现自己的豪言壮语。他所承诺的开创性的电动汽车从未投入量产，但他并没有因此退缩。1914 年，他与朋友亨利·福特联手，再度尝试制造适合电动汽车的电池。

福特于 1914 年 1 月向《纽约时报》表示："我希望在一年之内开始生产电动汽车。"关于他的计划，福特不想透露太多消息，但他证实了与爱迪生合作的传闻。

事实上，爱迪生先生已经跟我合作了若干年，我们要研制一款既便宜又实用的电动汽车。试验用车已经造出来了，我们现在满意地看到，成功就在眼前。目前的问题在于如何做出重量轻、能让车长距离行驶而无须再次充电的蓄电池。一段时间以来，爱迪生先生一直在试验这种电池。

我们不清楚当时是否真有多种原型，但至少应该有一种。一张摄于1913年的照片显示，这辆车就停在福特位于密歇根州的海兰帕克工厂外。福特的一名电气工程师坐在车里的驾驶员座上，座位下方是一个盒子，内有三个行李箱大小的镍铁电池。驾驶座建在一个简单的框架上，框架朝上倾斜，与汽车前后端的轮轴连接。转向装置的操作与操纵小船舵柄类似。一张摄于1914年的照片向我们呈现了第二辆电动汽车，这辆车的轮廓与Model T相仿，方向盘也与Model T相似，电池同样是在驾驶座下方。据说这辆汽车定于1916年上路，定价将为500~750美元（在今天相当于11 000~16 000美元），每充电一次，续航里程可达100英里。

爱迪生和福特研发电动汽车并不奇怪。在汽车时代刚刚开启时，汽油动力车、蒸汽动力车和电动车相互竞争，孰胜孰负还未可知。事实上，电动汽车曾在一段时间内占据上风。从18世纪初开始出现的蒸汽动力车是汽车大家庭的早期成员，但它们需要加水，否则就开不远，而且启动要花45分钟之久。第一款内燃机汽车是19世纪初设计的，但开起来很不方便，得靠手摇曲柄启动，而且需要手动换挡。这些汽车又吵又脏，排放含有氮氧化物和二氧化碳的废气，不管到哪儿都是浓烟滚滚。

而电动汽车不会排放废气，操作简单而且没有噪声。汽车业一些主要创新者纷纷倾注精力，以期把电动汽车变为现实。19世纪 30 年代，苏格兰人罗伯特·安德森造出了最早一批电动"马车"。但这项技术过了 50 多年才传到美国。这要感谢另一个苏格兰人，一位名叫威廉·莫里森的化学家。19 世纪 80 年代末，莫里森在艾奥瓦州得梅因发布了他那辆功率为 4 马力的"无马马车"。19 世纪 90 年代，康涅狄格州的波普制造公司成为世界上第一家电动汽车制造商，而一位名叫费迪南·保时捷的年轻电气工程师为奥地利马车制造商路德维希·洛纳设计了一辆电动汽车。1898 年，日后将创建一家以他名字命名的跑车公司的保时捷让这辆名为 P1 的汽车开上了维也纳街头。P1 的时速可达 21 英里，每充一次电可续航 49 英里。

尽管有热烈的炒作，还有福特和爱迪生共同形成的明星效应，但两人许诺的"既便宜又实用"的电动汽车从未成为现实。爱迪生的电池无法通过测试环节，他甚至没能研发出一款能为内燃发动机汽车的启动器提供能量的电池。福特起初计划向发明者购买 10 万个电池，并为该项目投资 150 万美元（相当于今天的 3 600 万美元），但手头还有其他事情要处理的福特最终放弃了与他朋友开展合作的计划。

之后的一项革新为电动汽车梦带来致命一击。就在爱迪生的电池试验宣告失败时，查尔斯·凯特林完善了电启动器的设计，启动燃油车从此不再需要手摇曲柄。突然间，内燃机汽车在实用性上明显胜出了一筹，而美国缺乏电力基础设施也是一项重要原因。福特开始把全部精力转到燃油车的量产上，20 世纪初在得克萨斯州油田发现的廉价石油更是助推了这种转向，到 20 世纪 30

年代，电动汽车便基本被淘汰了。

不过，有人仍然相信有必要为电动汽车而战，这种想法合情合理。电动汽车的身影在美国公路上消失60年之后，突然间又回来了——只是随后再次销声匿迹。

电动汽车希望之火的重燃始于加州。为设法减轻空气污染，加州空气资源委员会推出了一项规定，要求在该州销售汽车的生产商提供零排放车辆。从某种程度上说，这项规定是在通用汽车的启发下出台的。当时通用制造了一款名为Impact的全电动概念车。1996年，该公司开始在加州和亚利桑那州租赁这款汽车的量产版，名为EV1。

EV1是一款双门运动型车，能在6.3秒内从起步加速到时速60英里。驾驶人不是用钥匙，而是用一个键盘打开车门。这款车很快就在清洁技术的热衷者中找到了拥趸，汤姆·汉克斯和梅尔·吉布森等影星都开过这款车，但没有人能够拥有它。通用只生产了1 117辆EV1，而且仅供租赁，这样做应该是为了保证维修质量。没多久，就连如此稀少的供应也被通用找借口取消了。1999年，通用以公众需求不足且生产成本高昂为由停止了EV1的生产。三年后，该公司终止了租赁方案，并把几乎所有车辆都送到了废车场，剩余车辆的归宿是博物馆和大学。

EV1夭折的真正原因可能比这更加复杂。2006年的一部名为《谁杀死了电动汽车？》的纪录片将责任不仅归咎于消费者和汽车生产商，还归咎于布什政府和石油业。看到消费者开始迷恋运动型多用途车，对续航里程有限的电动汽车兴趣寥寥，汽车生产商便将资源集中在了利润更高的"油老虎"上。比方说，2002年通用汽车一个月就能卖出近4 000辆悍马汽车。环保并非悍马的强项——这款车每加仑汽油只能跑14英里。

与此同时，EV1的夭折恰逢布什政府向加州空气资源委员会施压，以促使其取消电动汽车方面的规定。2002年，通用汽车和戴姆勒-克莱斯勒公司对加州空气资源委员会发起的一项诉讼赢得了司法部的支持。两家公司指称加州企图制定里程标准，它们提出，制定这类标准的职权属于联邦政府（现在依然如此）。布什总统当时的幕僚长安德鲁·卡德曾为通用汽车首席说客，也是加州一开始提议制定这项规定（他持反对意见）时的汽车行业协会负责人。白宫发言人斯科特·麦克莱伦否认政府因卡德与汽车业的关系而偏袒一方。麦克莱伦2002年10月称："如果特殊利益群体的领导者与我们携手，为提高能效、增进安全性和改善空气质量而奋斗，那么美国人民就能够享受到最大的好处。"2003年，加州空气资源委员会放宽了排放标准，并取消了与电动汽车相关的要求。

石油公司也参与到行动当中。石油业游说组织西部州石油业协会资助了一项反对公用事业公司安装电动汽车充电装置的宣传运动。该游说组织称，拟建的充电基础设施是电费账单上的一笔"隐性税"，并通过"加州人反对公用事业公司侵权行为"和"清洁空气同盟"等代理团体呼吁支付电费的人起来反抗。该组织还从技术和经济方面抨击电动汽车，并四处宣扬这些观点。

通用的EV1最终被打压下去之后，电动汽车拥护者们的希望也随之破灭。一批支持者来到废车场，点起蜡烛缅怀他们不幸

"离世"的爱车。这场悼念活动引起了一位旁观者的思考。2013年1月，埃隆·马斯克在一次采访中问道："以前你可听说过有哪家公司的顾客为产品下线搞烛光悼念？特别是通用的产品！"他说，他投资特斯拉便是受此事的启发。

在马斯克口中，他的公司负有与商业使命同等重要的道德使命。他曾说，他创办特斯拉或SpaceX不是为了赚钱，而是因为他相信世界需要这些公司。如果不改用可持续能源，地球上的人类就会面临可怕的未来；如果没有电动汽车，气候变化将会带来不可想象的危险。他所确立的殖民火星的目标在一定程度上也是受道德动机驱动。一旦发生由气候变化失控、人工智能胡作非为等种种因素导致的大灭绝事件，我们都将无家可归。他曾表示："我认为，让人类能在多个星球上生存拥有强大的人道主义理由，这是为了在发生巨大灾难时确保人类的存续。"

马斯克对自己公司那种饱含深情的关注从2014年他在伦敦一家特斯拉门店接受的采访中可见一斑。当记者问他是否介意别人批评他的公司时，马斯克把公司受批评比作亲生的孩子受到不公平的污蔑。他说："当然了，有一些批评是中肯的，但我很难接受别人对我所在乎的东西提出不实批评。"

秉持这种事业观并决心捍卫电动汽车未来的马斯克往往会对他所认为的轻蔑言论予以回击。让我们简略看一下埃隆·马斯克是如何挥拳反击批评言论以捍卫自己声誉的。

亨里克·菲斯科：特斯拉起诉了这位曾受聘为一款电动轿车做外观设计的丹麦设计师，这款电动轿车代号"白星"（White Star），后来衍生为 Model S。一名仲裁员裁定菲斯科胜诉，并要求特斯拉支付逾 100 万美元诉讼费用。2012 年，马斯克在接受采访时称："我觉得亨里克·菲斯科不怎么样。"同时他还说菲斯科的豪华混合动力跑车"菲斯科 Karma"是款"又贵又平庸的产品"。

马丁·艾伯哈德：特斯拉首任 CEO 兼联合创始人艾伯哈德起诉其前公司违反合同并对其进行诽谤。随后，马斯克称艾伯哈德为骗子，并发布了一篇博文，逐条列举这位前 CEO 所做的一系列导致 Roadster 项目远超预算的决定。双方就此项诉讼达成庭外和解，但未披露和解协议条款。

《极速志》：BBC（英国广播公司）的一档汽车秀节目没有呈现出特斯拉 Roadster 光鲜的一面，在节目中，几名主持人用手推着应该是电已耗尽的车往前走。马斯克说这场秀"真实得就跟米利·瓦尼利的假唱似的"，特斯拉还以诽谤罪起诉了《极速志》。在两次败诉之后，特斯拉再次提起上诉，但仍然遭法官驳回。

约翰·布罗德：布罗德在为《纽约时报》撰写的一篇报道中谈到，他开 Model S 旅行时，车在公路边抛锚了，马斯克说这篇报道"造假"，并发表博文称，有些记者相信"事实不应成为下流报道的绊脚石"。

兰德尔·斯特罗斯：这位作家在《纽约时报》专栏文章中提出质疑，认为让纳税人出钱补贴一家出售昂贵汽车的公司是没有道理的，马斯克随后称斯特罗斯为"大傻瓜"和"白痴"。

乔治·克鲁尼：这位好莱坞演员向《时尚先生》抱怨说，他的特斯拉Roadster老是半道卡壳。而马斯克发布推文回应称："据其他消息，乔治·克鲁尼2007年那会儿说过他的iPhone 1有漏洞。"

贾勒特·沃尔克：马斯克曾在一次采访中说公共交通糟糕透顶。公共交通倡导者贾勒特·沃尔克对此提出异议，他在推特上发文称，马斯克对公共交通显而易见的蔑视是"只有富人才负担得起的奢侈（或病态）"。马斯克则在推特上回应称，沃尔克是个"白痴"。但他随后道了歉，并纠正说，他想表达的意思其实是，沃尔克是个"道貌岸然的白痴"。

米特·罗姆尼：在与奥巴马总统的辩论中，这位2012年共和党提名总统候选人提及特斯拉等一批接受过政府资助的清洁技术公司时，为它们贴上了"失败者"标签。马斯克后来说，罗姆尼"这番话说对了宾语，但没说对主语"。

从少年开始，马斯克就深知受人欺负是什么滋味。面对种种合理或不合理的批评，马斯克的反应显示出他无意再让自己陷于这种屈从地位。与此同时，他似乎也注意到了历史教训。

一些批评马斯克的人称他为现代版的普雷斯顿·塔克。塔克是一位企业家、工程师，他在20世纪40年代创办了一家汽车公司，宣称将引入安全带、可在撞击时弹出的挡风玻璃和驱动后轮的后置引擎等创新。一半是大话精、一半是天才的塔克为他迷人的塔克轿车制造了50辆原型样车，却被美国证券交易委员会指控欺诈。一份泄露给媒体的报告显示，证券交易委员会质疑他是否真的有意批量生产这款汽车。虽然塔克最终在法院打赢了官司，但他的公司却因债台高筑且无法兑现交付新款轿车的承诺而遭到经销商起诉，最终没能顶住压力，在审判开始后便倒闭了。1956年，53岁的塔克死于肺癌。

有一种流行的阴谋论认为塔克是通用、福特和克莱斯勒这三大巨头的受害者，三大巨头与证券交易委员会合谋陷害塔克，以消除对它们生意的威胁。不管这种说法是否真实，但在60年后的今天，特斯拉为改变汽车业面貌所做的努力仍然面临来自整个体制的公然反对。

在特斯拉的发展历程中，该公司必须同过去150年里一直制约电动汽车发展的种种障碍做斗争，更面临着一系列新的挑战。在特斯拉跨越Roadster时代，凭借Model S逐步向主流汽车生产商靠近之际，它会发现：自己需要在一连串引人注目的着火事故之后为保护安全记录而战；要在汽车经销商的压力之下捍卫自己的销售模式；还要让心怀疑虑的消费者相信特斯拉汽车能够跑长途，打消挥之不去的"里程焦虑"。

每场新的战役都在考验着CEO的意志力。爱迪生没能做到，但马斯克没准儿能行。

作为商界领袖，马斯克与史蒂夫·乔布斯至少有一点共通之处：他也是一位战时CEO。知名风险投资公司安德森–霍洛维茨的联合创始人本·霍洛维茨表示，战时CEO是在公司面临迫在眉睫的生死存亡威胁时坐镇指挥的领导者。霍洛维茨在《创业维艰》一书中写道，战时CEO的公司靠的是对某项使命的严格坚持。和平时期的CEO遵循定规，而战时CEO要想取胜，就必须打破定规；和平时期的CEO会定义公司文化，而战时CEO则让战争来定义文化；和平时期的CEO知道如何凭借巨大优势行事，而战时CEO则是偏执狂。

马斯克在谈及特斯拉发展历程时说过："我们有多次濒临死亡的经历，千真万确的死亡，而且是近在眼前。"

霍洛维茨写道："和平时期的领导者必须拓展现有的商业机遇，因此他们鼓励创新，鼓励员工努力实现一系列多元化目标；而在战争时期，公司的枪膛里往往只剩下一发子弹，必须不惜一切代价命中目标。"

Model S投产时，马斯克在工厂车间里放了张办公桌，他解释说："如果你在打仗，冲在前线比坐镇后方要好得多。坐镇后方的将军会打败仗。"

霍洛维茨写道："战时CEO就连小黑虫屁股上的一丁点儿微尘都会看在眼里，只要它涉及公司的首要方针。"

马斯克谈及特斯拉在金融危机中濒临破产的遭遇时表示："假

如我们没能成功，就会被当成反例，用来证明为什么不该搞电动汽车。人们应该会以特斯拉为例，说明世上又冒出一家干蠢事的汽车公司。"

霍洛维茨的看法与英特尔前CEO、商界英雄安迪·格罗夫不谋而合。格罗夫曾写道："成功滋生自满，自满滋生失败。只有偏执狂才能生存。"霍洛维茨说，一家公司所面临的威胁可能来自竞争、宏观经济的剧变、市场变化、供应链变化等等。而这一切特斯拉都碰到了。

马斯克2013年说："亨利·福特造出便宜、可靠的汽车时，人们说，'哼，马有什么不好？'他投下了巨额赌注，然后赢了。"

霍洛维茨提醒我们，管理学书籍往往是那些研究公司和平时期表现的管理顾问写的。除了格罗夫的书，他想不出还有什么书教人们如何像史蒂夫·乔布斯那样在战时管理公司。

1997年，当乔布斯回到苹果担任临时CEO时，这家公司距离破产仅有一步之遥。而在4年之后，苹果推出了iPod。

2013年5月8日，特斯拉首次实现了季度盈利。几十年来，市场上涌现出许多初创公司，最后终于有一家电动汽车公司卖出了足以维持经营的、数量充足的汽车。马斯克说："盈利能力是让一家公司从构想成为现实的关键。特斯拉会生存下去，并继续为电动汽车革命而战。"

战斗才刚刚开始。

第三章　流言终结者

在媒体自顾自地刊登报道，臆测火灾可能对电动汽车构成生死存亡的风险时，马斯克对特斯拉进行了软硬件升级，有力回击了流言。

锂离子电池有很多优势，它们重量轻，充一次电能用很长时间，而且充电速度快，即使多次充放电，容量也不会显著下降，是当今世界上密度最高的电池之一。它们非常适合笔记本电脑或手机，也是特斯拉赖以存在的支柱。

但锂离子电池也非常易燃，一旦着起火来，爆炸的惨烈一点儿也不含糊。猛烈燃烧的锂离子电池会蹿出耀眼烈火，滚滚黑烟直冲云霄。着火的电池会像失控的烟花一样迸射出火星和火球。

2006年，使用索尼产电池（好几百枚电池出现过热问题）的笔记本电脑发生了几次起火事故，导致数百万锂离子电池组被召回。2013年，波士顿洛根国际机场一名技师发现，停在该机场的一架波音787梦想客机的辅助动力装置在冒火和冒烟，而事故的元凶是锂离子电池发生的热失控。5天后，另一架波音787飞机在飞行中发出了电池异常警报，随后波音公司不得不让整个梦想客机机队停飞，以解决这个问题。2015年，航空公司开始禁止旅客携带悬浮滑板（以电池驱动，专为单人短途旅行设计的乘用工具），因为它们存在过热并燃烧的倾向。次年，纽约市警察局在推特上发布了因智能手机自燃而引燃枕头的照片，在几起与电池有关的着火事故之后，三星被迫停止销售Galaxy Note 7。

每一枚锂离子电池内都有高度易燃的电解液（一种促进电荷流动的化学介质）。如果电池的电极过热（可能在电池受损、出现短路时发生），电解液就有可能燃烧。

电池正常使用时，这种起火现象相当罕见，概率只有一亿分之一。而冷却系统可以降低起火风险。特斯拉的工程师研发了一种利用液体乙二醇（一种防冻剂，通常在冬夏季节用来防止汽车发动机上冻或过热）为电池降温的系统，乙二醇通过金属管在电池组间流动。该系统旨在让电池迅速冷却，并将它们一一隔开，这样，即使一枚电池着了火，周围的电池也不会受到影响。

但任何系统都不可能确保万无一失。

2013年10月，问题开始接二连三地出现。六周内接连发生的三起Model S起火事故让特斯拉一连串的好运戛然而止，让该公司的声誉蒙上了阴影。在特斯拉谋求巩固合法地位并赢得公众普遍支持的"少年时代"，这些火灾将成为特斯拉所面临的三大主要威胁中最具杀伤力的一个。从中期来看，与汽车经销商打汽车直营权官司会在法务方面消耗特斯拉的大量精力；从长期来看，特斯拉要通过证明电动汽车能够轻松应对长途旅行来反驳那些唱反调的人。但在2013年年底，火情是特斯拉遭遇的最紧迫的危机。

第一起着火事故发生在10月的第一周。当时一辆Model S在华盛顿州西雅图附近的公路上撞到一个金属硬物，硬物在道路和车底盘之间受到垂直挤压时，汽车的电池组被戳破了。汽车电脑系统检测到电池单元受损后立即让驾车人靠边停车。驾车人离开车之后，电池单元内开始起火。

火情局限在车的前部（这是特斯拉工程师采取的一项安全措施），但消防员无意中助长了火势，因为他们切开电池组的金属防火层并往上浇水，使防火层出现了更多能让火焰从中蹿出的孔洞。这就导致了一场壮观的烈火，看上去颇为惊悚，这个场景不可避免地被一个开车经过的人拍了下来，他在视频中惊呼："瞧，伙计，那是一辆特斯拉！"这段视频在电视新闻中频频出现，让投资者陷入了恐慌。经过几个月的飙升，从每股29美元上涨到190美元的特斯拉股票在这件事发生后下跌了10%。

三周后，墨西哥梅里达燃起的火焰也上了镜。引发火灾的是一起因超高速行驶所致的撞车事故。这辆时速高达110英里的汽车冲进一个环岛，掀掉15英尺高的路缘石，推倒了一座混凝土墙，然后撞上了一棵树。汽车失去了两个轮子，但驾车人没有受伤。这辆车是在驾车人离开汽车几分钟后起火的，火情同样也局限于汽车前部的一小块区域。由于车祸本身极其严重，特斯拉并未因这起火灾而受到指责，但该公司股价还是下跌了3%。

而短短三周后发生的另一起火灾让特斯拉真正开始感受到灼人的热浪。这一次，田纳西州一名驾车人以70英里的时速在公路上行驶时轧到了一个带三个球头的拖车钩。拖车钩卡在了道路和车肚子之间，然后刺穿了电池组。电脑系统发出警报，让驾车人靠边停车，他离车几秒后，这辆车开始冒出滚滚浓烟，几分钟后燃起了火焰。但这一回火情也是局限在汽车前部，座舱并未受损。

媒体立刻做出了反应。三个月前，特斯拉刚刚发布新闻稿，庆祝 NHTSA（美国国家公路交通安全管理局）给予其五星级安全评级，并指出这是该机构有史以来给出的最高评级。不久前才宣传过这项成就的媒体现在开始以怀疑的眼光审视特斯拉。记者们揣测 NHTSA 是否会下令召回 Model S，并猜测特斯拉的声誉有可能遭到无可挽回的打击。据美国广播公司新闻网报道，这些着火事故让外界对一家"似乎无敌的公司"产生了怀疑。

媒体报道对投资者产生了影响。在田纳西州火灾发生后的一周里，特斯拉股价又下跌了 15 美元。特斯拉的市值在两个月里缩水 80 亿美元，股价由 191 美元的高位跌至 121 美元，NHTSA 对事件展开了调查，将 Model S 的安全问题暴露在聚光灯下。在这场风波中，马斯克接受了美国有线电视新闻网的采访，他说，他觉得自己就像被人"拿枪把子给拍了"。他伸开双臂说："我们的三起火灾根本没人受伤，但全国媒体对我们的报道比对那 25 万起致人死亡的燃油车火灾还多。太疯狂了！出了什么鬼？"

在媒体自顾自地刊登报道，臆测火灾可能对电动汽车构成生死存亡风险时，马斯克转向了特斯拉的博客。他写了篇博文分析这些火灾的背景，阐述特斯拉的使命（加快全球向可持续交通过渡的速度），并强调指出若公众抵制电动汽车会出现何种风险。

马斯克指出，Model S 投产 4 年以来，美国发生了 25 万起燃油车起火事故，导致 400 人死亡，而同期 Model S 并未造成任何死亡或重伤。他写道："尽管燃油车起火事故要致命得多，但媒体对 Model S 的报道比对燃油车着火事故的报道多出了好几个数量级。"为降低电池组被刺破而发生火灾的概率，特斯拉计划更新 Model S 的软件，以在高速驾驶时提高离地间隙。与此同时，该公司还开始动手设计安装在汽车底部的护甲，为电池组提供进一步保护。

特斯拉在 NHTSA 宣判它为华盛顿州和田纳西州起火事故所负责任之前完成了护甲的生产。设计护甲的目的是弹开和碾碎汽车所经路面的异物。特斯拉用摄像头拍摄的视频显示，用铝条和钛板制成的护甲在测试中碾碎了拖车钩、交流发电机和混凝土块。

为向全球推介这种护甲并强调 Model S 的防火性，马斯克又写了一篇博客。这一回，他不仅用有力的语言来表达观点，还在博客中插入了护甲碾碎异物的慢镜头视频。马斯克写道，"我们相信，这些改造还将有助于防止因极度高速碰撞导致车轮脱落而引起的火灾"，墨西哥发生的便是这样一起碰撞着火事故。NHTSA 当天宣布，对起火事故的调查即将结束，并称未发现需要采取召回行动的安全缺陷。

和其他汽车一样，特斯拉也会时不时地发生着火事故。2014 年 2 月，一辆停在车库里的 Model S 燃烧起来，车本身和车库都被烧毁了。2016 年 1 月，一辆 Model S 在挪威一个高速充电站充电时被烧毁。2016 年 8 月，一辆 Model S 在法国一次试驾活动中起火。2016 年 11 月，印第安纳波利斯一辆高速行驶的 Model S 撞上了一棵树,随后被烈焰吞噬,令两名车主丧生。2017年3月,英国约克郡一辆处于停泊状态的Model S起火;2017年10月,一辆Model S在公路上撞车后起火,火灾现场一下子来了35名消防员。

尽管熊熊烈火和烧得奇形怪状的汽车看起来触目惊心,但股市和媒体都愿意接受其他汽车一样会着火的逻辑。之前的恐慌情绪减轻了。特斯拉的业务仍然正常运行,着火似乎不再是这家公司面临的威胁。

第四章　颠覆传统的销售模式

特斯拉坚持向消费者直接卖车主要是为了把控将产品带给市场的方式。这对电动汽车的销售来说尤为重要，因为大多数人对电动汽车的了解不如对燃油车多。

老问题刚解决，新问题立马又来了。进入 2014 年后，外界开始越来越多地质疑特斯拉是否有权卖自己的产品。

2007 年，马斯克构想了集星巴克、苹果体验店和"一家好餐馆"的亮点于一身的特斯拉店铺，他在一篇博文中写道，特斯拉打算为打造好店和打造好车投入同等精力。如今的特斯拉门店时尚而现代，配有互动触摸屏和克里格（Keurig）咖啡机，液晶显示屏上播放着特斯拉汽车在夕阳中畅行的画面。

不过，有些州认为这些门店是不合法的。

汽车经销商协会反对特斯拉的直营战略，它们说特斯拉排除中间商的做法违犯了法律。在得克萨斯、密歇根和康涅狄格等一些州实施已久的特许权法规定，经销商拥有销售新车的专属权。

但经销商体系对特斯拉开展业务构成了一些妨碍。特斯拉曾表示，该公司坚持向消费者直接卖车主要是为了把控将产品带给市场的方式，这对电动汽车的销售来说尤为重要，因为大多数人对电动汽车的了解不如对燃油车多。特斯拉称，自己的门店既是零售场所，又是"教育场地"。特斯拉还希望掌控自己的品牌，比如，苹果建立零售网络就非常谨慎，在很长一段时间里不允许其他任何店铺销售 iPhone。特斯拉也选择了类似的路线。

特斯拉要求销售人员不要急于让顾客赶紧买车，因此，在特斯拉的门店里能够享受到悠然浏览的奢侈，这种体验与传统经销商门店常有的讨价还价和过分殷勤的服务形成了鲜明对比。汽车交易平台 AutoTrader（应该承认这个信源有一定偏见）2015 年进行的调查发现，在 4002 名受访者中，仅有 17 人对现有的购车流程感到满意。2016 年 7 月，一项秘密顾客调查发现，特斯拉是销售人员效能最低的汽车品牌，马斯克随即在推特上发文叫好："特斯拉最不擅长搞推销！好。"

已有多项调查显示，经销商一般不具备销售电动汽车的能力——这也许是因为很多经销商并不想去掌握这些能力。2013 年年底和 2014 年年初，《消费者报告》（Consumer Reports）对 4 个州的 85 家经销商开展了一项秘密调查，结果发现"许多经销商的销售人员掌握的电动汽车知识并不如你想象的丰富"。在这 85 家经销商中，有 13 家不愿卖电动汽车，还有 35 家建议消费者改买燃油车。塞拉俱乐部的志愿者 2016 年对 308 家经销商进行的一项秘密顾客调查发现，许多销售人员不了解电动汽车的抵税和退税政策，也不知道养车的费用是多少。我妻子就有过这样的经历。

2017年，她曾打电话询问一家日产经销商，想看看购买聆风能获得多少退税，可接电话的人也搞不清楚。

2015年，美国汽车经销商协会前主席表示，电动汽车就像西兰花，而消费者真正想要的是"低卡甜甜圈"，即节能燃油车。不过，如果我们靠近些看经销商如何运作，就会发现这种偏好的形成也不能全怪消费者。公众还在消化"不靠汽油跑的汽车"这一概念，因此，经销商要花费较多时间来解释何为电动汽车以及电动汽车如何运行。日产的一位发言人告诉《纽约时报》，销售员"卖一辆聆风花的时间，卖两辆燃油车都绰绰有余了"。与此同时，电动汽车的可替换标准件比较少，从理论上说较少需要维修，这就对经销商的服务部门（也是它们的第一大利润来源）构成了威胁。因此，特斯拉希望自己来卖汽车并不奇怪。

特斯拉与经销商之间这种斗争的源头可以追溯到1920年的经济衰退期和20世纪30年代的大萧条时期。当时的经销商任由汽车生产商，特别是福特和通用摆布。尽管市场需求极其疲软，生产商仍会把过剩的库存卸给特许经销商。

经销商模式使生产商能够通过受激励驱动的第三方，将触角方便地伸向国内几乎所有消费者，最大限度地实现区域扩散，从而促进汽车的销售。但汽车生产商最终被剥夺了直接向消费者卖车的权利。1937年，各州开始出台法律，以防止生产商像大萧条时期那样剥削经销商。经销商们现在便是依据这些法律来与特斯拉打官司。

在美国，经销商拥有强大的政治势力。美国汽车经销商协会数据显示，新车经销商为全美贡献了15%的销售税收入，在一些州，这一比例更是高达20%。经销商也是美国几乎所有城镇最显著的经济实力象征。整个汽车经销行业雇用了逾100万美国人，经销商斥巨资打广告，办活动，赞助少年棒球联盟球队等圈内团体。它们还为政治活动捐款，触角甚至伸到了国家层面。追踪美国政治捐款用途的网站OpenSecrets.org的数据显示，在2012年大选期间，美国汽车经销商协会为选举活动捐款逾320万美元。同年，该组织还花费349万美元用于游说活动。在地方层面，几乎每个国会选区都有经销商的身影，让人更加强烈地感受到，经销商凭借其经济贡献对政治发挥着重大影响。

从本质上说，自汽车销售业问世以来，经销商就扮演着监护人的角色，帮助几百万美国人做出或许仅次于买房的一辈子最重大的购买决定。在美国人心目中，私家车的重要性再怎么强调也不为过。对许多人来说，汽车不仅是实用的交通工具，还是地位、自由和独立的象征。美国的财富随汽车的普及而增加，国家和个人身份认同也变得更加稳固。要是经销商放弃这种受法律保护的汽车零售专属权，它们的业务模式以及在美国文化中的特权地位就会受到削弱。

这就是特斯拉难以推进直营模式的原因。

经销商协会称，经销商的存在有助于保护消费者，它们能够维持价格竞争，并在汽车出现故障时提供更多的服务选项。但美国联邦贸易委员会对这种观点提出了异议。该委员会的工作人员在2015年发布的一篇博文中写道："应由消费者，而不是由监管者来决定买什么和怎样买，这是一项根本的竞争原则。"不过，经销商的立场也获得了一些有力的支持。2014年，密歇根州州长里克·斯奈德签署了一项法案，禁止特斯拉在该州直接向消费者卖车，通用随后发布了一项声明赞扬此项举措。通用称，这项法案"将确保我们与其他汽车生产商在相同的市场规则下竞争"。

特斯拉认为特许权法与自己无关，因为这些法律只涉及特许授权方与特许经销商之间的关系。比方说，法律禁止通用在自己的门店卖车，进而损害其经销商的利益。但特斯拉根本无意启动特许经营模式，特斯拉只想自己卖车。

特斯拉的立场在2014年9月赢得了更多声援。当时，马萨诸塞州最高法院在一起诉讼中裁定特斯拉胜诉，阻止了马萨诸塞州汽车经销商协会关闭波士顿附近一家特斯拉门店的企图。法官玛戈·博茨福德在判决书中写道，法律仅旨在保护经销商免受"与之有关联，通常是有特许关系的"生产商和分销商采取的非公平举措侵害，而与经销商无关联的生产商不在此限。特斯拉很快对这项裁决表示赞赏，并在其他州的诉讼中援引该裁决。特斯拉副总法律顾问当时称："我们在新泽西州和其他州也在打类似的官司，我们希望并期待在那些场合适用同样的解释。"

特斯拉在新泽西州开展的斗争将成为一个引人注目的案例，让人们看到特斯拉打算如何应对面前的挑战。2014年3月，新泽西州政府运用了一种不同寻常的策略来阻止特斯拉在该州开专卖店。新泽西州机动车委员会（该委员会8名成员中有半数是州长克里斯·克里斯蒂钦点的）在未完全公示的情况下投票撤销了之前授予特斯拉的两项销售许可。几十名特斯拉的支持者前往会议现场抗议，但直到投票结束之后才被允许发言。

裁决生效后，特斯拉就必须把新泽西州的现有门店改成"展厅"，不能提供试驾，也不能讨论任何定价信息，消费者必须在网上订购汽车，让汽车从别的州发过来。在其他禁止直接销售汽车的州，特斯拉也不得不这样做。

几天后，马斯克开始出手应战了。他写了篇致"新泽西人民"的博文，将矛头直指克里斯蒂。克里斯蒂曾卷入一桩丑闻，他手下的工作人员为对新泽西州一名市长实施政治报复，对连接新泽西州和曼哈顿的乔治·华盛顿大桥采取了限行措施，让这位市长的选民堵了好几天车。这篇博文写道：

> 新泽西州调整了监管规定，要求汽车公司通过经销商来销售，为此给出的理由是"保护消费者"。要是你信了，克里斯蒂州长还有个封闭大桥的点子想卖给你！除非这帮人说的是黑手党那种"保护"，否则这个理由显然站不住脚。

"黑手党"这个词用得非常大胆，因为这个词在克里斯蒂执掌的州别有深意，电视剧《黑道家族》便是以新泽西州为背景。但这种说法奏效了。之后的媒体报道纷纷大叹马斯克敢于直言。《华尔街日报》的MoneyBeat博客写道："天哪，他不会这么讲的。埃隆·马斯克把黑手党和大桥的梗抛给了克里斯蒂州长。"马斯克用一段话把一场局部斗争变成了全国性事件，把特斯拉塑造成在受到操纵、与之为敌的系统中顽强求生的不屈不挠的弱势者。

2015年3月，克里斯蒂州长签署法案取消了禁令。

第五章　打消焦虑

人们认为电动汽车有限的续航里程会把人束缚于短途旅行。特斯拉的全球超级充电站不仅能够解决这个问题，而且能够开辟新的"充电公路"。

我开着Model S带父亲在纳帕谷兜风时总是忐忑不安。一路上，我无心欣赏窗外绵延起伏的小山和广袤的葡萄园，而是一直在关注方向盘后面一个小触摸屏（相当于仪表盘）上显示的汽车电量状态。在屏幕中央的时速表下方，可以看到这辆汽车的"额定里程"。"额定里程"是根据美国国家环境保护局（以下简称美国环保局）对汽车在标准驾驶条件下每充一次电所能行驶距离的测定估算得出的。美国环保局认定，Model S每充电一次可续航265英里。不过，如果你开车很猛，要上很多坡，或者迎着强风行驶，电量可能远远撑不到265英里大关。

反之，如果你开得比较小心谨慎，一路多是下坡，或者顺风行驶，续航里程就可以远超265英里。开特斯拉就像做能量交易一样——由于需要加速，驾车者主要是使用电池的能量，但也可以通过再生制动系统让能量返回电池，只要你的脚放开加速踏板（这个动作可减慢车速，将动能转换为化学能），再生制动系统就会开启。这一过程有助于延长汽车的续航里程。

这辆车告诉我，我们的额定里程还剩 120 英里，但我寻思着回旧金山还有 60 英里，第二天我还得开 30 英里去上班，得稳妥些才是。要是加速踏板踩得太勤，剩下的 30 英里的缓冲里程可就保不住了。

我心情焦虑的时候，会伸长脖子看数字，或者用两手的大拇指甲逐个快速按压我的指尖。这个动作通常不断重复，就像轻度多动症循环发作一样。那天我一边开车，一边同时做着这两件事。

我之所以感到忐忑，是因为电量耗尽后在路边抛锚可不是什么好玩的事情。要是发生这种情况，我们就只能让 Model S 被拖车拖走，或者低头耻辱地用手推车，去找离我们最近的电源插座。我们或许能在加油站或者某个好心人的车库里找到插座，但最好还是不要出现这种结果。我们不仅要向陌生人尴尬地解释这辆 10 万美元的车为什么开不了了，还得无所事事地等待汽车从电源那儿一点一滴地汲取能量，每充一小时电只能开 5 英里（如果是滚筒式烘干机使用的那种 220 伏、30~50 安培的电源插座，每充一小时电可以开 30 英里左右）。

这种提心吊胆的心情便是人们所说的"里程焦虑"。与特斯拉的直营权之战和着火事故不同，里程焦虑已经困扰了电动汽车业好几十年。

"里程焦虑"一词最早似乎出现在《圣迭戈商报》（*San Diego*

Business Journal）1997年一篇关于通用EV1的报道中，但这个词开始流行是在2010年，而通用大约就在同时，即2010年7月为"里程焦虑"注册了商标，该公司明面上宣称这是为了"让公众进一步认识电动汽车的能力"，但申请商标几个月后，通用的混合动力车雪佛兰Volt就上市了。宽容的评论家可能会赞同通用的说法，认为通用为"里程焦虑"注册商标是为了防止人们用这个词来质疑电动汽车的效能。不那么宽宏大量的评论家则可能会说，公众对里程焦虑的关切可能有助于提振雪佛兰Volt的销量，因为这款车既可以靠电力驱动，又有能够延长里程的汽油发动机作为后盾。更犀利的评论家甚至指出，假如电动汽车火得太快，通用可能会面临极其严重的利润问题，因此，通用是有理由尽全力维持和推广"里程焦虑"这一概念的。当然不管是哪一种情况，现在都没有任何意义了。通用2011年放弃了这个商标，该公司推出雪佛兰Bolt（别跟名称相似的Volt混淆）之后，终于有了一款可以大力推介的长续航电动汽车。

通用注册商标的举措表明，里程焦虑被视为电动汽车面临的极大威胁。通用一名发言人在雪佛兰Volt发布前表示："这就是我们所说的里程焦虑，它是真切存在的。我们销售这款汽车时必须非常注意这个问题。"他说，通用首先把混动车Volt定位为"车"，其次才是"电动"，因为"人们不想在下班回家的路上半途抛锚"（通用网站最近打出的广告将Bolt塑造成一款能让你"畅行全程"的全电动轿车）。这种说法其实毫无必要，因为在大多数情况下，电动汽车满足驾车者日常需求是绰绰有余的。美国交通部数据显示，美国驾车者平均每天仅开车 37 英里。麻省理工学院 2016 年一项关于美国人驾驶习惯的研究发现，充一次电续航 74 英里的日产聆风足以替代公路上 87% 的汽车。

寒冷天气对电动汽车电池性能的影响更是加剧了里程焦虑。2013 年 2 月，约翰·布罗德在《纽约时报》上发表了一篇讲述他冬天试驾 Model S 时半途抛锚的文章，这篇文章让电动汽车不适合寒冷气候的观念更加深入人心。他在文中描述了自己如何关掉暖气、降低车速，以减缓电池的耗电速度，结果脚都冻僵了，关节也冻得发白。当时，其他媒体也纷纷渲染关于特斯拉汽车在寒冷天气下性能下降的恐惧。《消费者报告》在测评中注意到，Model S 的续航里程在冷天出现下降，尽管数字仪表盘显示汽车还有 240 英里的剩余里程，但实际上只开了 176 英里。在网络论坛上，特斯拉的车主也报告了类似的影响，而研究公司 PlugInsights 对 100 名电动汽车车主展开的调查发现，日产聆风和福特福克斯电动车等汽车的续航里程在天气寒冷时会减少 25%~50%。

过低的气温会对电动汽车产生两种负面影响。一方面，与气温较高时相比，电池内的化学反应在寒冷环境下会变慢，从而使电流减少。另一方面，天冷时人们需要打开暖气，电池耗电就更多了。特斯拉曾表示，Model S 的续航里程在天气寒冷时会损失 10% 左右。

结果似乎因人而异。在寒冷多雪的挪威，许多特斯拉车主对汽车在冬季的性能感到满意，有一位车主估计，他在严寒的天气中开长途时，续航里程会损失 10%~20%。相反，马萨诸塞州一位特斯拉车主在气温为零下时连续一个月每天行驶100英里，随后，他经过分析发现他那辆Model S的续航里程在此期间下降了40%左右。

不管数据如何，特斯拉对寒冷天气中性能的关切与对里程焦虑的关切密不可分，因为特斯拉要设法说服世界各地的购车者，让他们相信购买Model S是明智之选。特斯拉不可能永远依靠气候温和的加州那群友好的消费者。特斯拉必须证明自己的汽车在任何条件下都能同燃油车开展竞争，哪怕燃油车拥有特斯拉所不具备的优势——凭借一个多世纪以来建立的几乎无处不在的加油站，让车主方便地加油。

怀疑人士一直说，缺乏基础设施会导致电动汽车很难被公众接受。例如，普华永道2009年的一项研究指出，由于基础设施不足，电动汽车将只能用于短途通勤。《科学美国人》（Scientific American）杂志总结道，基础设施让"电动汽车面临大窘境"。当然，怀疑者当年对托马斯·爱迪生的电灯泡也做了同样的评价，批评者想当然地认为市场会继续青睐拥有完善基础设施的煤气灯。1880年1月，爱迪生在门洛帕克实验室一场盛大的展示会上向世人展示了他的灯泡，此后没多久，一位自称来自纽约兽医学院的费尔菲尔德博士便致信《纽约时报》并提出了他的推断："基于实用性、经济性，以及科学和光学方面的理由，爱迪生的系统在现有条件下无法与煤气灯展开竞争。"

然而，电灯泡日后成了一个完整新系统的组成部分，这个系统还包括发电机、线路、电表和电灯开关——它们都是爱迪生整套规划中的一部分。乔希·舒斯凯威茨在为《哈佛商业评论》撰写的文章中将这种系统性的思维方式称为爱迪生的重大突破。舒斯凯威茨说:"无法方便通电的电灯泡是新奇的发明,能够方便通电的电灯泡则是改造世界的变革力量。"

为解决电动汽车的基础设施配套问题,特斯拉决定构建全球超级充电站网络。家用充电设备功率有限,需要很多个小时才能为 Model S 充满电,但超级充电桩可将多达 120 千瓦的电力直接注入汽车电池,不到一小时就能充满电。只需半小时左右,超级充电桩就能为 Model S 充入可续航 170 英里的电量。和家用充电器一样,超级充电桩也是通过车身的一个接口插入 Model S,接口藏在类似油箱盖的盖板下方。特斯拉的目标是让超级充电站遍布人们开特斯拉长途旅行时想去的任何地方。

超级充电站不如 5 分钟就能加满油的加油站方便,但比加油便宜。特斯拉为 2017 年 1 月之前购买 Model S 和 Model X 的车主提供免费充电服务。对于 2017 年之后购车的车主,特斯拉提供一年 400 千瓦时的免费充电额度(可续航 1 000 英里左右),超出额度后,用户只需支付少许费用。特斯拉还设法将超级充电站设在商店和餐馆附近,让车主一边购物用餐,一边等待汽车充电。车主还可以用特斯拉的手机应用远程查看充电进程。

2012 年 9 月 24 日,马斯克在特斯拉霍桑设计工作室外举办的派对上发布了超级充电站技术,在此之前,特斯拉已不声不响地在加州建了 6 处超级充电站。马斯克承诺在两年内让超级充电站覆盖美国大部分地区,并在 5 年内覆盖全美以及加拿大南部地区。参加活动的听众似乎不知该如何解读马斯克宣布的消息，或许是因为马斯克的宣布方式太过犹疑不决（尽管展示充电桩时用了烟雾和灯光来烘托气氛），在某种程度上给人一种轻描淡写之感。在场的粉丝只报以稀稀拉拉的掌声。

马斯克补充说，特斯拉将在超级充电站上方搭建太阳能顶棚，使这些站点的发电量充分满足汽车充电所需（到目前为止，特斯拉尚未完全兑现承诺——现在只有几家超级充电站有太阳能顶棚）。听众的反应依然冷淡，但马斯克似乎是期望引发狂热反响的。他把这一天视为具有历史意义的日子，重要性不亚于当年早些时候SpaceX与国际空间站对接，但没有什么人领悟到这一愿景的宏大，媒体次日的相关报道也不温不火。

不过，马斯克当晚确实有一句话令人印象深刻，这句话描绘了从一味依赖石油的蒙昧现状中华丽转身的愿景。马斯克触及了自由概念，他指出，人们认为电动汽车有限的续航里程会把人束缚于短途旅行。而超级充电站不仅能够解决这个问题，还能够开辟新的"充电公路"。借助超级充电站和太阳能的双重力量，Model S的车主有望获得解放，避免燃烧汽油所产生的最恶劣后果。随后，马斯克蹦出一句为激发听众想象而打造的金句："纯靠太阳能，今后大家将能够免费旅行，永远免费！"

到2014年1月底，特斯拉已经建成了跨越美国的超级充电站走廊，驾车者开着Model S，不用花一分钱充电，就能从洛杉矶开到纽约。这条"充电公路"经科罗拉多州、怀俄明州、南达科他州、明尼苏达州和伊利诺伊州北上，然后经特拉华州通向纽约。

特斯拉开辟的这条路与马斯克和他弟弟金巴尔于 1994 年开着一辆破旧的 70 年代产宝马 320i 旅行时所走的路线相似。

  这条通道建成后没几天，特斯拉便组织了一场跨越美国的拉力赛，以便让人们看到，Model S 即使在严寒的冬季也一样能够轻松应付长途驾驶。1 月 30 日（星期四）午夜刚过，特斯拉超级充电站团队成员便开着两辆辣椒红的 Model S 从位于洛杉矶的特斯拉设计工作室出发了。特斯拉计划于 2 月 1 日晚间到达纽约市政厅并完成这次旅行。次日，第四十八届超级碗将在与纽约相邻的新泽西州东卢瑟福大都会体育馆举行。两辆汽车将在一年中气温最低的一段时间，经过美国一些雪最大、最寒冷的地区。

  这次旅行花费的时间比预期略长。车队在落基山脉遭遇暴风雪，受此影响，韦尔盘山道暂时封闭，进入怀俄明州的道路也结了冰。在南达科他州某地，车队的一辆柴油保障车坏了，车上的人只得从苏福尔斯搭乘飞机前往芝加哥与其他工作人员会合。在俄亥俄州，车队遭遇倾盆大雨，疲惫的队员铆足力气做了最后冲刺。

  2 月 2 日（星期日）早晨 7 时 30 分，一个晴朗、温暖的早晨，特斯拉的车队开到了纽约市政厅。这次旅行全程 3 427 英里，用了 76 小时 5 分钟——三天多一点。这些车一路上总共用了 15 小时 57 秒充电，足以创下电动汽车穿越美国非驾驶时间最短的吉尼斯世界纪录。据特斯拉计算，由于无须花钱加油，每辆车节省了 435 美元左右的燃料费。

  时光倒退到 111 年前：31 岁的医生霍雷肖·纳尔逊·杰克逊

和 22 岁的自行车修理工休厄尔·K. 克罗克完成了首次驾驶"无马马车"穿越美国的壮举。那时候没有州际公路，美国全国只有不到 150 英里坑坑洼洼的公路。1903 年春天，用 50 美元跟旧金山那帮说他肯定开不到纽约的朋友打赌的霍雷肖下定决心，开着他那辆樱桃红色的温顿旅行车出发了。如肯·伯恩斯的纪录片《霍雷肖的汽车旅行》（*Horatio's Drive*）中的旁白所述，霍雷肖想要证明，汽车"不只是富人的玩具，只能在城市的大马路上短暂行驶"。

多年来一直困扰世人的里程焦虑也困扰着霍雷肖和"无马马车"的其他车主。行至中途，温顿抛锚了，克罗克只好蹬着自行车骑了 26 英里，到最近的镇上去弄汽油——然后再步行回来，因为自行车的一个轮胎扎破了。在两人完成此次旅行 10 年后，即亨利·福特推出福特 T 型车 5 年后，美国才出现第一个无须车主下车就能加油的加油站。

在横穿美国的旅程中，霍雷肖和克罗克要驾车经过不适合车辆行驶的水路和山路。他们用双手挪开巨石，在怀俄明州的荒原迷路后忍饥挨饿了 36 个小时，还曾陷入沼泽，水一直漫到汽车底盘。温顿一路上出了一大堆故障，离合器坏过，油管堵过，油箱也漏过，但还是挺过了全程。7 月 26 日凌晨 4 时 30 分，这两个男人外加一条半道捡来的牛头㹴开车驶上了空无一人的曼哈顿第五大道，庆祝这场无声的胜利。这次全长 4 500 英里的公路旅行用了 63 天，花费了 8 000 美元。虽然历经千辛万苦，但他们坚持走完了全程。

相比之下，特斯拉的美国越野拉力赛就轻松多了。两辆闪闪发光的红色电动汽车在旭日中跨过布鲁克林大桥，完成了从洛杉矶到纽约的旅程。崇山峻岭被远远甩在身后，冰雪从挡泥板上落下，天空中阴霾散去，一碧如洗。一缕阳光透过曼哈顿的摩天大楼，照亮了前方的道路。

大火扼杀不了特斯拉的希望，与汽车经销商的斗争似乎也无碍马斯克前进的步伐。如今，特斯拉对里程焦虑挥出了重拳，正在设法消除阻碍电动汽车普及的最后障碍。凭着坚定的决心，埃隆·马斯克和霍雷肖·杰克逊一样，为交通运输史上的新时代铺平了道路。

第 2 部分　变速：舍命狂奔

第六章　从活下来到活下去

特斯拉在一次次的资金危机中拯救了自己,它的估值在十几年时间里由零增至数百亿美元。它继续着自己的故事,或许故事才刚刚开始。

2016年5月31日,身穿牛仔裤和贴兜休闲西装的马斯克在特斯拉年度股东大会上走上台,告诉大家这次大会的安排将有别于正常程序。很快,身穿白衬衫和西裤的史朝保也上了台。两位创始人都是一身中规中矩的商务装,但他们讲话的内容却有别于上市公司股东大会的老生常谈。他们将带领听众回顾特斯拉的整个历史。

马斯克说:"我认为很有必要去深挖特斯拉的发展史以及发展历程中的动机和决定,好让人们懂得特斯拉究竟追求什么,特斯拉意味着什么,我们为什么要做这些事情。"

当天讲话的主要是身为CEO的马斯克,他一直在营造轻松的气氛,时不时插入一段自嘲,调侃地谈及特斯拉这些年来面临的种种挑战。马斯克在回顾公司早期历程时说:"我们搞不清楚自己在做什么，比如，究竟该怎么造车？我们一头雾水。"听到这番话，听众和他一起放声大笑。

马斯克首先提到，他与史朝保第一次见面是在SpaceX附近的一家海鲜餐馆。带史朝保一起去吃午餐的是与他一起做电动飞机项目的工程师哈罗德·罗森。罗森想让史朝保帮他劝说马斯克投资这个飞机项目，但马斯克并不感兴趣。随后，史朝保提到他在与斯坦福一些制造太阳能汽车的朋友谈电动汽车项目。他们的思路是把上千枚外观类似5号电池的18650锂离子电池串联起来，让汽车能够行驶数百英里。这项计划没准儿能得到马斯克的支持。

从念本科时起，马斯克就把电动汽车作为自己的职业理想之一。在宾夕法尼亚大学读书时，他研究过如何把超级电容器作为电动汽车的储能装置；20世纪90年代初，他在硅谷一家名叫Pinnacle Research的储能公司做过两次暑期实习，进一步研究了自己感兴趣的课题。本来他还计划在斯坦福攻读博士，研究先进储能技术，但最终决定退学创办Zip2。经过两家互联网初创公司的磨炼，他做好了把精力重新投入电动汽车事业的准备。20年前，马斯克曾试图向年轻的克里斯蒂·尼科尔森施展魅力，问她是否也憧憬过电动汽车；20年后，马斯克终于找到了一位能与他一起投身可持续交通事业的合作伙伴。

这顿午餐之后，史朝保给马斯克发了封电子邮件寻求投资，他想为该项目融资10万美元。史朝保写道："这个项目的确非常诱人，有望对公众在电动汽车续航里程和可行性方面的认知产生现象级影响。"他还写道："制造出能够真正对行业产生影响的汽车也是让整个新生代工程师对可再生能源和节能汽车保持兴趣并积累专业素养的好办法。我相当强烈地感到，未来的电动交通工具将使用高能量密度电池而不是燃料电池，该项目将有助于证明这一论断。"马斯克承诺投资1万美元。

不久后，史朝保把马斯克介绍给了自己的好友、电动汽车动力系统公司AC Propulsion的主管汤姆·盖奇。AC Propulsion研发了一款名为"tzero"的全电动跑车，使用锂离子电池组，续航里程可达300英里，能在4秒之内从起步加速到时速60英里。马斯克试驾tzero之后，花了好几个月时间试图说服AC Propulsion将这款车商业化，但盖奇和他的公司却不感兴趣。他们的计划是造一款电动版的丰田赛恩。不过，马斯克还是决定继续践行做电动汽车公司的设想。盖奇提出，可以介绍马斯克认识一个叫马丁·艾伯哈德的人，因为艾伯哈德也有类似的想法。

1997年，艾伯哈德和他的朋友马克·塔彭宁创办了一家名叫NuvoMedia（新媒体公司）的公司，这家公司研发的Rocket eBook电子书阅读器是亚马逊Kindle的前身。经过几年的发展，在卖掉几万部阅读器之后，他们在2000年1月以1.87亿美元的价格把公司卖给了Gemstar，也就是*TV Guide*的母公司。和马斯克卖Zip2一样，他们的退出时机也堪称完美，恰好赶在互联网泡沫破裂前夕完成了变现。

艾伯哈德和塔彭宁都住在距帕洛阿尔托20分钟车程的硅谷富人区伍德赛德。卖掉NuvoMedia之后，两人开始寻找其他的创业思路，他们想做一个能对世界做出重大贡献的项目。他们一度考虑建立一个基于智能水传感网络的大型灌溉系统供农场和家庭使用，但最终激发他们想象的是tzero，与马斯克的想法不谋而合。

越来越担忧全球变暖的艾伯哈德从中看到了商业化潜力，并认为这是一个证明汽油并非机动车唯一动力来源的机会。与此同时，他和塔彭宁注意到锂离子电池技术在迅速完善，而且越来越便宜，这主要归功于这类电池在笔记本电脑中的广泛应用。汽车行业似乎也不像过去那样全是铜墙铁壁了。从20世纪90年代起，汽车制造商开始把汽车生产的许多环节外包出去，包括采购零部件，有时就连组装也会外包。两人认为可以创建一家公司，让这家公司至少设计并制造出一款原型样车，之后再筹集更多资金来进一步施展抱负。顺利的话，一辆加速性能超强的小型电动跑车没准儿能让他们在规模达万亿美元的汽车行业获得一小块立足之地。

马斯克被介绍给艾伯哈德和塔彭宁的时候，两人已经和一位名叫伊安·莱特的朋友兼邻居组建了一家名为特斯拉的公司，取这个名字是为了向尼古拉·特斯拉致敬。该公司有大致的商业规划，但没有原型样车，没有知识产权，也没有资金。2004年4月会面后不久，马斯克同意为特斯拉汽车总额650万美元的A轮融资出资635万美元。马斯克担任董事长，负责技术、产品、公司宣传等多项工作，艾伯哈德则负责日常运营。马斯克还说服史朝保加入了这家公司。

在接下来的两年里，特斯拉从路特斯、斯坦福和硅谷周边网罗了一批工程师加入了这家羽翼未丰的初创公司。2004年11月，第一辆试制车准备就绪，时任首席技术官的史朝保获得了第一个试驾的殊荣。从绘制电路图初稿到汽车上路行驶，特斯拉仅用了三个月时间。他们的成果是一个没有车体外板的秃骨架，一套新电池组，以及装在路特斯 Elise 底盘上的特斯拉原型样车内部部件。史朝保驾着车，在距门洛帕克 6 英里的特斯拉圣卡洛斯新办公室外的道路上飞驰，他的同事们站在路边，为自己亲手创造的作品而惊叹。

特斯拉早期的工程师、日后升任特斯拉技术副总裁的德鲁·巴格里诺也试驾了一回。在 2016 年的股东大会上，他被马斯克邀请上台回忆了试驾时的情形。"这是我第一次体验在 4 秒之内从零加速到 60 英里，我从来没有类似的体验。"他说，"我之前开的是 80 马力的本田思域之类的车。"出乎所有人意料的是，车并没有散架。巴格里诺表示："这是令人称奇的 4 秒钟，我被电动汽车牢牢吸引住了。从那以后，我就再没想过要开别的车。"

马斯克也开了一下这辆试制车，随后，他信心十足地向特斯拉追加了 900 万美元投资（为总额 1 300 万美元 B 轮融资的一部分，投资者还包括风险投资公司 Valor Equity Partners）。在此后一年半的时间里，特斯拉研发出更接近定型投产的工程原型，并且又筹到了 4 000 万美元资金。此时经济气候稳定，脸书和优兔等新兴科技巨头也受到了提振。马斯克为新一轮融资贡献了 1 200 万美元，并说服他的朋友、谷歌创始人拉里·佩奇和谢尔盖·布林也加入了投资者行列。同时加入这轮融资的还有一些知名投资公司，包括 Draper Fisher Jurvetson、VantagePoint Capital Partners 和

J.P. 摩根安全战略基金。

2006 年 7 月，即特斯拉成立三年之后，该公司向媒体发布了 Roadster。但时至此时，仍旧很少有人听说过特斯拉汽车。戴着细边框眼镜、蓄着清爽的花白胡子的艾伯哈德主持了发布活动，带领记者进行了试驾，并畅想了电动汽车未来的种种可能。

他对当天第一位试驾的记者说："如果用一加仑汽油所含的能量来发电，你获得的电量足够让电动汽车跑 110 英里。"艾伯哈德把市面上到当时为止出现的电动汽车说成是缓慢、毫无亮点和空间局促的"囚车"。与此同时，Roadster 看起来却像经典跑车一样，一些身家百万的汽车发烧友会很乐意拥有这款汽车。唯一欠缺的是发动机的轰鸣声，但艾伯哈德给出的解释堪称金句，他说："有人可能会怀念发动机的轰鸣声，就像人们曾怀念大街上嘚嘚的马蹄声一样。"艾伯哈德说，特斯拉将从 2007 年夏季开始交付，并已开始制造一款四门轿车。

然而，在光鲜的舞台背后却是一团乱局：一家供应商出的变速器不好用；泰国一家工厂被证明不能胜任生产电池组的任务；供应商连电话都不愿接，更别说为一款市场前景不明的小众汽车提供零部件了；碳纤维外板喷不上漆；被迫更换变速器之后，工程师们还得重新设计发动机。

在作为特斯拉投资者之一的 Valor Equity 进行审计之后，马斯克和特斯拉董事会发现 Roadster 的成本将远超预算，而且无法在 2007 年 9 月如期发布。艾伯哈德把责任归咎于马斯克管得太细且不断要求更改汽车设计。马斯克则指责艾伯哈德管理不当，并说他不懂财务。到了 2007 年夏秋之交，订购 Roadster 的顾客开始恼火地质问特斯拉为何要拖这么长时间。于是，马斯克和董事会决定实施一项计划，打算解除艾伯哈德的 CEO 职务，让他改任技术总裁。当年 8 月，已花费好几个月时间物色人选的特斯拉敲定了新 CEO 人选，马斯克给艾伯哈德打了个电话，告诉他特斯拉的早期投资者、电子服务公司伟创力（Flextronics）前 CEO 迈克尔·马克斯将接替他担任临时 CEO。艾伯哈德同意了这项计划，随后他卸任了 CEO 一职并开始担任新职。但三个月之后，艾伯哈德在不愉快中辞职了。他后来说，他觉得自己别无选择。塔彭宁也走了。

随后的媒体报道向我们呈现了马斯克与艾伯哈德的互撕。艾伯哈德向《财富》杂志表示，他与特斯拉公司并无过节，但"看不惯埃隆和他待人的方式"。马斯克的回应也不客气。马斯克向《财富》杂志解释了为何让艾伯哈德抢先表达了立场，他说："我在忙着处理他留下的烂摊子。我要说，我从没见过有谁像马丁·艾伯哈德这样善于搞假情报活动。"2008 年 11 月，艾伯哈德向《新闻周刊》表示，他认为马斯克是个"糟糕的 CEO"。马斯克则回应称："马丁是我不幸共事过的最差劲的一个人。"

两人的纠纷最终升级为一场官司。2009 年 5 月，艾伯哈德起诉马斯克和特斯拉对其进行诽谤。马斯克进行了反击，先是发布博文列举艾伯哈德担任 CEO 期间的种种失误，随后又提出两项动议，要求法官驳回诉讼。2009 年 9 月，双方宣布已就此案达成和解。两人都向对方发表了一份安抚性声明。马斯克说："没有马丁不可或缺的努力，特斯拉汽车就无法取得今天的成就。"艾伯哈德则表示："埃隆为特斯拉做出了非凡的贡献。"根据这份保密的和解协议，艾伯哈德还宣布特斯拉拥有5位官方联合创始人，即：艾伯哈德、马斯克、史朝保、塔彭宁和莱特。

新任CEO马克斯推行了成本削减措施，他把很大一部分生产业务放在了圣卡洛斯，并开始推行一项战略，准备把特斯拉卖给一家大型汽车生产商。但马斯克为特斯拉树立的愿景绝不只是期望它成为一家现有汽车生产商的电动车子公司。在2001年和2002年，作为贝宝最大股东的马斯克曾反对把该公司卖给易贝，他相信贝宝能够发挥比网上支付更大的作用。他认为贝宝可望取代传统银行的许多职能。同样，他也坚信特斯拉面临比互联网更大的机遇。他不可能满足于让特斯拉接受与贝宝类似的结果。

2007年12月，特斯拉任命吉夫·德罗里接替马克斯担任CEO。德罗里是一位经验丰富、注重运营的高管，曾在以色列军队服役，后在IBM（国际商业机器公司）和仙童半导体公司工作，之后创办了自己的半导体公司Monolithic Memories，该公司于1980年上市，并于1987年与超微半导体公司合并。德罗里随后收购了汽车报警器生产商Clifford Electronics，并成为该公司总裁，这家公司1999年被卖给了Allstate Insurance。德罗里是颇有造诣的赛车手，参加过长滩大奖赛，但他没有汽车制造方面的经验，鉴于他的首要任务是让Roadster尽快退出市场，没有造车经验反倒是个优点。他也没能树立起威信，所有重大决策都是马斯克做，在公司内部的人看来，德罗里不过是听命于董事长的执行者罢了。

2008年2月，在德罗里担任CEO期间，特斯拉在圣卡洛斯的总部举办了一次小型活动，庆祝首辆Roadster交付。除了特斯拉的内部员工，谁都猜不到会有这项活动。马斯克成为这辆与黑蝙蝠侠颜色相同的汽车的车主，并发表了讲话。他承诺特斯拉将继续努力，直到马路上每辆车都变成电动汽车。不过，即便在这种欢天喜地的气氛之下，他的言语中也暗示出特斯拉正面临暗潮涌动的财务风暴。

在追踪特斯拉风雨创业历程的纪录片《电动汽车的复仇》中，马斯克笑道："到目前为止，这辆车是非常昂贵的。"他开玩笑地说："这辆车价值5000万美元，跟我对特斯拉的投资差不多。"

———∽∽∽∽∽———

2013年，菲斯科汽车公司破产了。该公司打造了一款车型，也就是被热炒的菲斯科Karma，并向车主交付了2 000辆汽车，随后遇到一系列问题，比如软件问题和零部件故障。这些汽车需要不断进行复杂的维修。该公司的生产期限也多次延误。在Karma面市5年后，亨里克·菲斯科退出了自己的公司，75%的员工被解雇，公司开始考虑破产。菲斯科汽车公司生产的每辆车都赔了钱，在短暂的一生中烧了几亿美元，包括美国能源部提供的一笔1.92亿美元的贷款。菲斯科汽车公司最终被中国汽车零部件生产商万向集团收购，2015年更名为Karma Automotive。该公司计划重新发布这款旗舰车，并将其重新命名为Karma Revero。

2013年申请破产的还有科达汽车公司。该公司制造了一款经济型电动汽车，续航里程可达88英里，最高时速为85英里。科达瞄准关心预算的购车者，使用哈飞赛豹（一款便宜的中国产轿车）的车身，在加州安装动力总成。这家总部位于洛杉矶的公司由通用中国前总裁墨斐领导，但其汽车质次价高，售价与奥迪A4相当，性能却和过时的紧凑型轿车差不多。科达在加州开了4家经销店，但一年只卖出了100辆车。申请破产后，该公司把重点转向了储能业务。2016年，这家现金吃紧的公司被一家名为Exergonix的小型能源公司收购。

此外，还有1982年破产的德罗宁汽车公司。该公司成立于1975年，创始人是通用有史以来最年轻的高管约翰·德罗宁。一些业内人士认为，他是缔造美国第一款肌肉车庞蒂亚克GTO的功臣。德罗宁为自己的公司筹集了数千万美元风险资金，投资者包括美国银行、歌手小萨米·戴维斯和《今夜秀》主持人约翰尼·卡森。凭借英国政府的优惠政策和资金支持，该公司在北爱尔兰建了一家生产厂。这家工厂遇到了生产延迟和费用超支等种种问题。1981年，工厂终于开工了，但由于工人缺乏经验，造出来的汽车问题很多，板件、交流发电机以及这款车特殊的鸥翼门都出了毛病。德罗宁看起来就像来自科幻小说，有着花哨的车门、不锈钢车身和方形引擎盖，可惜却是失败之作。它是一款双门轿跑车，但从起步加速到时速60英里要耗费10.5秒之久，定价则高达25 000美元（相当于今天的62 000美元），性价比实在太低。该公司被迫取消了原定于1982年进行的股票发售，随后，约翰·德罗宁又中了美国联邦调查局的圈套，被控试图走私价值 2 400 万美元的可卡因至美国境内。虽然他后来恢复了清白，却无法再为公司筹集更多资金。德罗宁申请了破产，导致 2 500 人失业，1 亿美元投资也打了水漂。不过，在《回到未来》系列电影中，DMC–12 作为时光机被永久保留了下来。

菲斯科、科达和德罗宁并不是特例。历史趋势显示，新生的汽车公司往往在诞生后不久便急转直下，并最终陷入失败。失败者的名单很长，而且可以一直追溯到 20 世纪初，Detroit Electric、Think Global、Aptera Motors、Vector、Tucker、Kaiser-Frazer、Duesenberg 等公司都在名单之列。事实上，在过去 100 年里创立的有影响的美国汽车公司中，只有两家经受住了汽车行业无休止的挑战。一家是一个名叫沃尔特·克莱斯勒的家伙于 1925 年成立的公司，另一家便是特斯拉。

如果把种种漂亮的创业思路列成清单，那么，在美国创办汽车公司应该排在末尾。工程方面的工作（设计出一款符合你期望和诉求的新车）可能很酷，但乐趣到此为止，接下来就全是枯燥无味、让人神经紧张和烧钱的苦差事了。

花销的增长始于创业之初。设计出一款你觉得人们可能会喜欢的汽车之后，就得考虑如何以适中的价格把车造出来了。为此，你得付钱给工程师、设计师和律师，以确保你的设计符合法律和安全规定。

一旦清除了这一障碍，你就要着手生产成千上万辆汽车了，所以你需要买一家工厂。买工厂可能得花 10 亿美元左右，接下来，你还要花几千万美元购买设备。

即使你一年只打算生产两万辆汽车，也得说服供应商与你开展合作。这一步比你最初设想的要难，因为你的公司在业内毫无积淀，经营规模也小，对大多数供应商来说毫无吸引力。拿起电话吧，愿你能够幸运地找到好的供应商。

不过，如果你能够脱颖而出进入下一阶段，就应该准备生产汽车以投放市场了。这时，你应该制定一套流程，以便迅速、完美地生产出满足市场需求的汽车。这一步完成之后，你得投入更多资金让工人进行装配，然后，你还得把律师召回来，确保你的车遵守《公路安全法》和其他联邦标准。与此同时，开展耐久性、性能、效率和空气动力学方面的测试还得让你再花上几百万美元。

下一步要考虑销售策略。你是准备跟经销商合作，还是打算建立自己的零售网络，然后再花上几百万美元来挑战规定新车销售只能由经销商代理的州法律？你打算怎么处理配套服务？你需要一大笔资金来支付保修、召回和诉讼费用，还需要认证、培训和雇用机修工和技师来进行车辆维修。

假设你的初创企业克服重重困难，最终发展了起来。接下来，你就该再雇几千名工程师、设计师和工人了。没准儿你还有余力考虑做广告，或者用其他方式来塑造品牌。毕竟，你得把自己的车和那些老品牌区分开来。那就深吸一口气，回到投资者那儿继续要钱吧——到这时为止，你的成本已经达到数十亿美元。

不妨把这一整套流程在脑子里过一遍。不过，你要创办的不是一家普通的汽车公司，而是把宝押在了电动推进系统上。这可就难多了。这样一来，你不仅要发明许多新技术，还得调整一些设计和制造流程。你必须确保汽车不会随随便便就没电了，还要保证车主不论在世界哪个角落都能找到充电的地方。你要教育人们，电动汽车的性能其实也可以相当出色，让人们考虑选择与他们这辈子熟知的汽车技术不一样的东西。就算这些尝试都能大获成功，要想吸引更多顾客，你还得去面对怀疑和犹豫，有时还有起劲的贬低。准备好做一大通解释吧。

还有，最重要的是（真的很重要），从一开始，你就应该求上帝保佑全球经济不要突然急转直下。

场景一：2008年年底，一群管理人员聚在特斯拉的会议室里开会。埃隆·马斯克当时36岁，剃着短发。坐在他旁边的是刚从福特跳槽过来担任首席技术官的迪帕克·阿胡加。

马斯克："我们必须在6~9个月内让公司产生正向现金流，要不我们就惨了。"

他看上去就像在战争中遭受了心理创伤一样。

他眼望着天空说："我们现在真的需要脚踏实地。每过一个月，我们都得花费几千万美元。我们必须意识到这一点。"

在此前两年里，特斯拉烧了1亿美元，但只造出100多辆Roadster。阿胡加的首要任务就是把Roadster的动力系统成本削减30%。

马斯克得知一些汽车出问题的原因在于零部件不符合标准，而工程师发现的时候已经太晚。他气坏了。

马斯克："我要知道谁是责任人。谁要老是惹麻烦，老是制造问题，就不能在这个公司再待下去。"

场景二：这次会议后不久，马斯克参观了位于门洛帕克的特斯拉车辆交付中心。等待他的是满满一车间有毛病的Roadster。

"好家伙！"马斯克把双手放在头上，"老天！这儿简直有一个军团的车。神啊！"

马斯克让团队多雇些人来解决这个问题。

"我一天24小时，一周7天，随时可以帮忙解决问题。星期日凌晨3点给我打电话也没问题，我不在乎。"

背景：这是在2008年9月。面对次贷违约潮引发的流动性危机，美林被卖给了美国银行，雷曼兄弟申请了破产，美国财政部接管了房利美和房地美这两家抵押贷款公司。股市大幅下跌，信贷吃紧，金融行业陷入了危机，硅谷几乎无法融资了。

场景三：《华尔街日报》汽车专栏作家丹·尼尔在纪录片《电动汽车的复仇》中接受了采访。

尼尔："埃隆会赔到连衬衫都不剩！"

背景：金融危机袭来后，八卦博客Valleywag爆料称，特斯拉账上只剩下最后900万美元。该公司推迟了融资1亿美元的计划。从马自达聘来的弗朗茨·冯·霍兹豪森已经着手设计Model S，但特斯拉推迟了这款汽车的投产日期。马斯克接替德罗里担任CEO，并把公司大约360名员工裁掉了1/4。

与此同时，马斯克在与贾斯汀闹离婚，贾斯汀把经过记录在她的个人博客上。而前三次发射试验均告失败的 SpaceX 也陷入了财务危机。

场景四：2014 年的某天。马斯克在接受传记作家艾什利·文斯采访时回忆了 2008 年这段时期。

马斯克："我觉得我们快完蛋了。"

在接下来的 5 年里，特斯拉竭尽全力让自己远离悬崖边缘，而这一过程中发生的种种事件让马斯克在科技企业中备受尊敬。传奇在很大程度上始于 2008 年圣诞节前夜发生的一件事，当时，这场电动汽车革命距夭折只有几天的时间了。两天前，马斯克刚刚得知 SpaceX 从 NASA（美国国家航空航天局）赢得一项价值 16 亿美元的国际空间站供应合同（他日后表示，接到 NASA 打来的这通改变命运的电话时，"我激动得不能自持，我很想说'我爱你们！'"）马斯克自己东拼西凑拿出了 2 000 万美元，这些钱来自各种渠道，包括 2007 年年底将他表亲的数据初创公司 Everdream 卖给戴尔所得的收益。马斯克还请求特斯拉现有投资者再出些钱。他的朋友、企业家兼投资人比尔·李签了张 200 万美元的支票，谢尔盖·布林则投了 50 万美元。几名特斯拉员工也你两万五、我五万地凑了些钱。到 12 月 24 日下午 6 点，马斯克完成了一轮 4 000 万美元的融资，足以让公司再支撑一小段时间。

到次年 3 月，冯·霍兹豪森和他的设计小组已经在齐心协力制造 Model S 的展示用车了。任务完成得十分仓促，就在汽车展示给应邀前往 SpaceX 工厂的嘉宾的前一刻，小组成员还在忙着摆弄零部件和安装座位。趁着试驾的间隙，小组工作人员将冰水注入动力总成部件之间，以防止汽车过热。一些板件则是用磁铁吸在框架上的。

这种策略在一定程度上奏效了。媒体盛赞这款汽车，《连线》杂志称其"令人震惊"，《纽约时报》则把它比作玛莎拉蒂。但马斯克感到筋疲力尽。他对一名跟拍进程的摄制组工作人员说："最近这几个月的工作量非常非常大，没时间睡觉。"

他究竟为什么要做这些？

在 2016 年的股东会议上，马斯克和史朝保提到了特斯拉的拯救者：一家有朝一日将成为特斯拉竞争对手的德国汽车公司。

2008 年年底，马斯克见到了戴姆勒董事托马斯·韦伯博士，韦伯告诉他，戴姆勒想做微型车 Smart 的电动版，但找不到好的电池或动力总成供应商。韦伯告诉马斯克，戴姆勒的一个高级工程师小组将于 2009 年 1 月访问硅谷。马斯克回忆说："听到这话，我心想'哇，太好了'。会面一结束我就给史朝保打电话，我跟他说，'我们要用三个月时间造一辆能开的 Smart 汽车'。"史朝保说马斯克的想法"不合逻辑"，因为当时特斯拉正在努力制造

Roadster，这款车本身就够让人头大了。当时美国甚至根本买不到Smart。但马斯克却认为应该抓住这次机会，吸引强大的合作伙伴。

特斯拉派人到墨西哥弄了辆Smart开回加州。车一抵达总部，由一小批工程师组成的"特种部队"就拆下推进系统，开始为这个一次性项目设计新电池组。马斯克和往常一样提出了苛刻的要求：汽车看起来必须跟没改装过的一样，动力总成也不能挤占车厢空间。史朝保说："组里的人那几个月都没怎么睡觉。"工程师们想办法改造了Roadster的电机和电力电子系统，使之适合新的汽车。他们很快意识到，这辆车将成为有史以来最快的Smart。这辆不到9英尺长的微型车将拥有Roadster的全部扭矩。马斯克说："这车快极了，你都可以在停车场炫后轮支撑车技了。"

戴姆勒的工程师刚来特斯拉的时候，对这家不知名的美国初创汽车公司并不太感兴趣。特斯拉高管一开始是用幻灯片做介绍，但反响平平，这时马斯克突然打断了介绍，建议直接试驾。戴姆勒的工程师搞不懂他在讲什么——因为据他们所知，根本没有电动版Smart汽车。马斯克说："我们做了一辆，就在外面。你们想不想开开看？"很快，戴姆勒使团便乘着一辆性能疯狂的Smart上路了。马斯克说："他们一开始有点不耐烦，后来大赞，'天哪，真是太棒了！'"

这次试驾的成果是一份现在被马斯克誉为救命稻草的研发合同。戴姆勒这家德国汽车巨头把为Smart制造动力总成的任务托付给了初出茅庐的特斯拉。2009年5月，戴姆勒更宣布将以5 000万美元收购特斯拉10%的股份。

与戴姆勒的交易以及 Model S 原型车的亮相让特斯拉从美国能源部拿到了 4.65 亿美元贷款，这笔贷款是乔治·布什政府牵头的一项方案的组成部分，旨在鼓励研发替代性能源汽车。贷款协议要求特斯拉在美国生产电动汽车和动力总成部件，并在 12 年之内还清贷款。贷款协议是 2009 年，即奥巴马总统执政后第一年敲定的，但第一笔钱到 2010 年年初才到位。现在特斯拉有了足够的资金，可以让 Model S 项目走上正轨了。Roadster 的销售也为特斯拉带来急需的收入。

2010 年 5 月，特斯拉又拿到 5 000 万美元资金，并找到了一家极为重要的合作伙伴。当时，丰田收购了特斯拉 2.5% 的股份，并给了特斯拉一份为丰田电动版 RAV4 代工生产动力总成的合同。丰田还为马斯克带来一件更为重要的东西：一家位于加州弗里蒙特的工厂。

落实一家合适的工厂是特斯拉面临的一个大问题。特斯拉已经两次取消建厂计划，一次是在新墨西哥州阿尔伯克基，还有一次是在加州圣何塞。但特斯拉的生产问题现在有了漂亮的解决方案，这座工厂就坐落在帕洛阿尔托总部对岸的弗里蒙特。

这是一处占地 500 万平方英尺的生产设施，曾是丰田与通用旗下合资企业新联合汽车制造公司的生产厂，丰田起初开价超过 1 亿美元，但特斯拉只愿意出 4 200 万美元。转机出现在一顿早餐之后：马斯克在位于贝莱尔的家中与丰田 CEO 丰田章男共进了早餐，随后，丰田章男吩咐公司接受了特斯拉的出价。

情况有所好转，特斯拉似乎为加速做好了准备。然而，就算银行里多了1亿美元，政府也给了笔巨额贷款，特斯拉的日子还是不好过。特斯拉要实现为自己设定的预期目标，就必须在两年内制造出大量汽车，数量要相当于之前销量总和的20倍。到2009年年中，特斯拉创立以来筹得的3亿美元资金已经用完，需要再筹集大笔资金来购置生产设备，雇用数千名员工，并开设更多门店。这就意味着马斯克必须做一件从未做过的事情：让公司上市。

从Zip2、贝宝、SpaceX到当时的特斯拉，马斯克采用的都是相当传统的融资策略。他和他的联合创始人用风险投资家、投资银行和富豪的钱为公司融资，而这些投资者都希望公司有朝一日能够实现巨额利润，或者出现有利可图的"套现机会"，为他们带来巨额回报。有一种套现机会是IPO（首次公开募股），也就是公司让股票在交易所上市，从而使公众也能购买股票。通过IPO，现有股东有机会以公开市场愿意支付的任意价格卖出手中的股票——在许多情况下远高于上市前早期投资者的出价。公司上市后，在财务实践和财务状况方面就必须更加公开透明，但投资的滚滚流入也能产生巨大的新现金池，让公司从中获益。2010年6月，特斯拉在上市申请中表示，希望通过IPO筹集1.78亿美元。

2010年6月29日，也就是特斯拉IPO当日，CNBC（美国全国广播公司财经频道）《疯狂的金钱》主持人吉姆·克拉默在节目中建议观众远离这只股票。他说："别买这只股票，也别让别人接盘！这破玩意儿连租都不要去租！"他指出，特斯拉只卖出了1 063辆汽车。如此说来，特斯拉每股17美元的定价确实显得颇为狂妄,特别是考虑到纳斯达克指数当天早晨还下跌了2%。

但投资者并没有理会克拉默的建议,他们热情地拥抱了这家继福特之后首家上市的美国汽车公司。特斯拉股价在上市首日大幅上涨,到收盘时已涨至每股23.89美元,让公司一举筹得2.26亿美元资金。纳斯达克市场收盘钟声敲响时,马斯克右手抱着儿子格里芬,左臂高高举起欢庆胜利,脸上露出灿烂的笑容。

在此之后,特斯拉继续投入大笔资金生产Model S,但花费了比预期更长的时间才将这款汽车推向市场。IPO一年后,特斯拉增发了1.585亿美元股票。2013年,特斯拉再度资金吃紧,有报道称该公司考虑把自己卖给谷歌。当年5月,特斯拉通过一项融资安排发售了总额10亿美元的股票和债券,提前9年还清了能源部的贷款。特斯拉发布新闻稿强调自己还清了贷款,并指出,在金融危机期间获得救助的汽车公司没有一家完全偿清了债务。

当年5月份形势良好。特斯拉首次实现了季度盈利,消息公布后第二天,《消费者报告》将Model S称为该杂志试驾过的最佳车型,并打出了99分的高分(满分为100)。4天后,新的销售数据显示Model S成为市场上销量最高的高档轿车,甚至超过了戴姆勒的梅赛德斯–奔驰S级。戴姆勒没准儿已经开始怀疑4年前救助特斯拉是否失策了。

2013年,随着特斯拉斩获更多佳绩,公司的声望也像特斯拉汽车的喷漆一样闪动着明艳的光泽。当年8月,Model S开始在欧洲交付,NHTSA也授予这款汽车最高安全评级。当年11月,就在困难重重的竞争对手菲斯科申请破产之时,《财富》杂志将马斯克评为"年度商业人物"。到了2014年年初,《消费者报告》将Model S评为该杂志年度首选车型。

2014年2月,特斯拉披露了兴建电池厂的计划,电池厂建成后,会让弗里蒙特工厂看起来像娃娃屋一样。特斯拉这一回不准备撞大运,也不准备利用与丰田章男的友谊,而是从一开始就精心筹划建立名为Gigafactory的工厂,与松下合作生产比世界上其他所有公司产量总和还要多的锂离子电池。特斯拉将在全国各地有条不紊地物色最合适的厂址,并向最终落脚的州寻求财政激励。随后,根据最初的计划,特斯拉将分阶段建立工厂。特斯拉已经证明了自己的生存能力,接下来,马斯克的所作所为似乎是要让人们相信,他的宏伟志向是切实可行、能够实现的。

接下来,特斯拉迎来了更多里程碑。当年4月,《极速志》(*Top Gear*)杂志称Model S为该杂志测试过的最重要的一款汽车。特斯拉在中国的交付也开始了。当年6月,首辆右舵Model S在英国交付。

接下来是一项出人意料的举动:马斯克一反业内惯例,宣布特斯拉将向所有人免费开放自己的专利。他承诺,任何人都可以免费使用特斯拉的专利——即使竞争对手也一样(只要是善意的使用),特斯拉不会为此提起诉讼。他为什么要这样做?大多数公司都把专利视为保护自己发明的方式,至少会确保让专利许可费成为可靠的收入来源,但马斯克却把专利视为大企业用以扼杀竞争的法律工具,他想让其他汽车生产商更容易制造电动汽车,好减少碳排放,进而造福世界。此外,随之而来的关注能够帮助特斯拉聘到有才干的工程师，他认为这些人才对特斯拉的业务至关重要。

在特斯拉宣布专利相关消息后不久，摩根士丹利一名分析师将特斯拉誉为"美国最重要的汽车公司"。9月，Model S获得了《消费者报告》的再次肯定，此后，特斯拉股价触及291美元的创纪录新高。到当年年底，上路行驶的特斯拉超过了70 000辆。

特斯拉汽车已从跌跌撞撞的初创企业变身为展翅高飞的金凤凰，马斯克也从在破产边缘挣扎的创业者成长为科技企业界英雄。他启发了粉丝和拥趸，在会议上吸引了大批听众，登上了许多杂志的封面。2015年1月，他在《辛普森一家》以他为原型打造的一集剧中客串配音。2015年5月，学究范儿博客Wait But Why称他为"世界上最酷的人"。

随着马斯克名声的远扬，电动汽车革命的种子也播撒了出去。一度被蔑视为痴人说梦的电动汽车开始成为诱人的商机。创办汽车公司似乎不再是什么疯狂的念头。

———〜〜〜〜———

从拉斯维加斯上空一万英尺处透过飞机舷窗往下眺望，展现在眼前的是极其恶劣的环境。这座城市坐落在莫哈韦沙漠中一块盆地平坦的底部，萧瑟的浅棕色中夹杂着一排排屋顶和一抹抹鲜绿色，那是一些人工"移植"的高尔夫球场。人造水池紧紧挤成一团。一条缺水的河流有气无力地穿城而过。

当然，城市天际线中最夺目的景观当属赌城大道两旁高耸的赌场大楼，它们沿一条人造断层线向上伸展，其中有威尼斯人、曼德勒海湾、百乐宫——它们都是市场经济的丰碑。

铁路曾在拉斯维加斯发挥着重要作用，但现在已经没有了——除非算上送游客去赌城的大道上那些赌场后门的单轨铁路。这座城市最主要的交通设施是星罗棋布的公路。要想不靠汽车或巴士出行，简直是天方夜谭。机场的租车中心本身就有小型机场那么大。汽油是这座城市的血液。

这是2016年4月的一天，炎热而晴朗。在拉斯维加斯以北30英里处一片布满石块的平地上，支起了一个装有空调的帐篷，内华达州州长布莱恩·桑多瓦和来自一家新建汽车公司的一小批高管聚集在帐篷里。帐篷矗立在Apex工业园内一片900英亩的土地上，来自附近内利斯空军基地的战斗机成双成对地从工业园上方湛蓝的天空中呼啸而过。这些人是来出席一家初创电动汽车装配厂开工典礼的，工厂要在未来两年之内建成，总投资10亿美元。当天有二十几名来自中国的记者出席典礼，并在旁边一个房间里举行的中文新闻发布会上向桑多瓦州长提问。

这项工程的进度之紧张，目标之宏伟，足以让人以为是埃隆·马斯克的项目。但这家想在内华达州沙漠里兴建生产设施的初创公司并不属于特斯拉，而是特斯拉的追随者。这家公司叫法拉第未来（Faraday Future），总部位于洛杉矶，投资人是一位神秘的中国亿万富豪。公司高管中包括几名特斯拉前雇员，其中一位是达格·雷克霍恩，他曾在特斯拉主管生产，在法拉第未来也担任类似职务。

雷克霍恩是个头发蓬松的德国人，被加州的阳光晒得黝黑，戴着能在明亮日光下变深的验光眼镜。他站在帐篷内的舞台上，对台下200名来宾和媒体记者（包括我）说，法拉第未来的汽车将采用"极限科技"生产，工厂也将与之配套。这些汽车将环保而前卫，处于世界领先水平。

"我们的目标是完成一个一般需要花费4年时间的项目。"他凑近麦克风，重复了一遍"4年"，然后接着说："而我们希望只用一半的时间。"他顿了顿，等待听众鼓掌，但掌声并未响起，于是他又凑近了些，补充了一句："但我们仍然希望把事情做好。"听众迟疑了一会儿，会场上响起一阵不自然的掌声。

法拉第未来没有CEO，也没有可以驾驶的原型车。该公司建于2014年年初，但直到2015年7月才开始走出"隐藏模式"，通过新闻发布会向外界宣告自己的存在。然而，展示给公众的不过是一个公司网站、为数不多的新闻报道，以及一些关于新交通方式的含糊营销说辞。

雷克霍恩放了段20秒的视频来展示工厂的3D效果图。伴着让人热血沸腾的激昂配乐，一帧帧快速移动的画面呈现出华美的水景、悠然摇曳的棕榈树和建筑物顶部的太阳能面板。厂房表面大量使用玻璃材质，黑色地板光可鉴人。不管是什么样的无人驾驶汽车，估计都会很乐意在这里安家。

在桑多瓦州长的领导下，内华达州被打造成为美国商业环境最友好的州。桑多瓦本人也逐渐赢得高科技制造业推手的声誉。

除法拉第未来斥资 10 亿美元兴建的工厂以外，这位州长还在内华达州北部引入了特斯拉的 Gigafactory。在与法拉第未来厂区一山之隔的地方，美国超级高铁公司（Hyperloop One）正在修建一条轨道，以试验马斯克所说的"第五种交通模式"。沿着公路往前走一点，便是 BEAM（Bigelow Expandable Activity Module）充气式太空舱的生产商毕格罗宇航公司（Bigelow Aerospace），这家公司把总部建在拉斯维加斯北部。在法拉第未来的工厂破土动工前三天，SpaceX 的龙飞船刚刚把一个 BEAM 送往国际空间站。将 BEAM 送至轨道的猎鹰火箭随后落在太平洋一艘无人驾驶船上。

雷克霍恩讲完后，桑多瓦也走上台祝贺他的新租户。这位长着方下巴的前法官环顾四周后开口说道："就在一年多以前，我们当中还没有一个人能够设想或想象到这个项目。这在别的州是不可能的，我敢打包票。"

地平线尽头的拉斯维加斯告诉人们，桑多瓦为何如此重视为该地区引进产业和创造就业机会。2005 年前后在次贷泡沫中纵情狂饮的拉斯维加斯出现了严重的"宿醉"。内华达大学拉斯维加斯分校经济学教授斯蒂芬·米勒称拉斯维加斯为"大衰退的原爆点"。2008 年次贷危机来袭时，拉斯维加斯是美国主要城市中受害最严重的一个。到 2010 年，失业率已升至创纪录的 14.8%。2016 年年初，内华达州失业率仍居美国第三。

政府官员和法拉第未来的高管做了半小时的发言。随后，典礼转到室外，好让大家为这帮头戴安全帽、手拿铁铲的代表拍照。桑多瓦和雷克霍恩手拿闪闪发光的铁铲，脸上露出灿烂的笑容，但人们却把相机的镜头对准了他们身后的看板，看板上有一位艺术家设计的工厂效果图，并写着一句标语："未来从这里开始。"来宾举杯啜饮香槟，尘土在他们的脚下飞扬。

我踩着坚硬的路面，走回到我租的车前，一边想着特斯拉这些年来的种种挣扎。法拉第未来面临着极大的挑战。这些人知道他们会陷入何种困境吗？

在特斯拉2016年的股东大会上，马斯克开玩笑地提起特斯拉建立之初许下的那些浮夸的诺言。他说："我们把我们相信的东西告诉大家，即便有时我们知道这些东西是痴心妄想。"这番话引来听众的一阵哄笑。那时，特斯拉已经领悟了许多沉痛的教训，并得以生存下来讲述自己的故事。在短短12年里坐看特斯拉估值从零增至300亿美元的股东确实可以轻松地开怀大笑。但这句玩笑掩饰了特斯拉经受的磨难，也掩饰了其追随者必将经受的磨难。

特斯拉诞生6年并制造出数百辆Roadster之后，才以4 200万美元的折扣价收购了一家现成的工厂。而名不见经传的法拉第未来诞生还不到两年，名下也没有任何能够上路的车，却豪掷10亿美元，准备在两年之内从零开始建立一家工厂。即使以拉斯维加斯的标准衡量，这也是一场疯狂的豪赌。

第七章　失败总比没尝试好

马斯克认为，如果没有失败，说明你的创新就还不够。和好莱坞一样，这也是一种大片驱动模式。风险投资者会下注一批有潜力的初创公司。

这是什么鬼？

马特·伯恩斯似乎有点怀疑自己的眼睛。在拉斯维加斯的金沙会展中心内，这位TechCrunch（科技类博客）的记者与尼克·桑普森并肩坐在台上，盯着身后墙壁上的屏幕。屏幕上显示的是法拉第未来三天前在消费电子展[①]上发布的超级跑车FFZERO1。这是一辆概念车，或者用设计师理查德·金的话说，是"概念之车"，看上去就像一个有轮子的飞毛腿导弹横放在那儿，这款车前脸儿很短，驾驶舱与战斗机座舱相仿，"脊柱"上还有一条树脂玻璃的"鳍"。

伯恩斯被自己的点评逗乐了，聚在TechCrunch赞助的消费电

[①] 消费电子展是全球消费电子零售商、爱好者和记者最大的盛会。——译者注

子展舞台周围的一些人也笑了，就连桑普森也笑了起来。桑普森是法拉第未来产品研发副总裁，也是这家吸引科技圈眼球的最新电动汽车初创公司的首席发言人，在捷豹、路特斯和特斯拉工作过，并与人联合创办了法拉第未来。桑普森看起来有点不自在，他靠在人造革扶手椅上，手拿麦克风凑近嘴唇，就像用麦克风掩饰内心的不安。他身穿灰色夹克，里面是一件蓝色衬衫，以消费电子展的标准来看算是穿得挺正式了。胡子拉碴的伯恩斯则是一副不那么齐整的夹克加衬衫打扮，他也没有去帮助桑普森稳定情绪。他一言不发，等着这位发言人填补冷场。桑普森用颇具亲和力的英国南方口音说道："这个嘛，呃，代表着我们公司。这车漂亮、速度快、动力十足，还有，啊，具有革命性。"

伯恩斯反驳道："它看起来就跟风火轮小汽车一样，你们是不是本来就要把它设计成这个样子？"

桑普森回答说："这是为了引起关注，让我们成为大家谈论的话题。"

这项使命算是实现了吧。

这是 2016 年 1 月 8 日，是在法拉第未来宣布其打算在 2017 年之前制造出一款长续航电动汽车 6 个月之后。"法拉第未来"这个名称是为了致敬 1831 年发现导体能够通过与磁场相互作用产生电动势的英国科学家迈克尔·法拉第。人们对这家公司所知甚少，只知道它的总部位于洛杉矶郊区的加迪纳，聘用了大批特斯拉前员工，还聘用了金（曾为宝马 i8 概念车设计师）和雪佛兰 Volt 前动力总成主管席尔瓦·希提。当《汽车族》杂志宣告法拉第未来的存在时，一位发言人在讲话中提及短命的前辈菲斯科汽车，并表示："我们不是特斯拉，但我们也不是菲斯科。我们不会搞砸的。"

一系列媒体的报道进一步增添了法拉第未来的神秘感。人们很快了解到，这家公司的投资人叫贾跃亭，是中国电子和互联网媒体公司乐视的创始人兼CEO，而乐视又是"乐视生态"中一批公司的控股公司，这些公司生产和分销智能电视机、智能手机和智能自行车等设备。普通人可能会觉得很费解，这么说吧，乐视生态以往最为人熟知的名称是LeTV，即乐视的视频流媒体子公司，不过更让人费解的是，LeTV后来又更名为乐视视频（Le.com）。

法拉第未来计划投资10亿美元在拉斯维加斯北部兴建工厂并生产汽车。桑普森曾向媒体表示，该公司的业务模式不仅依靠汽车销售，还会基于订阅、应用程序、汽车共享和"其他机遇"。该公司将先发布单个车型，之后再发布一系列其他车型。

到2015年年底，公众对这个被媒体包装成"特斯拉竞争对手"的公司已是好奇心十足，他们饶有兴趣地关注法拉第未来会在消费电子展上发布什么样的产品。法拉第未来则不失时机地推销自己，在社交媒体上发布了一系列吊人胃口的图像和视频，承诺让人们"瞥见未来"。不过，当法拉第未来伴着适合专业摔跤大赛的劲爆舞曲和灯光效果揭开盖布，露出一款招摇的超级跑车时，许多业界观察人士都感到失望，这款车显然不是该公司当初暗示要带给市场的那种汽车。彭博社嘲笑这款车是"功率1 000马力的'蝙蝠车'"，并表示"这不是你期待的那种概念车"。

伯恩斯是驻大底特律地区的科技产品测评师，也为TechCrunch报道汽车行业动态。他仍是一副怀疑的语气："那么这车究竟能不能造出来？"

桑普森答道："喏，已经造出来了，屏幕上有图片。你是指能上路行驶的车？"

伯恩斯说话特别不客气，简直快有几分火药味了，他说："是啊，这车今后能开吗？"概念车不管能不能开，都是汽车行业的必需品，给一家7个月前刚向公众亮相的初创公司一些宽限也合情合理。不过，法拉第未来这次又是在没有拿得出手的像样东西的情况下，就忙不迭吸引媒体关注了。

桑普森接着说："喔，法拉第未来的特点之一是，我们对自己做的事情保持几分神秘，深藏不露。"他耸了耸肩，又补充了一句："大家拭目以待好了。"他本想活跃一下气氛，不想却陷入了尴尬。伯恩斯并没有就此打住。

伯恩斯说："那么请问，贵公司为什么要发布这样的东西，而不是发布实用或者合乎常理的东西呢？"这一回，桑普森的回答也不那么有说服力。

"我之前说了，我们既是消费电子公司，又是汽车公司。"这种结合说起来容易做起来难。到当时为止，使科技与汽车行业截然不同的文化实现大范围有效融合的公司只有桑普森的前雇主特斯拉。

伯恩斯问："这是什么意思？因为福特会跟你说，他们是一家汽车生产商，一家高科技汽车生产商。你的意思是说，你们是一家科技公司，而不是汽车公司吗？"他指了指桑普森背后的屏幕说："这明明就是汽车，为什么说你们是一家科技公司呢？"

桑普森答道："因为我们，呃，我们看待，呃，用户想要什么和用户需要什么的方式，是立足未来的。这个展是干什么的？是展现消费电子产品，展现我们以数字连接的生活方式。"伯恩斯看了看膝头的记事本，调整了一下位置。人群中有个人起身走开了。桑普森说："当前，汽车行业未能满足这些需求。没错，一些公司号称能实现一定的互联，但互联非常有限，不能同你生活方式中其他部分无缝衔接。"桑普森指出，大多数人更倾向于使用智能手机上的地图，而不是车载卫星导航系统；很少有人能够坐在车里读电子邮件，而不用拿出手机。音乐播放选项也不够灵活。

伯恩斯不依不饶："可这只是汽车的一小部分。你说的是用户体验和信息娱乐屏幕，但汽车上还有驾驶系统、减震系统、刹车、安全和底盘设计。对了，你对底盘很在行。"伯恩斯似乎突然想到，跟他说话的是路特斯前首席工程师。他说："你谈的是汽车中的一小部分。那么，这是你们关注的重点吗？你们是不是要卖这一部分产品？其他东西都不重要吗？"

桑普森回答说："这就是我们强调自己是科技公司的原因，我们站在消费电子的角度来看待这个问题。"

桑普森还在回答伯恩斯提出的长问题，但伯恩斯打断了他，很快地说了句："好吧。"不过他至少没有起身离开。

六周后，《卫报》报道称，法拉第未来一开始打算在消费电子展上发布该公司拟生产汽车的工作原型车，但没能赶上进度。该公司转而决定展示一款能开的FFZERO1，但也没能赶上进度。最终，别无选择的法拉第未来只好发布了这款不能动的"概念之车"，据说这车造价高达200万美元。

回到消费电子展。桑普森暗示伯恩斯，生产汽车本身只是一个切入点。他自信满满地说："在汽车方面，我们只要比别人好一点儿就行。对我这种搞汽车的人来说，这事很简单。但消费者想要的是什么呢？"他说，他买车时会考虑一辆车的加速性能和最高时速，但作为一名汽车行业的老兵，他并不属于典型的消费者。

桑普森接着说："你是用汽车业内人士的口吻跟我说话，但我们现在是在消费电子展上。你不想知道这款车的下载速度吗？是连接4G网络还是5G网络？"

伯恩斯明确地说："不。"

"啊，我认为一些年轻人会问——"

伯恩斯打断他的话，向观众望去："有没有人想知道下载速度有多快，或者有没有4G？请举手。"他停下来对观众做调查。几十双手举了起来。

"4G——请举手。"台下举起了几只手。

这种问法很怪。4G高速无线连接标准已经问世多年，甚至在西伯尔科技全盛时期就有了，现在已经不足为奇。而5G（一些专家估计将在2020年普及）不仅是互联性能的升级，而且将成为对汽车业具有划时代意义的技术，能在其覆盖的区域提供具有故障保护功能的连接，下载速度快而稳定，能让行驶中的汽车与其他汽车及基础设施相互连接。交通系统本身就能够成为互联网，而汽车将变成游走的热点。

桑普森看着人群中举起的手，挺开心地说："还不少。"

但伯恩斯不屑地说："4个人左右。"

他还问桑普森，FFZERO1中是否会有任何部分在量产车中采用。桑普森回答说，会采用一些外观设计元素，它们能为建立有辨识度的品牌发挥重要作用。他说，FFZERO1的主要线条之一是汽车"腹部"的一条褶皱。"我们管这个叫，呃，呃……"桑普森费力地回忆着。他不好意思地笑起来。坐在前排的一名同事提醒他："UFO线！"

这个名称具有象征意义。桑普森大胆解释说："UFO（不明飞行物）显然是这个世界之外的东西，是任何人都不认识、不理解的，这就是我们。"

作为法拉第未来的投资人，贾跃亭的一大隐忧是乐视错综复杂的财务状况。2016年5月，《华尔街日报》详细报道了贾跃亭的"非正统"融资方式。该报指出，他将自己所持股票的85%进行质押并以个人名义将质押所得借给他新创办的公司（包括智能手机和汽车业务）。2015年，贾跃亭还卖出了价值超过3 000万美元的公司股票，转而将所得无息借给公司。乐视向《华尔街日报》解释说，贾跃亭倾向于股票质押而不是引入外部投资者，因为他希望乐视专注于长期成长。但这些高风险操作让公司极易受股市异动的影响。比方说，乐视股价一旦下跌，就可能促使证券公司发出追加保证金的要求（也就是让投资者追加资金，以满足继续持有股票的最低要求）。在这种情况下，贾跃亭不得不卖出股票，或者寻找更多资金来偿还贷款，从而威胁到他的整个融资结构。如果他的下注继续赔钱，他触及的每一家公司都会受到牵连。

2015年年初，乐视披露了应对中国空气污染的计划，宣布该公司将制造一款可连接互联网的电动汽车，并已在加州聘请了260名工程师。到当年8月，贾跃亭开始将这款计划中的汽车称为"LeSupercar"，并称有600名员工已在从事该项目。后来人们便可以明显地看到贾跃亭将大量精力投入法拉第未来。

回到2016年消费电子展。伯恩斯把焦点转向法拉第未来的生产模式。他援引了一位见过这辆汽车，并称其比特斯拉Model X更大、更酷、更前卫的记者的话："比任何其他公司的任何汽车都更大胆、更具革命性。"

伯恩斯问桑普森："如果真有那么好，为什么要给我们看这个？"他指着图片中的汽车说，"为什么不给我们看好东西？"

桑普森似乎不知该怎么回答。伯恩斯自己接茬儿说："我可是认真的。这是你们的重大发布，你们已经被热炒了好几个月，就跟卖座大片一样！"

桑普森抬起手，露出手腕上有黑色表带的苹果手表。他指着苹果手表说："你是在发布前多少天看到它的？"

"可苹果是世界上最成功的公司。"

桑普森说："他们不会向你展示他们在做什么，一直到你走进商店的那一天。"（这句话说得不太对，苹果一般会在开售前几周发布新产品。）

伯恩斯坚持自己的观点："但你们是一家不知名的公司。"

桑普森不愿退让。他说："这么说我们需要什么都展示出来吗？"

———〰〰〰〰———

一辆电动方程式超跑以 125 英里的时速沿直道加速，即将冲过一个急弯，汽车发出了飞机降落般的声响。这是一辆电动汽车，没有引擎的轰鸣，但可以听到车轮擦过柏油路面的刺耳声响和疾风的嗖嗖声。这些车由铝材、钢材、碳和凯芙拉纤维打造而成，每辆车都载有 440 磅重的电池，但电池耗电太快，赛车手不得不中途换车。每场比赛结束后，这些汽车会在帐篷车库里充电，而发电机使用的燃料是一家名为 Aquafuel 的公司出售的甘油（生物柴油生产过程中的一种零碳副产品）。电动方程式虽不比一级方程式，但作为一级方程式的清洁能源替代版也是不错的。

法拉第未来是 2016 长滩电动方程式大奖赛的冠名赞助商。这项比赛于 2016 年 4 月初举办，使用的赛道与更出名的长滩大奖赛（该赛事堪称"高辛烷值赛事"，每年吸引 20 万名赛车爱好者前去观看）略有区别。这是我第一次看赛车，之前我只在新西兰小城陶朗阿附近看过一次尘土飞扬的赛马，所以我先花了一个小时在比赛场地溜达了一圈。

长滩市为这次大奖赛圈起 1.25 英里长的海滨街道。赛道旁搭建了带有大屏幕的看台（我到的时候看台大多是空的），好让车迷能从远处追踪比赛进度。赛道附近是高耸的摩天大楼和酒店。铁丝栅栏浅绿色的网眼和天桥上挂着的横幅，告诉访客他们已经跃入未来，横幅上写着："未来电动方程式——新晋全电动单座冠军。"长滩会议和娱乐中心旁边的一个停车场被改造成"电动村"，汽车公司在这里设置展厅来展示它们的电动车款。扬声器很响地播放着贾斯汀·比伯的音乐，阳光从晴朗无云的天空中直射下来，赛车迷（大多是男性）手拿装着啤酒的塑料杯，漫无目的地溜达着。

FFZERO1 也在场，这辆车停在电动村入口处的一个展厅里。现场有十几名身穿白色T恤的法拉第未来员工，T恤上印有法拉第未来的标识：两个相连的大写字母F向右倾斜45度，看起来就像一个用火柴棒拼成的隐形战斗机。访客们围在旁边与汽车合影，尼克·桑普森午后也到场了，他戴着黑色棒球帽和深色太阳镜，例行公事般地向记者们介绍这辆"蝙蝠车"。

但我来这儿不是为了看法拉第未来的车，也不是为了见桑普森。我要见的是另一个英国人，他叫马丁·利奇，是汽车行业的一名老兵，也是一家名为NextEV的公司的联合创始人（不幸的是，利奇于2016年年底去世了）。

和法拉第未来一样，后来更名为蔚来汽车的NextEV也把电动方程式大奖赛视为进行市场推广的机会。这家公司背后也有中国资本的支持（其早期投资者包括联想集团、愉悦资本、腾讯和红杉中国），在加州亦有业务。但和法拉第未来不同的是，蔚来有一款车参加了比赛。

当天第二场练习赛之后，我在蔚来的车库旁边见到了利奇。

蔚来的两辆汽车正边充电边安装新鼻锥。两名头发凌乱、有着雕塑般身材的年轻车手脱去上身的赛车服，露出长款背心，帅气逼人。而年近60的利奇看上去不那么像电影明星，他的头发白了，脸上带着岁月的痕迹。他头戴棒球帽，穿着皱巴巴的西装夹克和深蓝色牛仔裤。我和利奇握了手，我俩都觉得车库那儿的机械噪声太吵，没法好好说话，于是我俩穿过柏油路，顺着楼梯走到一个多层停车场的高处，坐到帐篷底下的野餐桌旁。赛车队的人很快要来这儿吃自助午餐。

利奇说话时带着轻松随意的英国口音，他想知道我要写一本什么样的书。我告诉他，这本书要讲述特斯拉的发展历程、世界如何过渡到电动交通时代，以及电动交通激活清洁能源生态系统的潜力。利奇点头说道："嗯，我认为有道理。汽车是每个人生活中的基本组成部分，一旦电动化成为汽车行业的重要趋势，就会促使人们去思考其他东西。"他解释说："电动化会产生深刻的影响，要我说，这是福特发明流水线以来汽车行业最具根本性的变化。"

利奇是有资格说这番话的。他从11岁开始参加卡丁车比赛，13岁成为职业车手，不到18岁就夺得欧洲杯冠军，并在世界锦标赛中拿过第三名。随后，他准备驾驶单座四级方程式赛车出战首个全赛季，却因患上了类风湿性关节炎而卧床不起，只得改变计划。利奇的老家在埃塞克斯，是福特欧洲总部所在地，于是他决定请求福特资助他在哈特菲尔德理工学院（现在叫赫特福德郡大学）攻读机械工程学位。他的愿望实现了。毕业后，他进入福特工作，并重新开始参加卡丁车比赛，眼看就要再次升到四级方程式级别，但在26岁时，他的类风湿性关节炎再次发作。这一次，他必须在赛车和福特的工作之间做出取舍。他选择了后者。此后，他在汽车行业摸爬滚打了40年之久，先后从事过工程、产品规划、销售和市场工作。他当过福特欧洲的总裁和马自达全球研发主管。他还在玛莎拉蒂当过一年CEO，领导该公司的重组行动，随后，玛莎拉蒂从法拉利分拆出去，和阿尔法·罗密欧一样归入菲亚特旗下。

2004年，利奇离开了福特，用他的话说，这是因为他"卷入了福特在全球范围发起的政治斗争"（利奇于2003年起诉了福特，并成功阻止该公司让一项禁止同业竞争的协议生效）。尽管利奇当时处于失业状态，但《汽车》杂志仍将他评为年度人物。该杂志称："他是一位拥有专业认证的车迷，业内少有的远见卓识者，出色的工程师和车手，务实的团队成员，也是位名副其实的好心人。"

在远处的长滩上，扩音器中传出喊话声，让电动村里的观众掌声再热烈一点。几百号人从宿醉中清醒过来，开始从大门涌入，赶去观看当天的重要赛事。下午晚些时候，喝着香槟、头戴灰色平顶帽的莱昂纳多·迪卡普里奥会在看台上露面。迪卡普里奥是特斯拉车主，也是电动方程式可持续委员会主席，该委员会旨在促进电动汽车的广泛使用。

在停车场自助午餐那种稍显无趣的氛围中，利奇向我讲述了蔚来的创业故事。利奇当时在运营自己的咨询公司，一家名叫Magma International 的汽车服务集团。而李斌是中国网上汽车交易平台易车（Bitauto）的CEO，从公司描述来看，易车是Cars.com、Autotrader和《消费者报告》的结合体。2016年，这家上市公司市值达到20亿美元左右。一位双方共同的熟人把利奇介绍给了李斌。

利奇和李斌第一次见面是在2014年10月的巴黎车展期间。两人在咖啡馆里讨论了他们对汽车行业的关切以及对未来的共同愿景。李斌想创办一家采用用户中心模式的电动汽车公司，但这位互联网企业家知道自己需要找一个有汽车背景的合伙人。利奇向李斌介绍了他的咨询公司2011年在英国伯明翰为菲亚特运营的一个实验性项目。这个名为"菲亚特点击"的项目允许消费者上网浏览产品、配置汽车，然后在网上买车。如果消费者想亲眼看到汽车，可以访问设在高档购物城内类似苹果店的菲亚特店。购车体验与特斯拉当时在美国首创的模式相似。

2009年，中国已超越美国成为全球最大的乘用车市场，而且增长势头短期内并不会停止。与此同时，中国政府在鼓励开发新能源汽车，而汽车生产商在西方市场也面临越来越大的限制碳排放压力。和法拉第未来的创始人一样，利奇也注意到电动化、网络互联、汽车共享和自动驾驶技术的融合带来了商机。利奇拿起瓶子喝了口水，对我说："毫无疑问，这是汽车行业最让人兴奋的时刻。"

与李斌聊完后，利奇便知道两人会合伙创办公司了。利奇说："我觉得找到了跟我抱有相同愿景，跟我一类，而且能够负担创业所需资金的人，因为需要花很多钱，而且要有耐心。我做过250

多个产品方案，管理过5个不同的OEM（代工生产商）。但我心想，我真希望在其他任何事情都还没做的时候就做这件事。"利奇为实现这个心愿倾注了心血。他去世后，李斌发表声明称，公司将永远继承利奇的遗志。李斌表示："马丁是一位真正的勇士，他一直都是用最高的标准要求自己。即使在生命的最后时刻，他还在关心NextEV的进展。"

到2015年3月，利奇已经放下手头其他工作，全身心投入蔚来。当时这家初创公司只有10名员工，但没多久就开始大举招聘，尤其是在中国。到2015年年底，蔚来已有近800名员工，当年12月，该公司更是宣布了一项规模庞大的招聘举措。思科前首席技术和战略官伍丝丽也加入进来，担任蔚来美国CEO兼软件开发主管。堪称硅谷传奇的伍丝丽还在摩托罗拉当过首席技术官，她任职期间正是摩托罗拉凭借Razr翻盖手机扶摇直上的全盛时期。消息宣布后，伍丝丽向媒体表示，蔚来将为中国研发价格适中的电动汽车，之后再进入其他市场。利奇后来告诉我，蔚来首款乘用车的目标价格在50 000美元以下。2017年3月，该公司发布了概念车Eve。蔚来Eve看起来就像一辆加长的SUV（运动型多用途车），定于2018年投入中国市场。该公司称，能够全自动驾驶的升级版将于2020年在美国上市。这是一款为自动化时代而设计的汽车，配有可放平的座椅和可折叠的桌子供乘客使用。

长滩电动方程式大奖赛上一名引人注目的缺席者是特斯拉。特斯拉拒绝了活动邀请，但现场仍能感受到特斯拉的存在。没有马斯克的公司，蔚来和法拉第未来就不可能出现在那儿。利奇说：

"特斯拉和埃隆做的事情影响了每一个人。几十年来,只有埃隆一人成功创办了一家具有重大意义的汽车公司。"利奇还说,2006年,马斯克差点就让他当特斯拉CEO了。那是在特斯拉成立之初,Roadster还没有上市。"我跟埃隆聊了聊,他告诉我他是如何创办和卖掉贝宝的,现在他正在创办一家汽车公司,打算做电动推进系统,他问我有没有兴趣当CEO。"当时利奇正忙于手头其他公司,他刚被任命为英国货车生产商LDV的董事长,于是他告诉马斯克无法接受这份工作。"我祝他好运,告诉他我干不了。"

蔚来处在与法拉第未来相近的发展阶段,扩张速度也十分惊人,但和法拉第未来不同的是,蔚来会尽量避免炒作。到2016年,利奇的公司已有近1 000名员工,并与中国南京市政府签署了一项协议,拟投资5亿美元兴建一家年产28万套动力总成部件的工厂。蔚来总部仍设在上海,设计工作室仍在慕尼黑。但蔚来向加州经济发展局(给予蔚来1 000万美元的税收减免)提交的文件显示,蔚来还在圣何塞设立了办事处,到2020年将在加州新增逾900名员工并投资1.38亿美元。到2016年年底,蔚来会发布一款售价达100万美元、功率达1 360马力的超级跑车,该公司称,这款跑车"性能将超越世界上所有内燃发动机超跑"。2017年3月,中国互联网搜索巨头百度也宣布将投资蔚来。当年12月,蔚来发布了Eve的升级版ES8,这是一辆7座SUV,续航里程可达220英里,定价为83 000美元起。但当我坐下来与利奇交谈时,却没有看到夸张的视频,没有听到号称要打败业界巨头特斯拉的豪言壮语,也没有什么招摇的舞台秀。利奇说:"我们认为谈今后打算做什么没有意义，我们只想谈我们已经做到的事情和已经取得的成就。"

他的话与公司联合创始人李斌早些时候接受彭博社采访时的观点如出一辙：

"说大话毫无意义。"

———∿∿∿∿∿———

法拉第未来和蔚来汽车选择加州是有原因的，因为在地球上任何其他地方你都找不到如此优越的孕育新汽车工业的条件。

首先是市场方面的考虑。加州是美国最大的汽车市场，由于排放标准严格，该州也是最大的替代燃料汽车市场。丰田普锐斯混动车是2012年和2013年加州最畅销的车型，不过最终被本田思域和雅阁超越。加州是特斯拉在美国最大的市场。20世纪90年代，通用那款昙花一现的EV1仅出现在全美为数不多的几个城市，其中便有洛杉矶、旧金山和萨克拉门托。

接下来是监管方面的考虑。加州有着严格的碳排放规定，在该领域走在世界前列。1990年，加州颁布了一项规则，要求到2003年使加州10%的待售汽车成为零排放车辆。为将混动车纳入其中，加州空气资源委员会之后引入了面向"部分零排放"车辆的积分，并实施了一项允许汽车生产商买卖积分以履行零排放车辆义务的制度——这项制度会成为特斯拉重要的收入来源。受到汽车生产商起诉后，加州空气资源委员会调整了目标，规定汽车生产商到 2015 年使零排放车辆在加州出售的新车中占比达到 2.7% 即可，但将逐步提高限额，到 2025 年该比例将接近 22%。

包括纽约州、新泽西州、马里兰州和马萨诸塞州在内的其他 9 个州最终也采用了加州的这套规则。到 2016 年，这些市场登记的新车已占新车登记总量的 28%。与此同时，加州空气资源委员会的支持者们认为，实际影响其实比这还要大得多。加州空气资源委员会成员、加州大学戴维斯分校交通研究所主任丹·施佩林 2012 年称："加州从 20 世纪 60 年代开始出台各种监管措施，今天世界上每一辆车的排放物都比监管之前的汽车清洁多了。所有汽车的排放控制技术都可以追溯到加州。"但传统的汽车生产商们却给出了不太好的评价。梅赛德斯–奔驰美国公司于 2016 年发表书面声明称："我们支持有力而全面、能够减轻行政和后勤负担的全国性政策。"这句话翻译过来便是："说实话，我们真希望各州不要妨碍我们靠燃油车赚钱。"

不过，比监管环境更重要的或许是加州创业者的心态。

1997 年 9 月 3 日，在苹果公司一次高管和经理会议上，史蒂夫·乔布斯登台鼓起了掌。两个月之前刚刚回到公司担任临时 CEO 的乔布斯决心要进行一番改革。他穿着凉鞋、短裤和后来为全世界所熟知的黑色高领衫，看上去很放松。不过，前一天他可是为筹划一项他期望借此振兴苹果品牌的广告宣传活动一直工作到凌晨 3 点。该品牌自乔布斯 1985 年离开公司以来一直被市场忽视。虽然乔布斯在会上没有提，但苹果面临的问题并不仅限于品牌。到 1997 年，苹果在个人电脑市场中所占份额仅剩下 4%，而且当年注定要亏损 10 亿美元以上。苹果距离破产仅有几个月之遥了。乔布斯上任后的首要目标就是让公众重新关注苹果的核心价值。他在台上边走边说："我们的顾客想知道，谁是苹果？我们代表着什么？那么在这个世界上，我们的位置在哪里？"

为开展这项宣传活动，他再度与广告公司 Chiat/Day 联手（苹果麦金塔电脑面世时，著名导演雷利·史考特执导的广告《1984》便是这家广告公司制作的）。乔布斯说："苹果的核心（指核心价值）是，我们相信怀有激情的人能够改变世界，让世界变得更美好。"他双手合十，就像在祈祷一样。"只有那些疯狂到以为自己能改变世界的人才能真正改变世界。"他的演讲似乎没有事先练习，也没有用任何演讲稿。"广告的主题是'不同凡想'，是要向那些特立独行、推动世界向前发展的人致敬。"

舞台侧面的屏幕上开始播放视频。伴着视频开头阿尔伯特·爱因斯坦抽烟斗的黑白镜头，房间里响起了演员理查德·德雷弗斯的声音："向那些疯狂的家伙致敬。"随后，镜头迅速切换为鲍勃·迪伦的侧影。在钢琴和大提琴的配乐中，屏幕上陆续出现理查德·布兰森、约翰·列侬、托马斯·爱迪生、穆罕默德·阿里、玛丽亚·卡拉丝、甘地、阿梅莉亚·埃尔哈特、阿尔弗雷德·希区柯克、吉姆·亨森、弗兰克·劳埃德·赖特和帕博罗·毕加索的身影。"他们特立独行，他们桀骜不驯，他们惹是生非，他们格格不入，他们不人云亦云，他们不墨守成规，他们也不安于现状。你可以引用他们，质疑他们，颂扬或是诋毁他们，但唯独不能漠视他们。因为他们改变世界，他们推动人类向前发展。或许他们是别人眼里的疯子……但他们却是我们眼中的天才。因为只有那些疯狂到以为自己能改变世界的人……才能真正改变世界。"影片的结尾是一个特写镜头：一个小女孩睁开眼睛，直视镜头。

这段广告预示苹果将开启一段令人称奇的复苏历程，开始逐步变身为全球最具价值的公司。在接下来的20年里，苹果陆续推出了iMac、iPod、iPhone和iPad。该公司市值从30亿美元跃升至7 000亿美元。但这段广告也表达和延续了一种信念，那就是加州人，特别是硅谷人能够改变世界。

我们当然可以取笑硅谷这种"改变世界"的姿态，很多人其实已经拿这个开涮了，HBO（美国一家有线电视网络媒体公司）的电视剧《硅谷》(*Silicon Valley*)便是令人印象最深的一例。在《硅谷》第二季中，一位CEO边做瑜伽边说："我不想看到世上有人比我们更擅长改变世界。"不过，"改变世界"的心态虽然带着几分"天然呆"，但也不完全是痴人说梦，它至少是一种有用的信条。硅谷缔造了许许多多改变世界的产品和服务：半导体、个人电脑、图形用户界面、网络浏览器、谷歌搜索、触摸屏智能手机以及社交网络。这一切即使不是由硅谷创造，至少也是在这里发展完善起来的。虚拟现实、人工智能和无人驾驶汽车可能也一样。这一切都必将对人类的生活方式产生重大影响。

在硅谷的创新浪潮中，有一种理念可谓至关重要，这就是乔布斯于1985年接受《花花公子》杂志采访时说的那句"在宇宙中留下一点印记"。尽管这种信仰在很多情况下是错误的，但它们至少推动建立了一个让硅谷变得不同寻常的头脑"供应链"。在科技英雄励志名言的鼓舞下（乔布斯说："记住，自己终会死去，这是我所知道的避免陷入患得患失心态的最好办法"），世界上最出色的开发者和重视软件的企业家纷纷涌入硅谷，去做有影响力的事情，去见证历史的前进，去赚大钱，或者同时奔着这三个目标而去。而硅谷也没有辜负他们。

硅谷的心态是一种拥抱风险、不惧失败的心态。（马克·扎克伯格说："在一个瞬息万变的世界，唯一一种注定要失败的战略便是不去冒险。"）被灌输了这些信条的年轻门徒把教诲牢记在心中，好在需要时随时激励自己。随后，不管结果好坏，他们都会付诸实践。哈佛商学院2012年的一项研究估计，75%的初创企业会失败——也就是说，它们不等赚钱就资金告罄或解体了。但这在硅谷没什么大不了，甚至还受到鼓励。马斯克曾说："如果没有失败，你的创新就还不够。"和好莱坞一样，这也是一种大片驱动模式。风险投资者会下注一批有潜力的初创公司，他们知道大多数投资都会打水漂，但期望其中能有一家成为下一个谷歌或脸书。在尝试之后失败总比没有尝试要好。

就连硅谷最耻辱的失败时刻（2000年的互联网泡沫危机）最终也产生了一些积极的作用，甚至可以说，正是互联网泡沫助力电动汽车走到了今天。硅谷在1997—2000年的非理性繁荣带来沉痛的教训，但这段时期至少为年轻的埃隆·马斯克在1999年2月（接近泡沫高点）将他的在线导航公司Zip2以3亿多美元卖给康柏创造了条件。这项交易使马斯克得以投资创办了一家后来成为贝宝的公司。此外，我在前文中提到，马斯克后来又利用出售贝宝所得创立了SpaceX并投资了特斯拉。

特斯拉的崛起带动了加州新能源汽车生态系统的发展。从特斯拉2010年收购弗里蒙特那家破败的新联合汽车制造公司工厂时起，供应商们便来到该地区，或者扩大现有业务规模，以满足特斯拉的需求。

开车在弗里蒙特及其周边的园区兜一圈只需要半小时多一点。那是2016年6月的一天，天气炎热而晴朗，我开着我夫人那辆本田思域去看了特斯拉的一些供应商。在与弗里蒙特相邻的纽瓦克，我看到了澳大利亚公司Futuris占地16万平方英尺的北美总部，这里曾是办公用品供应商史泰博（Staples）的分销中心，而现在被Futuris用来生产汽车座椅。Futuris曾将生产放在特斯拉的弗里蒙特工厂内，但后来地方不够用了。新的设施位于一条断头路的尽头，路的另一边是刚刚建成的产业园区，这些园区外面还插着写有"供出租"的标示牌。（自特斯拉2015年决定自行生产座椅以来，特斯拉与Futuris之间的关系似乎有所疏远。）

我沿着海湾往南开，经过东面一座座长满干草的小山，来到了我的下一站：丰田通商美国公司。这是一家金属和电子供应商，占据着高速公路旁一溜儿巨大米色立方体建筑物中的一座。2014年，该公司和Futuris一样从特斯拉工厂迁了出来，随后签下5年租约，搬进了这个仓储间。在与厂房一个街区之隔的地方，一名筑路工人正在新建的产业园外面的马路上铺柏油。

朝海岸边再走近一些，就来到了位于原弗里蒙特直线竞速赛场附近的Asteelflash，这是一家为特斯拉汽车生产印刷电路板的公司。近年来，Asteelflash斥资数百万美元扩大产能，并添置了一套自动涂层设备，以满足特斯拉的发展需要。向公路对面望去，可以看到特斯拉工厂珍珠白色墙壁的最上端。墙面上写着T-E-S-L-A这几个镀铬的字母，每个字母都有房子那么大，从几英里外就能看见。

弗里蒙特工业奇迹自助游结束之后，我在市中心一家拥挤的泰国餐馆吃了午饭。餐馆对面是一个工地，还有一块写着"弗里蒙特市中心正在崛起"的牌子。弗里蒙特正从通勤者居住的郊区逐步转变为高科技制造枢纽。在5英里外的特斯拉工厂后面，是新建的南弗里蒙特车站，贯通整个地区的湾区捷运火车从这里通过。紧邻车站的南弗里蒙特沃姆斯普林斯创新区正在将850英亩的土地改造成配有酒店、会展设施和公园的住宅、购物和娱乐枢纽。而这块地之前的规划是重工业用地。在新联合汽车制造公司关闭6年并削减了近5 000个工作岗位之后，弗里蒙特又开始焕发出生机。

在特斯拉的带动下，旧金山湾另一侧的硅谷也逐渐形成了汽车生态系统。硅谷的公司几乎都专注于软件的开发。

福特驻帕洛阿尔托的研究和创新中心主任德拉哥什·马丘卡2015年年底对《洛杉矶时报》表示："100年来，汽车业一直是以机械工程为主的产业，如今却在向软件转变，而软件业的圣地是硅谷。"福特、丰田、本田、现代、大众、宝马、梅赛德斯－奔驰、通用、日产等一批汽车公司都成立了驻硅谷的研发中心，以开发自动驾驶和联网技术。大陆集团、德尔福和电装公司等汽车零部件供应商也在该地区设有办事处。而本地科技公司则正在将触角延伸到汽车领域。总部位于圣克拉拉的图形处理芯片生产商英伟达过去几年为旗下汽车业务团队增招了几百名工程师。英伟达汽车业务高级主管丹尼·夏皮罗向《泰晤士报》表示："我们不是做汽车起家的公司，但改变一辆汽车的所有东西都与汽车行业的过去无关。"

当然，初创公司也发现了机遇。总部位于旧金山的优步和来福车（Lyft）在抢占汽车共享市场的先机。芒廷维尤的Smartcar（车联网基础设施）、旧金山的Reviver（数字车牌技术）和帕洛阿尔托的Nauto（人工智能自动驾驶）等后起之秀在寻找与软件相关的其他机遇。与此同时，活跃在该地区的还有一批电动动力总成公司，比如Wrightspeed（重型卡车）、Zero（摩托车）和Proterra（巴士），它们总共筹集到数亿美元资金。

在自动驾驶领域，无人驾驶汽车测试里程已达几百万英里的Alphabet（谷歌的母公司）仍居领先地位。2016年年底，该公司创建了一个名为Waymo的新业务部门来研发自动驾驶技术。2017年5月，Waymo和来福车宣布将联合开发这项技术，而Alphabet当年晚些时候为这个初创项目投资了10亿美元。克鲁斯（Cruise）自动化公司（被通用以10亿美元收购）和Comma.ai（在自动驾驶领域提供与谷歌安卓移动操作系统类似的开源技术）等其他一些公司也在奋力追赶。中国互联网搜索领军企业百度在森尼韦尔设有自动驾驶研究中心。背靠腾讯、富士康和中国和谐汽车控股有限公司的拜腾（Byton）在芒廷维尤设有办事处，中国汽车共享服务公司滴滴出行（苹果向其投资了10亿美元）也在该地建立了办事处。

这些公司中有很多不仅从特斯拉汲取了灵感，还从特斯拉招揽了人才。硅谷这类创新集群的部分价值在于让知识劳动者从一个节点散布到另一个节点。比方说，贝宝在硅谷就以造就了一批创立、加入或投资其他高科技公司的高效能人才而著称。在所谓的"贝宝黑手党"中，有领英创始人里德·霍夫曼；有陆续创办了好几家初创公司（其中最新一家是名为Affirm的金融服务公司）的马克斯·列夫琴；有脸书董事彼得·蒂尔（蒂尔是一位支持特朗普总统的风险投资人，并与他人联合创办了大数据公司Palantir）；有创办点评网站耶尔普（Yelp）的杰里米·斯托普尔曼；有在移动支付公司Square担任首席运营官，后来又加入风险投资公司Khosla Ventures的基思·拉布瓦；有以12亿美元将企业社交网络公司Yammer卖给微软，随后成为人力资源管理软件公司Zenefits CEO的戴维·萨克斯；有优兔联合创始人贾德·卡林姆；还有一个埃隆·马斯克。

与之类似，在构成硅谷新能源汽车生态系统的许多初创公司中都可以看到特斯拉"校友"的身影。Wrightspeed的创始人是特斯拉五个联合创始人之一的伊安·莱特，他于2005年离开特斯拉。Proterra的CEO瑞安·波普尔是特斯拉前高级财务总监，他于2010年离开特斯拉。克鲁斯聘用了来自特斯拉自动驾驶团队的安德鲁·格雷。自动驾驶汽车初创企业Comma.ai挖走了特斯拉前高级系统工程师里卡尔多·比亚西尼。特斯拉前自动驾驶业务主管斯特林·安德森离开特斯拉后创办了自动驾驶公司Aurora（并宣布了与拜腾的伙伴关系）。而拜腾网罗了一批特斯拉前高管，包括前汽车工程高级经理保罗·托马斯、前供应链生产总监马克·杜谢恩和前汽车采购总监史蒂芬·伊弗桑。

接下来还有苹果。

2015年9月，马斯克向德国《商报》(Handelsblatt)表示："他们雇用了我们开掉的人。"当年2月有传闻称苹果在开展一个电动汽车项目，据说当时有一名苹果员工给商业新闻网站Business Insider发邮件称，苹果公司正在做一个"不比特斯拉逊色"的项目，大批特斯拉前雇员加入了苹果。但马斯克对这种状况有自己的看法。他说："我们一直开玩笑说苹果是'特斯拉的坟场'，在特斯拉干不下去的人才会去苹果工作。我可不是瞎说。"

据苹果前副总裁托尼·法德尔透露，史蒂夫·乔布斯2008年在几次讨论中提到生产汽车的想法。法德尔后来创办了智能设备公司Nest，并最终将该公司卖给谷歌（他于2016年离开谷歌）。法德尔2015年接受采访时表示，他和乔布斯在散步时讨论过好几次造车计划。他说："汽车有电池，有电脑，有电机，有机械结构。你看看iPhone，这些东西全都有。但难点在于实现互联，以及如何让汽车能够自动驾驶。"而苹果负责营销的高级副总裁菲尔·席勒的一份法院证词甚至显示，苹果在2007年发布iPhone之前就考虑过制造汽车。

2015年，苹果账户上拥有逾2 000亿美元现金，并感到有必要在智能手机市场放缓之际开拓其他商机，在这种背景下，苹果汽车项目似乎变得更加有必要了。在Business Insider（科技博客）抢先报道之后，其他媒体也纷纷跟进，披露苹果从汽车行业挖人，并计划招聘逾1 000人来从事其汽车项目Project Titan（泰坦计划）。投奔苹果的大腕包括特斯拉前汽车工程主管克里斯·波利特，波利特加入马斯克的公司之前曾在阿斯顿马丁任职，是One-77超级跑车项目的总工程师。苹果聘用波利特的消息曝出之后，特斯拉出面澄清，说波利特离开特斯拉已有7个月。

跻身全球最神秘公司之列的苹果没有披露造车计划的任何细节，因此，媒体只能凭臆测或小道消息。在森尼韦尔有一处带围栏的苹果生产基地，据附近的居民透露，深夜会听到砰砰、咚咚、哗哗、呜呜、嗡嗡的神秘声响。据一家德国报纸报道，宝马和戴姆勒都与苹果就共同研发汽车事宜进行了商讨。另一篇报道称，苹果在与做充电站的公司接触，以期为建设无人驾驶汽车充电基础设施做准备。2016年4月，搜肠刮肚想要写点什么的《汽车族》雇了一名研究生为苹果汽车设计了一款模型，然后召集了一个专门小组来讨论这样一款汽车可能的工作方式。一名小组成员想象说："玻璃很漂亮，比例匀称，有种稳健、强大的感觉，而无矫揉造作之气。当你接近它时，就像走近东京一家令人惊艳的店铺。车门开启和呈现的方式很特别，不是那种你需要伸手去拽开的门，而是车顶可以抬起来，让你走进车里。"

当年晚些时候，苹果在电动汽车方面的热度似乎减退了，据报道，该公司从泰坦计划团队撤掉了几百名成员。曾负责iPad研发的苹果老将鲍勃·曼斯菲尔德受命领导该项目，并将研发重点重新放在了自动驾驶系统上。该路线能让苹果在是否自行生产汽车这一问题上保留多种选项。

同处特斯拉"移民社区"的还有一家硅谷汽车公司。有趣的是，这家公司与法拉第未来有某种共同点，就是它们背后都有一位名叫贾跃亭的投资人。

这家公司叫路西德汽车公司（Lucid Motors），原名Atieva，发音为"阿–提–瓦"，是"advanced technologies in electric vehicle applications"（电动汽车应用领域的先进技术）的首字母缩写，2008年（准确地说是2007年12月31日）创立于山景城，创始人是在Roadster面市之前担任特斯拉副总裁的谢家鹏。

谢家鹏生于香港，曾在伊利诺伊大学学习工程专业，并在这所大学结识了他的妻子杨雯君。20世纪80年代初，夫妻俩创办了一家名叫慧智（Wyse）的计算机制造公司，该公司在90年代初的鼎盛时期年销售额超过4.8亿美元。2003年，谢家鹏应他的好友、特斯拉最早的CEO马丁·艾伯哈德的邀请加入了特斯拉董事会，艾伯哈德看重谢家鹏在工程、制造和供应链方面的专长。谢家鹏最终退出了董事会，转而去领导一家名叫特斯拉能源集团的分公司。特斯拉能源集团计划为其他制造商生产电动车动力总成部件，供它们将其应用于自己的电动汽车项目。

谢家鹏未回应我的采访请求。他在艾伯哈德离职前后离开了特斯拉，决定创办自己的电动汽车公司Atieva。Atieva的计划是先集中精力做动力总成，以生产汽车为最终目标。该公司在融资时把自己说成是动力总成供应商，并拿到了为中国一些城市公交车生产动力系统的合同，从而得以进一步开发和改进自己的技术。Atieva 在几年内筹得约 4 000 万美元资金，其中很大一部分来自总部位于硅谷的风险投资公司 Venrock。Atieva 在美国聘用了 30 名员工，其中大多数是动力总成工程师，并在亚洲雇用了人数相当的工人。

到 2014 年，Atieva 已准备开工生产一款拟在中国和美国销售的轿车。据接近 Atieva 的消息灵通人士透露，该公司当年从中国投资者手中筹得约 2 亿美元。2014 年 5 月，北汽集团通过子公司北京新能源汽车股份有限公司（简称北京新能源汽车）投资了 1 亿美元，另外 1 亿美元绝大部分是贾跃亭麾下的乐视在几个月后投资的。

这次融资之后，Atieva 吸引了一些重要人才（堪称环球之旅中漂亮的一步），包括马丁·艾伯哈德、在汽车业内声名鹊起的明星设计师德里克·詹金斯以及特斯拉首席设计师弗朗茨·冯·霍兹豪森。詹金斯曾在奥迪、大众和马自达等公司任职，设计过 2016 年款马自达 MX-5 Miata 和马自达 CX-9 等一些备受好评的马自达车型。

但在北汽集团 2014 年投资之后的两年里，Atieva 与这家中国汽车生产商（持有 Atieva 25% 左右的股份）的关系有所恶化。北汽集团想让 Atieva 生产仅面向中国市场的汽车，但谢家鹏和 Atieva 则希望先生产面向美国市场的汽车以树立公司品牌，过一两年再进入中国。北汽集团对这种思路颇为恼火，并说服董事会其他成员支持中国优先方案。谢家鹏受够了政治斗争，索性退出了董事会。而在北汽集团投资后不久加入Atieva的艾伯哈德已经先谢家鹏一步离开了，他抱怨说这家公司的经营方式就跟"老派香港公司"一样。这份工作他只干了6个星期（2017年，艾伯哈德与SF Motors产生了交集，这是一家中国汽车公司的美国子公司）。

不过，即便在其他几名高管离职之后，Atieva依然不肯听命于北汽集团。北汽集团最终厌倦了，2016年3月，该公司通过旗下北京新能源汽车在香港举行的公开拍卖会出售了所持股份。准确地说，出售交易是由北京新能源汽车的香港子公司进行的。根据公开商业记录，这家公司似乎只为海外投资而存在，员工人数为零。

2016年6月，Atieva突然显露出一种危机感，诱发危机的可能就是寻找新资金来源的需要。Atieva向路透社透露，计划从2018年开始销售一款高端电动轿车，随后将于2020年和2021年推出两款豪华跨界休旅车。Atieva正将双电机动力总成安装在梅赛德斯–奔驰威霆厢型车内进行测试，从零加速到每小时60英里只需要3.1秒（后来缩短到2.69秒），对这种尺寸的汽车来说可谓惊人。

该公司还透露其融资总额达到了数亿美元。设计师德里克·詹金斯说，Atieva和中国一批新兴竞争对手不一样，因为Atieva拥有"加州心态"。

4个月后，Atieva更名为路西德汽车公司。该公司于2016年底向公众发布了一款名为Air的原型车，并表示其中一个版本将配有130千瓦时的电池组，每充一次电能够行驶400英里。这款车每个车轴上都有一个电机。路西德还称，汽车功率可达1 000马力，在2.5秒内就可从零加速到每小时60英里。这款车是全玻璃车顶，有4个用于自动驾驶的光学雷达传感器，路西德还计划配置豪华内饰，后排两个座椅带有加厚软垫，打造乘坐飞机一等舱旅行的感觉。从外部来看，这是一款类似宝马5系的中型轿车，但车内却拥有类似宝马7系等大型轿车的宽敞空间——这一壮举要归功于电动动力总成，因为电动动力总成比内燃发动机系统占据的空间小。这款造型优美的轿车最终将呈现灵感源自加州的内部设计主题：圣莫尼卡的清晨、圣克鲁斯的正午和莫哈韦沙漠的午夜。这款车定于2018年年底在亚利桑那州的工厂投产，为保证质量，路西德计划在投产后第一年生产8 000~10 000辆汽车，之后年产量将增加到5万~6万辆。低配版Air起价为6万美元，豪华版（包括较大的电池组、全轮驱动和玻璃顶棚）售价超过10万美元。

在路西德的发布会上还浮现出一个更有意思的细节，这就是路西德首席技术官和事实上的CEO是2013年悄然加入该公司的彼得·罗林森。在过去10年里密切关注特斯拉动向的任何人应该都很熟悉这位英国工程师。罗林森曾在捷豹和路特斯当过工程师，是Model S研发项目最早的领导者，但最终离开了特斯拉，和他前后脚离开特斯拉的还有同为英国人的底盘工程负责人尼克·桑普森。

罗林森和桑普森是2012年1月离职的,这时距Model S上市销售只差几个月了。特斯拉称,罗林森离职是为了"到英国处理一些个人事务"。罗林森没有回复我一再提出的采访请求,但桑普森后来告诉我罗林森回国休假了,之后就再没回来。关于桑普森的离职,特斯拉提供的细节就更少了,只说他离开公司时已对Model S项目做了"全面交接"。桑普森开玩笑说,罗林森莫名其妙地离开公司之后,马斯克开始痛恨英国人,于是桑普森"被要求退休"。

工程师离职的消息让特斯拉股价下跌了19%。

———〜〜〜〜———

我尽可能地俯身向下,好看清DF 91(法拉第未来第一款汽车的项目代号,后来更名为FF 91)前保险杠的底侧。一番仔细观察之后,我得出的结论是保险杠又黑又亮。我站起身来走到侧面,打量了一番前轮的车轮拱罩。它们有着诱人的曲线,好似棉花糖般的翘臀。我退后一步,想从整体上看一下。就SUV而言,这款车算是漂亮的,就像一颗怀了双胞胎的机关枪子弹。它拥有科幻小说般的造型艺术风格,若是停在超市停车场中,肯定能吸引一群围观者。汽车停放在展厅正中央一个不断旋转的垫子上,展厅是极简风格,有着太空灰色的墙壁。我抬起头,望见星光下荒芜的山脉上起伏的山峰。然后我低头看自己的手。等等,我怎么没有手?

我的手去哪儿了？

我突然想起来了，我是戴着虚拟现实头显待在加迪纳的一间办公室里。我面前那辆看起来非常逼真的汽车其实根本不是真车。这全是辅助法拉第未来进行设计的计算机虚拟图像。我的双手没了，是因为我的手指未做数字处理，没能融入这个虚拟世界。没有高山，也没有星光。摘下头显时，我才发现垫子很难看。

可是天哪，这也太酷了。

体验这个虚拟现实场景是出于偶然。当时，公共关系部门的一个小伙子带我在法拉第未来总部参观，我们半道上走进了一个专门用来展示用户界面设计的大厅。我先浏览了一下墙上展示的设计概念，其中有一些非常精彩但多半只能停留在理论层面的创意：一个长得很像扫地机器人，贴在 DF 91 下方为汽车充电的机器人；当人走近时会在汽车侧面亮起，唤着乘客的名字热情致意的字幕；还有位于车窗内侧，能让车窗变身为互动显示器的增强现实涂层。然后我一转身，注意到展厅一角的桌子下面有一台巨大的计算机，桌上放着 HTC Vive 头显。我根本无须开口请求，法拉第未来就为我奉上了这场视觉盛宴。

法拉第未来的办公场所曾经是日产美国公司总部。2006 年，在此处驻扎 46 年之久的日产美国腾空了这块地盘，将生产业务连同 1 300 个工作岗位搬到了田纳西州中部。主楼是一个长长的黄色方块，外观类似英王爱德华时代的抽屉柜。在 1960 年那会儿，这应该算是最时髦的设计了。停车场对面有幢奇形怪状的附属建筑，前台和高管办公室都设在这里。

法拉第未来主楼的二楼有两个侧翼，是大多数工程师、设计师和运营部门员工的办公场所。这里几乎不考虑任何组织美学，所有能用的空间都塞得满满当当，员工一个挨着一个坐在一排排办公桌前。一种无处不在的忙碌感萦绕其间。身穿T恤衫的设计师弯着腰，与坐在办公桌前的同事交流。一群人聚在角落的显示器旁边召开临时会议。有人哈哈大笑，还有人喊着同事的绰号。办公室两侧是一间间会议室，大多坐满了人。每间会议室内都配有一个大屏幕乐视显示器，好让开会的人知道谁是公司的金主。

楼下是一个摆满短桌和塑料椅的餐厅。有块黑板占据了整整一面墙，上面是艺术家用粉笔创作的展现《速度与激情》系列电影中人物和汽车的壁画。FFZERO1显然是想上《速度与激情8》的，但出于我的东道主不愿透露的原因，这项计划未能实现。餐厅外面也有几张桌子，摆放在彩色的遮阳伞下。

再下一层楼，我们穿过了一个地板锃亮的工作室，工程师们在带玻璃墙的隔间内摆弄电机，捆绑线束，测试电池和逆变器，这些隔间看上去安全级别很高，就算是核爆炸也能经得住。还有一些配备传感器和摄像头的小型货车和SUV，用以评估法拉第未来的辅助驾驶系统。走到走廊另一边，推开沉重的灰色大门，便来到另一个房间，设计师们正在房间里凿一些还没涂完漆的DF 91黏土模型。其中有一个模型盖着布。有标示牌显示，这里严禁拍照。

法拉第未来的创始团队与特斯拉有着深厚的渊源，该公司与特斯拉在文化上有一些相似之处，也有一些有意打造的区别。与路特斯前同事聂天心一同创办法拉第未来的尼克·桑普森很快就挖来了他在特斯拉时的一些老搭档。和他一起加入领导层的人力资源主管艾伦·彻里、生产主管达格·雷克霍恩和供应链主管汤姆·威斯纳都在马斯克的公司待过。法拉第未来于2015年7月首次向媒体发布重大声明时还披露，该公司聘用了几名曾在特斯拉工作的核心工程师和设计师。

我走进桑普森办公室的时候，距他在消费电子展的台上遭TechCrunch记者诘问已有6个月。桑普森坐在办公桌前，穿着一件蓝色长袖衬衫，脖子上套着一个橙色挂绳。从他办公室的窗户朝外望，可以看到停车场上有一辆流动餐饮车。他留着灰白的胡茬，两侧的头发剪得很短，有些谢顶。

桑普森是2009年加入特斯拉的。当时有一名招聘者通过领英与他联络，巧的是，他发现自己在捷豹和路特斯的前同事彼得·罗林森已经先他一步入职特斯拉。桑普森被罗林森说动了，相信特斯拉是个好地方，随后他与马斯克见了面。当时特斯拉的核心工程师和设计师在SpaceX洛杉矶总部内一块指定的区域办公。讲话时总忍不住要微笑的桑普森想不起来第一次与马斯克见面时的具体细节，但他记得马斯克富有魅力，拥有清晰的愿景，并且充满必胜的决心。他被马斯克颠覆汽车公司常规运营方式的计划吸引住了。

桑普森来到特斯拉的时候，特斯拉已在当年3月的媒体活动上发布了基于梅赛德斯CLS的展示用车，但Model S还八字不见一撇。桑普森笑着说："那会儿只有一辆装有Roadster电机的CLS，电池塞在所有能塞的地方。"首席设计师弗朗茨·冯·霍兹豪森已经完成了外观设计，但工程上还没有太大进展。当时桑普森在SpaceX内的特斯拉办公区与主管制造的雷克霍恩和供应链主管威斯纳共用一张办公桌。想到这些，他露出了微笑。他说，这是一种很有活力的环境，"我认为其他公司都比不上特斯拉"。

桑普森试图在法拉第未来复制那种环境，让供应链部门的人挨着制造部门的人坐，旁边还有设计师、工程师、市场营销人员、人力资源专员……不妨想象一下这幅图景。传统汽车公司一般不这样做，它们喜欢把人隔开。

桑普森是怀着复杂的心情离开特斯拉的。他百分之百赞同特斯拉的使命，并认为该公司的战略完全正确，但对其他方面持保留意见。

离开特斯拉后，桑普森与他的前同事聂天心取得了联系。聂天心将路特斯工程引入了中国，后来又成立了一家新能源汽车方面的咨询公司。当时，特斯拉在北京开了第一家店，该公司也在当地受到一些热捧。桑普森说，特斯拉从根本上改变了人们对电动汽车的看法，并证明初创企业进入汽车行业是有出路的。桑普森和聂天心认为，或许可以想办法抓住中国人对电动汽车兴趣陡增和中国政府支持电动汽车发展所带来的机遇。

第八章　鲨鱼还是鲇鱼

想要干掉特斯拉的大公司名单已经很长了，一家小公司胜过这些大公司的唯一手段就是更快、更高效、更加努力地工作。

在中国，发展变化的场景随处可见，但恐怕没有什么地方比深圳更能给人以深刻的日新月异之感。在20世纪70年代，深圳只是九广铁路终点一个不起眼的渔村。1980年，邓小平把深圳设为经济特区以推动中国的改革开放，从此，深圳的商业开始迅猛发展，人口也猛增至1 200万。如今，深圳成了一个欣欣向荣的大都市，洋溢着活力和乐观。对渴望取得商业成就或在深圳某家科技公司（比如电子产品制造商华为、互联网巨头腾讯或iPhone生产商富士康）就职的年轻人来说，这座城市就像一座明亮的灯塔。来自中国其他地区的外来人口占据了深圳人口的80%以上。

深圳从东往西延伸35英里，把香港新界环抱在怀中。开车从城市的一端走到另一端，会经过许多崭新的摩天大楼、购物中心、会议中心、娱乐城和体育场，这些建筑物造型奇绝，似乎在比拼哪个更让人目瞪口呆。它们把种种元素堆砌在一起：反光的穹顶、精致的格栅,还有发旋、蜂巢、剃刀刀口、岩架般的构造……这些建筑给人带来的感官体验岂止是兴奋,简直是让人血脉贲张。

深圳市内大多是灰色调,楼房、道路、天空都是灰色的,一派肮脏和喧嚣中零星点缀着一些在亚热带气候和浓郁二氧化碳中疯长的绿色植物。街上的行人会撞见一幅幅对比强烈的场景:人行道的小摊上,牛肉汤咕嘟嘟冒着泡;附近的工厂排出淡淡的青烟,散发着一股新轮胎的气味;耳边隐约响着下水道的水流声。地下通道里摆着水桶,接着漏水,而一出地下通道便是打着苹果手表广告的汽车站。汽车肆无忌惮地按着喇叭。商铺大门敞开,放着刺耳的中国流行音乐。二十多岁的年轻人穿着紧身牛仔裤和漂亮的夏季裙装,急匆匆地从一处赶往另一处。我无法想象从前那个沉睡的渔村是什么样,估计任何人都懒得去想。深圳的每一个人都在朝前看。

"筑梦未来。"对身处这个时代的深圳而言,这是再贴切不过的城市宣言,但这句口号属于比亚迪汽车。比亚迪汽车是全球销量最大的电动汽车生产商之一(如果计入混动车,则可算是最大的一家)。2003 年,比亚迪汽车的母公司比亚迪股份有限公司收购了濒临破产的汽车生产商西安秦川汽车有限责任公司,此后便将比亚迪汽车总部设在了深圳。比亚迪推出的第一款车是名为 F3 的汽油轿车,零售价 10 000 美元,于 2005 年投产。

要想去比亚迪,你得从深圳市中心往东开 25 英里,前往位于市郊的坪山区。坪山区是个工业区,沿途会经过一些单调的厂房和窗外晾着衣物的清凉住宅小区,还有人在公路旁边卖汽车座套。乘坐出租车行至中途,我看到一个集装箱从起重机上掉落下来。

纸箱里的瓶装机油渗漏出来，洒在马路上。

比亚迪厂区的入口是一个钢管和铝制顶棚搭建而成的拱门，隐约可见比亚迪想要打造宏伟工业风格的用心。充当比亚迪全球总部的一幢六角形大楼跟足球场差不多大，侧面漆成天蓝色，和工人身上的衬衫颜色相同。当天领我参观的是市场部的一位年轻女士，她对自己身为比亚迪的一员颇为自豪，因为像比亚迪这样在全球具有影响力的中国公司并不多。除中国外，比亚迪在美国、加拿大、日本、韩国、印度、墨西哥和欧洲也设有办事处和工厂。该公司2015年全球总收入达110亿美元左右。

比亚迪的联合创始人王传福是一位工程师和化学家。1995年，29岁的王传福用亲戚凑的30万美元与人共同创办了比亚迪。该公司为摩托罗拉、诺基亚、索尼爱立信和三星等客户生产充电电池，从中掘到了第一桶金。比亚迪在香港交易所上市并收购秦川之后，王传福为比亚迪规划了一条发展路线，希望使比亚迪成为中国领先的电动汽车和太阳能系统生产商——此举最终吸引沃伦·巴菲特通过伯克希尔-哈撒韦旗下的一家子公司，以2.3亿美元收购了该公司10%的股份。巴菲特的投资伙伴查理·芒格曾向这位"奥马哈的先知"表示，比亚迪CEO王传福就像是托马斯·爱迪生和杰克·韦尔奇的结合体——"他可以像爱迪生那样解决技术问题，同时又可以像韦尔奇那样做成他想做的事情。"

讲解员带我绕着这座六角形大楼（很像苹果总部"太空船"在俄罗斯方块时代的前身）参观，告诉我她很喜欢在深圳生活。她说，深圳的天气不错，而且是一线城市中对新来者很友好的一个城市。

在北京和上海，地方政府打击炒房的政策让非本地居民难以买房，但在深圳却很容易实现置业梦想，毕竟这座城市的居民大多数是外来者——10个人里有8个是移民，10个购房者中也有8个来自外地。

比亚迪的梦想是让世界实现零排放。我们绕楼转了一圈，经过停满比亚迪汽车和几十辆腾势汽车（Denza，这款电动跨界休旅车是比亚迪与戴姆勒合资公司的产品）的停车场，然后走进了六角形大楼。大楼内铺着仿大理石地砖，几乎完全没有自然光，感觉就像一家半废弃的医院。

在一间美术馆般的展厅里，我简单浏览了一下比亚迪最畅销的电子和电池产品，随后，讲解员领我来到一个展示公司愿景的微缩模型前。微缩景观中的沙漠里建有太阳能电池板和风力发电站，把电力输送到位于一片人口稠密的绿洲边缘的电池基站。几辆电动卡车在微缩街道上行驶，一辆轿车停在一座豪宅一层的车库里。四处点缀着像加油站一样的电动汽车充电站。

比亚迪以一种多元的思路来对待电动交通。对于私家车，比亚迪不打算在短期内下注全电动化。在今后几年里，比亚迪的SUV和轿车将以混动为主。比亚迪认为，中国的充电基础设施还不足以在大多数人的生活环境中支持电动汽车。在中国的城市里（全国55%的人口居住在城市），很少有人住在自带停车场的独栋住宅内，大多数人都住在高楼里，停车场是共享的，或者根本没有停车场。充电是个棘手问题。

比亚迪卖的"双模"插电式混动车既带电池又带油箱。这样一来，比亚迪汽车仍符合政府补贴资格，可以为买家省下多达

8 000美元,关键是车主无须参加烦琐的摇号就能取得上路所需的车牌。为减轻污染和管控上路汽车总量,中国主要城市的地方政府为车牌申请资格设定了严格的限制。在每月一次的摇号中,新车车主中签的概率极低。比方说,2016年1月北京燃油车的中签率为0.15%。还有些有幸拿到车牌的人据说是花费14 000美元通过拍卖购得,买车牌的费用有时甚至超过买车的费用。但各地政府均规定,电动汽车或混动车车主无须通过摇号取得车牌,以鼓励人们购买新能源汽车。可惜,如总部位于上海的中国市场研究集团主管雷小山所述,人们购买比亚迪混动车通常是为了取得车牌,但很少真的用电源充电,而是用汽油来为电池充电。

比亚迪的全电动牌主要打在出租车和公交领域,该公司称,出租车和公交车在中国车辆燃油消费总量中占比达20%。比亚迪的电动巴士已在深圳市区和美国几个州(包括华盛顿州和加州)投入使用。智利、乌拉圭、英国和荷兰的公路上也跑着比亚迪的出租车。该公司还生产电动铲车、垃圾车、采矿用卡车和混凝土搅拌车,并向世界各地重视减排的企业和机构销售这些车辆。比方说,加州空气资源委员会就按照《加州气候投资方案》,向零排放的工业用车队的公司提供补助金。2016年6月,圣贝纳迪诺郡(加州空气污染最严重的盆地之一)获得了910万美元补助金,用于购买27辆比亚迪生产的电动卡车。比亚迪在位于加州兰开斯特的工厂为美国市场生产重型车辆。

我的讲解员说她喜欢比亚迪的汽车,但我问的其他人则没那么肯定。一位年轻的北京人就觉得比亚迪的车"便宜但很难看",

功能过时,"不能满足城市年轻人的需要"。这位北京人在一家希望赶超比亚迪的电动汽车初创公司工作。

比亚迪的车确实没什么魅力。这些汽车外观笨拙,内饰则有种塑料感。比亚迪的公司形象跟其要求员工必须穿的制服一样古板。比亚迪自己似乎也心知肚明。2016年4月,比亚迪高级副总裁李柯向彭博社表示,比亚迪已将品牌建设作为今后两到三年的首要任务,言语间透着对特斯拉的羡慕之情。她提及特斯拉Model 3在首次交付前一年多就拿到好几十万份预订单时表示:"我们现在没有能力在一辆车都还没造出来的时候就卖出去好几万辆车。如果有一天我们能做到这一点,我们的品牌就建立起来了。"在2016年北京国际汽车展览会之前,比亚迪聘请了一家品牌顾问公司,并对一项销售活动做了重大调整。比亚迪CEO王传福发表主旨演讲时在台上边走边说,并强调公司肩负让空气更清洁、道路更安全的使命。他已经跟贾跃亭甚至埃隆·马斯克有的一拼了。要知道就在一年前,王传福还站在讲台后面一字一句地念讲稿。

比亚迪试图花钱打造市场魅力,而新一代中国电动汽车公司则希望通过借用硅谷的光环,从一开始就赢得消费者的芳心。

2016年5月的一个晴天,我和李想走在北京东北部工业区一条满是尘土的混凝土巷道里。这一带除了几家汽车修理店与车

和家（中国最有意思的初创车企之一）的研发中心之外并没有太多建筑。身兼蔚来汽车创始投资人的李想在他34岁那年，也就是2015年创办了这家公司，我同李想见面时，车和家已从创始团队、风险投资者和利欧集团（LEO Group，一家专门从事水供应、电站建设和石化工程等业务的公司）那儿筹得3亿美元的创业资金。

车和家在一家汽车修理店前面的楼里租了块办公场地，于是我们穿过敞开的车库和一堆撞得皱皱巴巴的大众汽车往公司后门走去。李想穿着耐克跑步鞋和蓝色牛仔裤，迈着轻快的脚步。快到一座混凝土建筑侧面的大门时，李想挥了挥手。他说："不能拍照。"随后他打开大门，我俩走了进去。进门后，我第一眼看到的是一辆雷诺Twizy，这是一款看上去很像童车的两座车，拥有单速变速器和功率为17马力的电机。旁边放着一辆电动自行车。我估计这些车是用来当标尺的。

我转头向左，看到三台实物大小的黏土车模，这是几辆小巧玲珑的汽车，拥有陡峭的挡风玻璃和笔直的尾部。除设计上有些微小差异外，几辆车几乎一模一样，都是3.3英尺宽、8.2英尺长，可以一前一后坐两个人。喷漆是黑色和银色相间，看起来就像傻瓜朋克乐队音乐视频中的机械蜗牛。方方正正的前脸儿为汽车娇小的躯体平添了几分硬汉气息。不过，车和家完全无意打造肌肉车。该公司管这些车叫"智能轻电"，纯粹是为在城市驾驶而设计，因此最高时速只有40英里，续航里程最多为50英里。车很小，小到一个普通停车位里可以并排（自动）停入4辆汽车。车和家计划从 2017 年年底开始销售。

车和家只是中国大批新生初创车企中的一家，身为上市公司汽车之家创始人的李想渴望打造一款面向 21 世纪的汽车，而抱有同样想法的中国互联网企业家也不止他一人。李想等一批创业者受特斯拉在美国取得的初步成功的激励，政府为促进清洁交通发展而出台的刺激措施也给他们带来信心，他们还坚信，电动动力总成、网络连接和自动驾驶技术的融合为新生力量进入市场创造了百年不遇的机遇。

除蔚来和拜腾以外，有中国互联网公司背景的车企还包括阿里巴巴、富士康和俄罗斯亿万富豪尤里·米尔纳等投资的小鹏汽车，收购马丁·艾伯哈德的初创电池公司 Inevit 并任命他为美国子公司 SF Motors 首席创新官的东风小康，由吉利汽车（沃尔沃的中国母公司）前高管创立的威马汽车（WM Motor），由奇虎 360 前高管创办的奇点汽车（Singulato Motors），以及一家阿里巴巴与国有企业上汽集团合资创办的公司。中华汽车和长安汽车等老牌车企也在生产电动汽车。按照现在的"出生率"，等到这本书与读者见面时，又会有十几家新的电动车公司呱呱坠地。中国汽车技术研究中心 2016 年的一项研究发现，中国拥有逾两百家新能源汽车生产商。许多生产商在质量、可靠性和技术方面达不到全球标准。政府已考虑通过出台严格规定来提高标准。一家权威报纸暗示，此举可能会淘汰 90% 期望一搏的初创企业。

中央政府在中国扮演着极其重要的角色，中国会在五年计划、政策文件和媒体声明中出台强制规定、刺激政策和限制措施。一家公司要想成功，首先要取得政府的许可（公司要取得政府发放的经营执照和其他许可证）。在宏观层面，政府管控着利率、汇率、能源价格等重要经济杠杆，还通过银行、能源和电信等行业的国有巨头来控制其认为具有战略意义的重要行业。

电动汽车恰好处在有利的位置，既具有战略重要性（能源），又处在一个国有企业（如北汽集团和上汽集团）居多的行业。电动汽车在全球的崛起适逢中国政府因空气质量问题而逐渐陷入"危机模式"。北京的污染极其严重，呼吸空气对肺部的伤害相当于一天吸两包香烟。污染问题激起了越来越大的民愤。与此同时，政府在试图让中国经济摆脱对自然资源（特别是煤炭和钢铁）的依赖并把创新作为重点。《全国专利事业发展战略（2011—2020）》着重指出了今后10年的七大重点产业：生物技术、先进设备制造、宽带基础设施、先进半导体、节能技术、替代能源和清洁能源汽车。2017年，人工智能也被列入了名单。

新能源汽车受到特别的关注。在最新的五年规划中，政府设定了到2020年使500万辆新能源汽车上路的目标。为此，政府承诺为在电动汽车销量和电池性能等方面超额完成目标的公司提供经济奖励；政府还投资充电基础设施，同时鼓励地方政府提供补贴以降低充电费用。中国要求所有政府部门采购中国国产新能源汽车，并出台财政激动措施以鼓励投资汽车租赁、电池回收再利用和充电基础设施运营等领域。在更远期的规划中，政府官员还表达了对自动驾驶的支持。中国计划在2020年之前使半数上路行驶的汽车配备先进的安全软件，在2025年之前使20%的汽车实现高度自动化，并在 2030 年之前使 10%的汽车完全实现自动驾驶。政府将规定一个期限，一旦超过期限，汽车生产商就必须停止销售燃油车。

回到车和家的车间。李想转了个弯，带我走到 SEV 的"骨架"旁边，这是一个将汽车内饰模型包裹在里面的聚苯乙烯外壳。我坐进座位，感觉就像置身于电子游戏版的赛车。方向盘是圆角的长方形。仪表板顶部有一个触摸屏，触摸屏伸出去，略微遮住一点挡风玻璃的视线。屏幕上显示着一张泰勒·斯威夫特的图片，就好像应用程序在播放她的影集一样。车上有空调通风口、自动门锁，方向盘上还有一套控制音乐播放的按键。我踩下踏板，想象自己置身北京某条拥挤的环路，在车流里钻进钻出。要是开车时被别的车撞了，哪怕是被西瓜砸到，滋味都不会好受，当然，这车的车速还不足以让人身受重伤。

这款 SEV 面向北京、上海、深圳和广州等中国主要城市的年轻消费者，零售价在 7 000 美元左右。它可能是许多买家的第一辆车，同时也是近一二十年中国城市人一直在骑的电动自行车的高科技更新版。李想希望为人们提供一种选项，让他们能够以低廉的价格拥有汽车并以此取代电动自行车。2015 年 10 月，李想在新浪微博上向他的 6 万名关注者表示："我们无意挑战特斯拉或任何汽车业巨头。我们只想为所有人生产轻便小巧、富有魅力、价格适中的智能汽车。"

如今已是超级富豪的李想幼时在河北省石家庄跟着奶奶长大，高中没念完就辍学了。他一直对科技充满兴趣，也喜爱尝试新产品。20 世纪 90 年代，十几岁的李想开始为科技网站撰写产品测评文章，18岁时便创办了自己的网站泡泡网（PCpop.com）。这家公司取得了成功，成为中国知名度最高的电子产品测评网站之一，年收入达到数百万美元。但李想的志向不限于此。23岁时，他剥离了泡泡网的汽车业务并创立了汽车信息门户网站汽车之家。汽车之家一开始只是与Edmunds.com类似的测评网站，但后来发展成为综合性的网上交易平台，既独立发布新闻和测评报告，也为经销商和生产商建立了可获取大量消费者数据的渠道。汽车之家很快便成为中国最受信赖的汽车资讯平台，并发展成为一家利润丰厚的企业。2013年12月，该公司在纽约证交所上市，通过IPO筹得1.33亿美元，公司估值达32亿美元，为李想带来巨大的财富。如今他住在北京郊外富人聚居的顺义区，这一带有不少雅致的别墅，还有许多特斯拉汽车。

事实上，李想是中国最早拥有特斯拉Model S的9位车主之一。2014年4月，特斯拉北京办事处外举办了一场发布活动。当着几十名记者和粉丝的面，身穿西装的埃隆·马斯克在他当时的妻子妲露拉·莱莉的陪伴下将一把Model S的钥匙交给了李想。仪式结束后，李想面带微笑地接受了一家电视台的采访，并给出了毁誉参半的评价。

"特斯拉的外观设计是100万美元的档次，驾驶体验是20万美元的档次，但后座只是15 000~20 000美元的档次。"李想后来又为Model S写了段更犀利的评价，称赞这款汽车驾驶体验和加速性能流畅，但对漏雨的天窗、把挡风玻璃弄得脏兮兮的雨刮器、"噩梦"般硬邦邦的后座和劣质内饰（他认为内饰的档次跟本田雅阁差不多）提出批评。他后来跟我开玩笑说："竟然没有杯托!"这也是特斯拉早期美国车主的一大关切。（特斯拉现在为所有汽车解决了杯托问题。）

和马斯克一样，李想也是位亲力亲为的CEO。在汽车之家，他亲自试驾并测评了许多款汽车。车和家公共关系部门的员工苦口婆心地向我强调他对公司业务的方方面面都了如指掌。的确，对于我问的每一个问题，他都能立刻做出详细解答。他是一位硅谷式的商业巨头，首先是极客，其次才是商人。中国千禧一代对李想仰慕不已，在他们眼中，李想是一位白手起家的成功者，敢于违背中国的教育制度去追求他的梦想。和中国许多其他知名商人不同，李想穿着休闲，行事低调，有意规避贾跃亭或周鸿祎（奇虎360创始人）等人的自我推销路数。

车和家为能像亚马逊那样深入了解消费者的需求感到骄傲。李想说："我们会思考'真正的中国消费者需要什么？'"他指出，迄今面世的电动汽车并没有考虑中国普通消费者的需要。特斯拉汽车是加州的产品，加州有宽阔的公路，当地人通勤距离长，而且住在带车库的独栋房屋里，可以在车库里充电。宝马的紧凑型轿车i3则是一款欧洲的产品，欧洲城市布局紧凑，城市与城市之间距离短，因此，90英里的续航里程能够满足大多数驾驶需求。而中国人则分散在几百个相距遥远但人口众多的城市里。中国有41个城市人口超过200万，十几个城市人口超过500万，还有5个人口超过1 000万的超大型城市。车和家计划中的SEV能够满足在这些城市市内驾驶的需要，但该公司还需要推出能开出城外的车型。

再回到车间里。我从"骨架"里出来之后，李想走到门边的一对钉板那儿。他面带微笑，向我展示了车和家第二款汽车的草图，这是一辆长续航SUV，当时计划于2018年发布。这车看上去一副不好惹的样子，肌肉感十足，有着跟那款SEV一样的斗牛犬般的前脸儿，但似乎速度更快，锋锐的脊线更平添了几分俊朗气质。汽车侧板较高，车窗细长。电池组平置于车身底板下方。这款车的设计考虑到家庭出行和摆放行李的需要，可供5人乘坐，前备厢还有额外的储物空间。车和家将使这款汽车能够承受高速撞击，以提高人们在公路上长途行车时的安全感。

这款SUV不会做成纯电动，而是带有以汽油为动力的增程装置，每充一次电能够行驶370英里——以适应中国缺乏充电基础设施的现状。SEV车型则将配置一套重22磅的电池组，可以徒手拆卸，插到办公桌底下或家里的普通电源插座上，利用上班时间或夜间充电——中国约有2亿名电动自行车车主，几乎人人都很熟悉这种做法。电池组中的锂离子电池来自同为特斯拉供应商的松下。李想说，SEV的电池充满电需要6个小时，但能在半小时之内充入可续航12英里的电量，足以应付紧急情况。

但人们也许根本用不着自己开车。这也是让李想相信2015年是进入汽车行业好时机的另一个原因。他和他的一班人马相信自动驾驶汽车时代即将来临。李想认为："自动或许比电动来得更早。自动驾驶软件革命的进展速度比电池技术革命更快。"车和家从一开始就自己造车，以便为自动驾驶时代的到来做好准备。

我上一次去中国是在 2012 年夏季。当时我的女友（现在的妻子）在中国一家律师事务所实习，我则是去为 PandoDaily 报道中国科技行业和一些最有意思的初创公司。那次中国之行后，我写了本名为《测试版中国》(*Beta China*) 的电子书，讲述中国互联网公司新兴的创新文化。《测试版中国》提出的大前提是，中国科技行业正步出山寨美国创意的阶段，迈向在产品和业务模式方面充当开路先锋的新时代。我着重介绍了智能手机生产商小米等公司和腾讯微信等应用程序，认为它们是引领业界的创新，指明了未来的发展方向。

4 年后，我又回到了中国。对中国过去 30 年经济发展情况稍有耳闻的人恐怕都会估摸着我接下来会讲中国的变化之大。关于改革开放以来中国人如何经历翻天覆地变化的套话说起来十分顺口，就跟约塞米蒂国家公园的花岗岩一样滑溜。

不过我还是要感叹，变化实在太大了。

从出租车（在北京逗留的几天里，出租车是我的主要交通工具）的车窗向外望去，我看到北京又新建了不少高楼和奢华的购物城；富有冒险精神的建筑师在这里受到鼓励，尽可以放手施展才华；星巴克、博柏利等西方品牌的能见度更高了，漫咖啡和李宁等本土品牌也是一样。和深圳一样，只要是有人购物的地方都能看到苹果手表的广告。我还想补充一句，空气似乎更刺鼻了。

但最显著的变化蕴于无形之中，这句话用来形容科技行业尤其贴切。科技行业像打火机油一样，引爆了一波汽车业创业活动。举例来说，2012年那会儿没有几个美国人关注微信现象。但到了2016年，腾讯已将整个服务生态系统整合进月活用户超过8亿人的微信。人们不仅能够用这款应用与朋友聊天，还能用它来做很多其他事情，比如支付账单、打车、买鞋和转账。到这时，色拉布（Snapchat）的创始人埃文·斯皮格尔已将腾讯视为偶像，脸书高管斯坦·查德诺夫斯基称Facebook Messenger从微信中汲取了灵感，我曾兼职工作过的Kik（基于手机通讯录的社交软件）则宣称其有志成为"西方的微信"（腾讯后来对Kik和色拉布都进行了投资）。

在此期间，小米也在飞速成长。该公司2015年智能手机销量超过7 000万部，还一度成为全球最具价值的初创公司（排在优步之前），但由于智能手机市场竞争加剧，后来又失去了部分领地。与此同时，出自上海的社交视频应用Musical.ly在2016年5月荣登苹果美国应用商店排行榜榜首，这是中国初创公司首次获此殊荣。而搜索公司百度宣布其开发了一款自动驾驶汽车，自2015年12月起便在北京五环路上进行了试驾。

2014年10月，中国市场研究集团的雷小山出了一本名为《山寨中国的终结》的书，从经济角度审视了我在《测试版中国》一书中提出的论点。雷小山写道，中国历经山寨阶段、"为中国创新"阶段和全球创新阶段，在创新发展曲线上不断进阶。他写道，促使中国进行转型，开展具有全球影响力的创新的动力是中国消费者和一批雄心勃勃、资本充裕的公司，"消费者想要获得直接为他们开发的顶尖产品和服务，而公司则寻求开辟全球市场，以抵消国内经济放缓、竞争加剧带来的不利影响"。

与李想在车和家研发中心见面前一天,我和他的一名部下一起吃了午餐,这是一位刚从梅赛德斯–奔驰跳槽来的销售和公关经理。我们吃饭的地方是一家高档粤菜馆,餐馆在望京一家购物中心内,附近有一些写字楼。请我吃饭的朋友30岁出头,他大口大口地喝着粥,表示他也认为近年来中国的文化风气有所改变。他说:"现在人们买东西更低调了,他们不想太多地炫耀。"消费习惯的改变受一系列因素影响,尤其是中央政府的反腐举措,全国经济增长放缓和中国中产阶层的壮大。如今,许多人不再购买招摇的奢侈品,而是效仿马斯克、乔布斯和扎克伯格等硅谷大腕儿的做派,·这些人本身便是财富和权力的象征,无须刻意彰显。

雷小山也在《山寨中国的终结》一书中谈到了这个问题。他在阐述早些年的状况时写道:"在世纪之交时,奢侈品对许多人来说还遥不可及。炫耀性消费和张扬的珠宝是赢得社会地位的必需手段。"当年称霸市场的是路易威登、欧米茄和万宝龙等大牌,"越大、越招摇、表面的标识越多,就越受欢迎"。但消费者的品位很快就开始变化,他们开始更重视做工、材质、文化底蕴和耐用性,而不是追求档次和牌子。奢侈鞋履制造商Harrys of London的董事长玛蒂·维科斯特罗姆向雷小山表示:"身份地位仍是(中国)文化中不可或缺的组成部分,但人们的购物行为也发生了显著变化,为的是彰显个性和打造独特风格。"这些趋势将影响汽车生产商在中国的发展前景。

在车和家研发中心的办公室里,李想向我解释了中国的代际变化并指出其对创新文化构成的影响。他说，生于20世纪五六十年代的中国人自幼生活环境艰苦，往往追求价廉物美。生于20世纪七八十年代的人从小受到较好的教育并见证了中国的改革开放。这代人进入科技行业后往往从硅谷借鉴灵感，运用"复制到中国"战略（Copy to China，这种战略在中国极其流行，甚至形成一个专门的缩略语C2C）来满足本土市场的需求。但生于20世纪90年代的人成长在现代中国，形成了与前几代人迥异的观念。他们受过良好的教育，很小就接触了互联网，从而得以融入国际社会。李想说，他们更爱独立思考。中国的千禧一代目睹了腾讯、阿里巴巴和百度等几家本土互联网巨头的崛起，也看到它们如何与美国公司展开竞争甚至超越对手。比方说，阿里巴巴就粉碎了来自易贝的威胁，支付宝的普及使贝宝难以在中国站稳脚跟。

李想说，过去是中国公司模仿美国的网站，"但现在是美国模仿中国的应用"。他说这句话时可能想到了微信。他表示："中国公司和商界领袖被迫反思自己的发展模式，他们不能再照搬别人的东西了。"

中国科技行业的发展以地理区位为依托。2012年，北京科技公司的"原爆点"在海淀区的中关村一带。中关村驻扎着联想、微软和搜狐等一大批科技公司，还有众多卖廉价电子产品的店铺，被誉为"中国的硅谷"。中关村还靠近两所顶尖学府（北京大学和清华大学）和中国科学院，它们是这一带科技公司重要的人才供给来源。

不过，到了2016年，初创科技公司的中心便发生了迁移。电子商务的崛起让中关村许多电子产品商店消失了。最酷的互联网公司往东搬到了望京，聚集在扎哈·哈迪德（Zaha Hadid）设计的综合商业设施望京SOHO周边。望京SOHO由三幢吸睛的流线型高楼构成，好像机电一体化鲨鱼的鳍浮出了水面。

中关村是老资格，望京是生力军。在SOHO，你可以找到团购巨头美团网和中国最大的食品配送初创公司饿了么（Ele.me）。到了午餐时间，一大拨20多岁的科技公司员工呼啦啦涌到SOHO的露天广场上找地方吃饭。楼群中央有一个巨大的喷泉，伴着隐蔽处扬声器播放的舒缓音乐舞动。带我参观的是电动汽车初创公司奇点汽车市场部的一位年轻总监，我问她为什么要在午饭时间如此大声地播放音乐，她说："可能是为了给员工减压。"

马路对面是奇点汽车的总部，沈海寅的办公室在大楼第十六层，朝下望去，可以看到公司自己的减压绿洲：一个带草坪的庭院和一块铺有地砖的中庭。[①]沈海寅曾经在日本创办日本金山软件等三家成功的互联网企业，并曾分别担任金山软件、奇虎360的副总裁，后于2014年10月创办了奇点汽车（品牌命名的灵感来自天体物理学——奇点是宇宙大爆炸的开始，是宇宙从无到有的那一点，所有已知的物理规律在这里都不适用，时间和空间在这里结束。奇点汽车则期许着通过新能源、人工智能、物联网技术的创新性应用，为百年汽车带来智能科技和机械工艺融合的颠覆式创新）。我之所以有时间眺望窗外的风景，是因为忙着接待政府官员的沈海寅迟到了一会儿。室内有些闷热，因为上午大部分

[①] 奇点汽车北京总部现已迁至北京市朝阳区东三环北路嘉铭中心。——编者注

时间空调都关着。他急匆匆走进办公室的时候，我刚好站在他办公室门口看电脑屏幕上演示机器视觉技术。沈海寅脱下他那件起皱的米黄色运动衫，挂在办公桌后面的衣架上，面向我坐下。在隔壁一间开放式大厅里，80来号人正坐在一排排长桌后面盯着显示器。

沈海寅创办奇点汽车是为了把握一项在他看来是由特斯拉创造的市场机遇。沈海寅说："特斯拉造出了世界上第一辆智能汽车。"沈海寅身穿一件蓝色的汤美费格（Tommy Hilfiger）棒球衫，顶着一头毛糙的乱发，看上去就像一个呆萌的披头士。他念书时总在班级名列前茅，15岁就进了名校上海交通大学，19岁毕业时获得管理学和自动化双学位。2000年，在日本一家名为Open Net的软件公司当了一段时间工程师的沈海寅创办了JWord。JWord开发的技术可将域名替换为关键词，从而为日本用户解决了一个互联网搜索问题。2005年，他把JWord卖给了雅虎日本，随后担任同样专注于数字安全的金山软件日本（Kingsoft Japan）高管，后来又应周鸿祎的邀请加入奇虎360担任高管，带领一个团队进行移动互联网、智能硬件产品的开发和投资，主导开发过儿童智能手表、智能摄像头、智能路由器等智能硬件设备。

Model S于2014年4月进入中国时，沈海寅便意识到这是一项催生变革的现象级事件。沈海寅说："我认为这和第一部iPhone一样，代表着一项非常重大的变化。"他指出，特斯拉把持续升级这种软件开发思维应用于汽车，并对一切进行数字化控制。软件成为汽车的"大脑"，今后还有可能成为其他应用的平台。"这是重大变化，是下一代的发展方向。"他认为中国公司可以借此机会做些类似的事情，就像小米创建了引人注目的本土版苹果一样。沈海寅一开始想在奇虎360内部做，但汽车这个方向偏离了奇虎360的核心使命，因为该公司侧重网络安全业务。于是他辞职创办了自己的公司，之后更招募了一批汽车和软件行业资深从业者。

沈海寅在福建一个海军基地长大，自幼就想造车。现在他造出了一辆。奇点汽车打造了一辆集合大量未来元素的高概念智能电动SUV（又名奇点iS6）。奇点iS6散发着极具艺术效果的野性，前脸儿很大，肌肉感十足。这辆概念车的车轮带着亮橙色的轮毂罩。车名是由公司粉丝投票决定的，灵感来自科幻作品中描述人与人工智能交会的"奇点"（singularity）一词。公司特别喜欢"奇点"这个词，索性把"Singulato Motors"（奇点汽车）作为公司英文名。

事实上，奇点汽车一开始发布了两款概念车，随后让公众投票决定将哪一款投入量产。另一款SUV拥有与Model X类似的鸥翼门，前脸儿和尾部带有长条形液晶显示带，可在程序控制下显示字母。驾车者踩刹车时，车的前部会显示HELLO，尾部则显示STOP。公司一些员工似乎对这款汽车没能在公众投票中胜出感到失望。

和其他智能电动汽车生产商一样，奇点也打算做自动驾驶汽车，而且不指望靠卖硬件赚钱。该公司希望从保险、维修、充电和智能泊车等其他服务和产品中获取收入（车和家的计划也与之类似）。比方说，iS6理论上能够与智能充电站通信，从而进行泊车和充电。提供充电服务的站点会与汽车自动连接，以管理相关程序并使之个性化，同时处理相应的账单。

如果实践证明这种模式确有远见，那么这对从未将软件作为核心能力的传统汽车制造商来说就是个坏消息。沈海寅对燃油车的预期确实不乐观。我问他，假如能够自动驾驶、相互通信的电动汽车以及相应的基础设施今后真能在世界上普及开来，未来20年燃油车会何去何从？他倾身向前，双手放在桌上摆成一个三角形，平静地说："基本不会再有燃油车了。"他说，特斯拉的Model S每充一次电已经能够续航300英里，今后电池技术只会越来越先进。他预计，未来20年电动汽车续航里程将增加到现在的4倍或5倍，成本也会大幅下降，那时候市场上就没有燃油车的位置了。

他总结道："这肯定会实现的。"

没错，汽车行业或许很快就会面临真正的剧变，但也绝不能忽视奇点汽车和任何一家其他初创企业失败的可能。毕竟，在风险资本支持的美国初创企业中，有3/4都没能给投资者带来回报。在中国，运气也不见得能好到哪儿去。中国初创企业的破产率数据比较难找，但鉴于中国每分钟就有7家新公司诞生，其中出现一些失败案例在所难免。奇点汽车以为自己有能力利用基于软件的商业模式大展宏图，这种想法也许太天真。车和家打算在公司创立两年内推出自己的SEV，这个时间安排也许太紧。蔚来试图

在全球范围内同步发布汽车，这一目标或许也太过宏伟。

这些公司中没有任何一家有力地证明自己能够将汽车和科技行业截然不同的文化融为一体，没有任何一家公司研发出了能够完全自动驾驶的汽车，也没有任何人确切地知道中国监管机构将对未来的自动交通做何反应。

充电基础设施方面的挑战也有待克服。从截至2016年的情况来看，中国电网运营商远未实现充电站安装方面的目标，也未能找到让充电站盈利的办法。中国经济增速放缓，债务问题也非常严重。中国政府一名经济学家表示，因中央推行刺激方案以提振不断放缓的经济，2015年中国债务总额相当于国内生产总值的250%。中国经济能支撑多久？一旦出现严重衰退或者更糟糕的问题，依赖风险资本的初创车企就会全军覆没。而特朗普总统执政后中美贸易关系的复杂化让前景变得更加暗淡。

这场如火如荼的创业浪潮之所以能够掀起，在很大程度上要归功于特斯拉。对特斯拉而言，问题不在于是否面临迫近的失败风险，而在于成功能有多炫目。

中国对特斯拉的长远发展，乃至电动汽车的未来都至关重要。如果不能在中国普及电动汽车，特斯拉让世界更快向可持续交通过渡的目标就难以实现。当然还有一个明显的事实，就是中国是全球最大的汽车市场，而且还有很大的增长空间，拥有巨大的销售潜力，政府的优惠政策和补贴也有助于促进电动汽车的销售。特斯拉说过，从长期看，中国有望为公司贡献1/3的汽车销量，甚至更多。但中国消费者迄今为止尚未对电动汽车表现出太大兴趣。2015年,中国电动汽车销量增加了223%,但仍然仅占整个市场的1.4%——这其中还包括混动车。

从目前看来,特斯拉在中国似乎还没有形成气候。政府和文化方面的特殊挑战让美国科技公司在中国很难立足。许多来中国做生意的公司都失败了,其中最出名的包括谷歌、雅虎、易贝、酷朋和优步。骄傲自大、不熟悉商业气候和对本土消费者偏好判断错误等因素让这些公司陷入了不利境地。

有迹象显示,特斯拉也犯了一些相同的错误。比方说,特斯拉一开始忽视了中国富裕消费阶层的特殊偏好,特别是李想提到的一点,也就是首批投放中国市场的Model S后座类似长椅而且不够舒适。这在中国是一个问题,因为中国富裕层通常喜欢让司机开车。2015年年初,特斯拉提供了"总裁级"后座升级版,将长椅改造成两个扶手椅,从而解决了这个问题。与此同时,特斯拉汽车在中国缺少其他市场具备的一些标准功能。譬如,在最初的几个月里,中国的Model S车主无法访问车载地图的导航系统。特斯拉直到2015年年初才添加了这项功能。

特斯拉还遇到了其他一些始料未及的问题,包括有黄牛试图囤积Model S,然后再加价转手。有个狡诈的商人在特斯拉进入中国之前抢先注册了公司名称,想讹特斯拉一笔赎金。特斯拉汽车还被海关扣留过。更糟糕的是,特斯拉没有像其他汽车生产商那样与本地制造商合作,这就导致特斯拉的汽车无法获得政府补贴。

按《纽约时报》的说法,特斯拉在中国"出师不利"。马斯克后来也承认,销售情况"出乎意料地疲软"。

为应对这一局面，特斯拉撤换了上任不到一年的中国区经理，并裁掉了多达 30% 的本地雇员。特斯拉负责传播和营销的前副总裁里卡多·雷耶斯 2017 年 6 月向《财富》杂志表示："我觉得特斯拉想当然地认为肯定能在中国取得成功。"

但前方仍有一线光亮。事实上，我们回想一下就会发现，特斯拉似乎是在走一条与苹果类似的道路。苹果刚进入中国时也经历过挫折。2009 年，苹果在中国推出 iPhone，但从一开始就受到种种批评，其中一个重要原因在于生产苹果设备的深圳工厂的劳动条件。工厂经营者富士康因几起工人自杀事件遭到强烈抨击。与此同时，苹果还面临黄牛倒卖问题。黄牛们十分猖狂，他们批量购买 iPhone 并在苹果门店外叫卖。苹果在中国发布最新款 iPhone 的动作也很迟缓，往往要等到 iPhone 在美国上市好几个月之后，中国消费者才能买得到。此外，在上市后的头 4 年里，iPhone 与拥有 7 亿用户的中国移动一直不兼容。

此后苹果克服了这些问题，中国现在应该已成为苹果最重要的市场，iPhone 销量超过了美国。2015 年 10 月，苹果 CEO 蒂姆·库克表示，中国将成为"苹果全球头号市场"。苹果对中国的重视体现在其产品中。特大号 iPhone（从 iPhone 6 Plus 开始）在把手机作为炫耀品的中国非常畅销。同样，张扬的苹果手表也能够有力地彰显身份。

我们完全有理由相信，特斯拉一样能够把握市场的脉动。特斯拉已采取种种措施促进中国市场的销售，包括与中国联通达成了一项在营业厅安装充电桩的协议，并承诺投资上亿美元在中国各地兴建服务中心和充电设施。Model X发布时，马斯克大力宣传这款车厢内"医疗级别"的空气质量（这是一项备受中国城市车主青睐的功能）。特斯拉还在中国开了更多店，并与上海市签署了一项协议，准备在当地建立和经营工厂——此举不仅能让特斯拉汽车更快进入中国市场，而且有望使特斯拉获得更多的政府补贴。①

特斯拉正以苹果为样板，为适应中国本土市场环境而努力。

2016年6月，特斯拉亚太区副总裁任宇翔宣布，特斯拉已在中国建成100家超级充电站，从此，特斯拉汽车仅依靠超级充电站就能从北方城市哈尔滨行驶到2 000英里外的南方城市深圳。特斯拉还与中国国内公用事业公司合作，在住宅和停车场内安装充电桩，并已在购物中心、写字楼和酒店内设置了1 400个快速充电站点。

到2016年年底，特斯拉在中国的销量已经增加了两倍。尽管特斯拉在之前一年半的时间里屡遭媒体炮轰，充电问题被广为宣传，没有花一分钱做广告，而且只进入了7个中国城市，但依然取得了不俗的成绩。与此同时，Model 3有望在中国不断壮大且有科技头脑的中产阶层中找到市场，这类人群可能买不起豪华汽车，但渴望跨入高端大众市场。特斯拉于2016年3月发布Model 3之后，中国已成为预订量第二大的市场。

希望是有的。

---

① 特斯拉在上海的超级工厂已于2019年1月7日开工建设，马斯克参加了开工仪式。

在北京逗留的最后一晚，我和两个朋友约在位于北京中央商务区的侨福芳草地购物中心吃北京烤鸭。这是一座有着玻璃幕墙的巨大金字塔形建筑，因获得环保认证而声名远播，同时也是特斯拉首家中国门店所在地。这家店于 2013 年 11 月开业。

这是个温暖的春夜，在露台上吃完北京烤鸭后，我决定去看看特斯拉的门店。跟我吃饭的一个朋友陪我一起去，我俩穿过熄灯的走廊，经过一些已经打烊的豪华零售店铺，其中有梵克雅宝、北京怡亨酒店，还有一家高端寿司店。特斯拉的门店像灯塔般矗立在前方，几乎占据了购物中心南向的一整面墙。

我们走近时，一名保安对我们说："你们进不去，已经关门了。"

我的朋友说："没关系，我们只想从外面看看。"

我们站在昏暗的走廊上，向亮着灯的特斯拉门店里望去。两辆 Model S 停在环氧树脂地板上，周围是一排名牌 T 恤衫和白色的商标。我们在那儿停留了几分钟，透过窗户打量着空无一人的店铺，就我们俩，外加一名一头雾水的保安。这是全新的中国：精明，富有，充满希望。特斯拉仍是来自异国的业界领袖姿态，但中国国内的生力军可能很快就会成为特斯拉的最大挑战。

我和朋友就这样注视着这些未来清洁交通的鲜明象征，在今后几十年里，不知我们会讲述何种关于它们的故事？这两辆为新能源革命而生的汽车看上去骄傲却又孤独。

第九章　持续纠错和进化能力

特斯拉一直走在前面。孤注一掷的研发策略让其技术领先了至少四年：它能够量产电动四驱车；每周为用户提供无线软件更新；充电网络覆盖超过世界上任何一家公司。

精力旺盛的西蒙·斯普劳尔是一位传播专家，2014年，他在特斯拉工作过8个月，后来在Model S P85D发布前一周离开了特斯拉。他决定追随自己的友人兼前同事安迪·帕尔默加入阿斯顿马丁。帕尔默让斯普劳尔负责营销传播，并把他安置在阿斯顿马丁总部带玻璃墙的敞亮的办公楼里。阿斯顿马丁的总部位于英国盖登，距伦敦西北90英里，靠近M40公路。这位英俊的英国人告别了硅谷的美丽新世界，步入绝对老派的世界，开始为已跻身最具图腾地位汽车品牌之列的阿斯顿马丁效力。

若要拜访特斯拉的总部，必须开进帕洛阿尔托近郊鹿溪路旁边的停车场，把钥匙交给服务员，然后在接待区的iPad上登记。而我拜访阿斯顿马丁时则是沿着一条名叫金斯威路的专用车道开过去，通知检查站的保安我要跟斯普劳尔见面，随后，我被带到贵宾入口，面前是一扇关闭的大门，我按了一下门铃。进门后，我经过停着百万美元豪车的私人停车场，走进一个灯火通明的大厅，高耸的天花板下停放着Zagato、Rapide和Vulcan等阿斯顿马丁系列车型，等候特工007前来挑选他的下一辆座驾，开启绝顶困难的跨洲逃亡之旅。

斯普劳尔感冒刚好，胡子拉碴，堪比皮尔斯·布鲁斯南。他跟我打了声招呼，带我来到他的办公室里。一件西装夹克挂在椅子上，他身穿领子笔挺的衬衫，外面套着一件毛衣。

2014年9月，帕尔默在阿斯顿马丁销售额急剧下滑之际被任命为该公司CEO，他担纲领导之后，阿斯顿马丁仍在继续赔钱。2015年10月，该公司宣布之前一年亏损近7 200万英镑并将裁员15%。帕尔默称，阿斯顿马丁要到2017年才能扭亏为盈。这种状况对阿斯顿马丁来说并不算特别反常。自莱昂内尔·马丁和罗伯特·班福德1913年创立阿斯顿马丁以来，该公司已多次易主，并有过几次濒临死亡的经历。阿斯顿马丁20世纪70年代进行过破产重组，1991—2006年，被福特收购的阿斯顿马丁度过了发展最稳定的一段时期。到2016年，阿斯顿马丁成了一家国际财团的子公司，财团成员包括总部位于意大利的私募股权公司Investindustrial和两家总部位于科威特的投资基金。

帕尔默和斯普劳尔试图扭转阿斯顿马丁的命运，他们的最终目标是进行IPO或者把该公司卖给一家较大的汽车生产商。感谢邦德先生，阿斯顿马丁维持了自己的品牌声誉，但该公司并没有采取什么其他推广措施。阿斯顿马丁是明显的英式做派，宁可矜持保守也不愿去冒险。斯普劳尔坐在带玻璃桌面的会议桌对面说："这没什么关系,但我们在非常优雅地走下坡路。"斯普劳尔说,他的新老板认识到阿斯顿马丁必须"具有话题性"。而马斯克在这方面极为擅长。斯普劳尔似乎有点不相信特斯拉这家小小的初创车企竟能吸引如此之多的关注,他说:"现在人人都知道特斯拉。他们搞的是电动汽车。这是怎么做到的,究竟是怎么做到的?"

斯普劳尔的工作是让阿斯顿马丁保持媒体热度,实践证明他能够胜任这项任务。那天他的办公桌上放着一份《金融时报》,上面有一篇报道称,阿斯顿马丁与红牛车队联手打造的一款超跑获"大幅超额订购",这是"英国有史以来最昂贵的公路车"。媒体还报道了阿斯顿马丁计划投资2亿英镑在威尔士建厂生产跨界休旅车DBX,这款车将与阿斯顿马丁据以建立声望的运动型车系列有所不同。但我是冲着另一条新闻来到这个美丽的英国乡村的,那就是阿斯顿马丁已与贾跃亭建立了合作关系,打算生产一款电动汽车。2016年2月,该公司宣布与LeEco签署了一项研发和生产RapidE(阿斯顿马丁高性能轿车Rapide的电动版)的协议。双方计划在2018年之前让这款车上市。

斯普劳尔告诉我,RapidE能让阿斯顿马丁了解如何生产电动汽车。他承认这款车本质上是折中的产物,因为它不是"从零开始打造的电动汽车",但阿斯顿马丁必须从某处入手。电动时代即将来临,而阿斯顿马丁必须加入其中。斯普劳尔说:"我们的品牌代表着手工锻造的英式卓越。它是美,它是力量,这些特质无一与电动汽车相互排斥。"

就在这时，安迪·帕尔默走进来跟我握了握手。帕尔默一头浅棕色头发，下巴圆润，他隔着桌子扔过来一张颇有分量的名片。名片最上方是凹凸压印的阿斯顿马丁标志：以炭笔字体书写的公司名称置于一对艺术化的翅膀中间——这对翅膀是向圣甲虫（古埃及一位推着太阳跨越天空的神灵的化身）致敬。

帕尔默50出头，入职阿斯顿马丁之前，他在日产工作过23年，曾任日产首席规划官和奢侈品牌英菲尼迪的主管。他在让人又敬又怕的雷诺-日产联盟董事长兼CEO卡洛斯·戈恩手下工作过，但最终发现自己遇到了升迁瓶颈。帕尔默是英国人，从16岁开始在英国西米德兰兹郡做学徒，从此步入汽车行业，自20岁起，他一直梦想着要当一家汽车公司的CEO。而阿斯顿马丁（距他上学时的高中仅5英里）的这个职位似乎就是为他量身打造的。其实这一步可能也不只是纯粹的巧合，因为据说在2012年和2013年，帕尔默曾劝说戈恩入股阿斯顿马丁。帕尔默在日产任职期间曾向媒体许诺称，日产将力争成为"零排放领域绝对的领头羊"，他这样说在很大程度上是因为该公司依靠日产聆风建立了领导地位。如今他认为日产使现代电动汽车成为商业现实，三菱则凭借i-MiEV成为电动时代的开路先锋。他补充说："特斯拉只是行动迟缓的第三名。"言语中流露出对Roadster的不屑。

帕尔默舒适地瘫坐在椅子上，身穿蓝色西装，没有打领带。他承认自己在设法帮助阿斯顿马丁向电动化过渡。他说，如果汽车生产商希望到2025年仍能在业界占据重要地位，就必须把电动汽车做精，即使一开始赔钱，也必须大力发展电动汽车。但他并不确定法拉第未来、蔚来和拜腾等电动汽车行业的新军是否够水准。他说："这些公司都打心眼儿里认为汽车业又蠢又慢又笨重。"他们相信自己可以进来，改变商业模式，创造联网电动汽车，改变销售流程，改变汽车的制造方式。帕尔默得出的结论是："这也是胡说八道。"他平静地迎着我的目光说道："完全是胡说八道。"

我问："为什么？"

"喔，125年的历史是不容忽视的。汽车行业并不是没有任何积累。"帕尔默说，要造出一辆汽车，主要是靠机械，而这些工作大多是由那些搞了一辈子减震系统、门锁或方向盘的人做的。"你不能忽视这些。要取得这些技术，要么通过咨询公司，要么通过招聘，要么通过合作。"这就为新来者制造了麻烦。他说："这些初创公司大多数会失败，因为它们没能及时认识到，不是说把汽车行业扔进垃圾堆就好了，汽车行业有一些它们需要的重要财富。"

那么特斯拉呢？特斯拉会失败吗？

帕尔默承认，特斯拉是所有初创公司中最有希望成功的一家，原因很简单，因为它已经走到现在了。但特斯拉很缺钱，没有足够的资金储备来支持Model 3之后的进一步规划。他说："阿斯顿马丁也经历过这些。我们为什么不成功？因为我们从来都没有充足的资金来支付造车费用。埃隆现在面临的正是这个问题。"特斯拉Model 3目标市场极低的利润率和产品全球化所需的巨额费用更是加剧了挑战。帕尔默说："只会越来越难，而不是越来越简单。"

接下来将是特斯拉最严峻的挑战。帕尔默承认，这家公司的成功已经"相当惊人"，可是（说到这儿，他换成了在英国人看来属于劳动阶层的粗鲁语调），"它连一扇管用的门都造不出来，不是吗？"当时Model X正面临可靠性方面的问题，许多早期车主投诉称鹰翼门有毛病，此外还有一些其他缺陷。帕尔默接着说："特斯拉还造不出不会散架的饰条，也不知道怎么在门的四周装密封条。"

在特斯拉有史以来遭受的种种诟病中，最有分量的当数特斯拉尚未掌握制造工艺。2016年，特斯拉交付了约7.6万辆汽车，未能达到8万~9万辆的年交付量初始目标。当年那批汽车除鹰翼门有问题外，还因第三排座椅可能在车辆碰撞时向前倾倒而不得不做了一次召回。Model S也存在问题。这款车型自动伸缩的门把手早早就出现问题，驱动装置经常失灵，整辆车里里外外还有各种各样的其他毛病。这些问题非常严重，以致《消费者报告》2015年10月在对1 400名车主进行调查并发现"一批涉及细节的复杂弊病"之后撤销了给予这款汽车的"推荐"评价。随后的报告显示，"主要问题涉及传动系统、动力设备、充电设备、像巨型iPad一样的中控台，车身和天窗嘎吱作响而且漏水"。换句话说：几乎到处都有问题。第二年，特斯拉的可靠性评级提高到"平均"水平，重新获得《消费者报告》的推荐。

特斯拉在制造流程中贯彻"不断完善"的理念，也就是说，该公司在车辆开始销售之后仍会继续改进。有迹象显示，在这项流程的推动下，特斯拉的制造工艺已在逐步改进。特斯拉2016年2月在一封致股东的信中写道："我们秉持不断完善的理念，同时并未放松对于制造全球最可靠汽车的追求。"该公司指出,维修理赔费用在一年之内减少了一半。不过,特斯拉在产量还很低的时候就遇到这么多产品质量问题可不是个好兆头。与年产几百万辆汽车的大公司相比,一家年产量只有区区几万辆的生产商应被视为小众品牌。比方说,丰田、通用和大众2015年汽车产量都在1 000万辆左右。因此,帕尔默有理由怀疑特斯拉是否有能力在设法提高产量(特斯拉计划到2018年将汽车年产量提高到50万辆,随后再进一步提高到年产数百万辆)的同时解决质量问题。

不过,与汽车行业其他老将相比,帕尔默可算是名副其实的特斯拉粉丝了。他的许多同侪流露出的怀疑要比他强得多。菲亚特克莱斯勒的CEO塞尔吉奥·马尔乔内2016年6月表示:"特斯拉能做的事情我们也都能做。"就在两年前,他还让消费者不要购买菲亚特500e电动汽车,因为公司每卖一辆车会亏损14 000美元。他说,菲亚特的电动汽车销量只要达到政府规定的最低限即可,"一辆都不多卖"。2016年4月,马尔乔内在公司年会间隙接受采访时继续展开这个话题,这次他是就Model 3的价格做出回应。马尔乔内说,要是马斯克能证明这款汽车卖35 000美元还有利可图,"我会复制这套方案,再添加意大利的设计理念,然后让汽车在12个月之内上市。"而德国汽车生产商则报以更加轻蔑的态度。2015年11月,戴姆勒前董事长埃查德·罗伊特说特斯拉是一个"笑话",马斯克是"冒牌货",他在接受一家德国报纸采访时暗示,特斯拉经不起与"德国的伟大汽车公司"进行严格比较。戴姆勒、宝马和大众迟迟不愿承认特斯拉有朝一日将挑战它们的市场统治地位。咨询公司Evercore ISI的汽车业分析师阿恩特·埃林霍斯特2016年向《洛杉矶时报》表示："德国汽车生产商否认电动汽车能让消费者产生好感，许多公司仍然把特斯拉看作无足轻重的配角，认为它做的是面向加州某些环保主义者和美国那些古怪对冲基金经理的小众产品。"但通用汽车对特斯拉颇为重视。2013年，通用当时的CEO丹·艾克森在公司内部成立了一个团队来研究特斯拉，因为他相信特斯拉可能成为强大的颠覆者。通用的混动轿车雪佛兰Volt在全电动模式下能够续航约40英里，这款汽车赢得了《汽车族》杂志2011年年度汽车大奖，但通用将目光投向更远的未来。在2015年底特律汽车展上，通用推出了雪佛兰Bolt的概念车，这款电动汽车的续航里程可达200英里，零售价将定在30 000美元（扣除美国政府提供的7 500美元税收优惠之后）。此举被视为针对特斯拉的直接回应，同时也是新任CEO玛丽·巴拉2014年上任以来最大胆的一次冒险。《连线》杂志2016年2月刊登封面文章为即将面市的Bolt叫好，这篇文章描述了通用如何跑赢特斯拉，认为通用"制造出了一款面向大众的真正电动汽车"。在封面照片中，巴拉身穿皮夹克，双臂交叉站在Bolt旁边，还打出了一句标语："底特律展开反击！"

2016年7月，我采访了通用电动汽车部门的首席工程师帕姆·弗莱彻，向她了解该公司的电动汽车战略。弗莱彻已在通用工作多年。她在俄亥俄州小镇萨拉斯维尔长大，童年时代和父亲一起在赛道旁度过。在韦恩州立大学获得工程硕士学位后，她先后在通用、福特和一家研发纳斯卡赛车发动机的公司工作。2005

年，弗莱彻回到通用，加入了雪佛兰Volt的工程团队，她在推进系统总工程师职位上取得了出色成绩，随后成为Bolt部门的主管。弗莱彻表示，对从事汽车行业的人来说，现在是有史以来最激动人心的时期。电动化、自动驾驶和汽车共享方案这三股浪潮让她深信，"我们即将迎来人类发明汽车以来最重大的变革"。

Bolt只是通用在美国市场推出的20多款车型之一，弗莱彻称之为通用不断拓展的"出行布局"中的一个要素。2016年，通用以10亿美元收购了自动驾驶汽车初创企业克鲁斯，并向共享出行公司来福车投资约5亿美元，这些举措使通用在弗莱彻所说的变革汽车行业的三大领域站稳了脚跟。她说："Bolt EV是促使这一切发生的转折点。"

采访弗莱彻时，距Model 3公开发布还有很长一段时间，因此弗莱彻不愿回答有关Bolt是否将对Model 3构成竞争的提问（"你问的是我不知道的东西"），她更倾向于关注比较宏观的问题。通用必须顾及世界各地消费者多种多样的关切。她说："消费者的需求非常多元，你会看到若干种解决方案。相应的推进系统将逐步发展。"同样，她还指出，从全球角度来看，向电动出行全面过渡的进程可能充满坎坷，不同的地区有不同的问题要解决。因此她认为，内燃发动机还能存活"一段时间"。另一方面，世界上某些地区的变革时机已经成熟。她表示："如果进一步细分，看看某些超大城市或某些城市的中心，以及面临共同问题的区域，你也许会发现，在一些小范围内，变革发生的速度要快得多。"

Bolt是一辆又实用又好开的车，按照美国环保局的评估标准，每充一次电能续航 238 英里。《纽约时报》专栏作家法哈德·曼约奥等一些观察人士暗示，通用赶在特斯拉之前推出一款面向大众市场的长续航电动汽车，在这家硅谷公司的主场打赢了比赛。（曼约奥在一篇宣告 Bolt 面世的文章中写道："通用是怎么抢先造出特斯拉的梦想之车的？"）但马斯克和他的同伴应该不会太过担心。

特斯拉一直表示，希望加快世界向可持续交通过渡的步伐，而这在很大程度上意味着要鼓励其他汽车生产商在电动汽车方面采取更多、更快的行动。马斯克于 2014 年说："我们希望大型汽车公司跟特斯拉学，我搞不懂它们为什么要花这么长时间。"而 Bolt 的面世可以说是特斯拉成功推动电动出行发展进程的证据。

我问弗莱彻对特斯拉有何看法，她赞赏该公司所做的努力："让更多公司进入这一市场，并提高人们的认识正是我们所需要的。"

与之前那些面向大众市场的电动汽车相比，Bolt 可谓杰出之作。Bolt 的续航里程是 2016 年版日产聆风的两倍以上（尽管即将面市的新版聆风续航里程预计可达 200 英里），大多数指标都优于充一次电能开 76 英里的电动版福特福克斯。这款车的续航里程约为宝马 i3 的 3 倍，且比宝马 i3 便宜 6 000 美元。

2017 年 12 月，我试驾过一辆 Bolt。这款车开起来挺舒服，有点像活力十足的丰田雅力士，但头部空间更大。以"低速"模式行驶的汽车能让人感受到强大的再生制动能力，再清楚不过地表明这是一辆电动汽车。踩下加速踏板后，Bolt 轻晃了一下，一下子飙到时速 60 英里，这时我才想起自己还没来得及计算秒数。这是一辆紧凑型轿车，但乘客拥有宽敞的空间。平坦的底板给人以开阔之感，后备厢深而宽敞，可以轻松放进两个高尔夫球包。

弗莱彻不愿拿Bolt与Model 3做比较，但我们完全有理由问一句：Bolt与价位相同的特斯拉入门级长续航车型相比究竟孰优孰劣？采用溜背设计，引擎盖下方辟有储物空间的Model 3看起来更像宝马3系，而Bolt的外观设计更接近雅力士或本田飞度等经济紧凑型轿车。而其他一些性能（如触摸屏用户界面或充电站的可及性）则没有可比性。

包括通用前董事长鲍勃·卢茨在内的一些批评人士持有疑问，他们不知道通用推出Bolt是真的投身电动交通，还是为了降低通用汽车的平均排放量，以便达到政府的燃料经济性标准。至少从理论上说，零排放汽车能让通用在更长时间内不受惩罚地销售利润更高但污染也更大的SUV（比如雪佛兰Tahoe）和皮卡（比如雪佛兰Silverado）。此外，似乎还有一点值得注意，这就是通用官方把这款车称为Bolt EV，就好像"EV"（电动汽车）这个修饰语对市场细分至关重要一样。这一名称暗示，通用将Bolt视为服务电动汽车市场的产品。而特斯拉则一直表示，该公司不打算与其他电动汽车竞争，而只同燃油车竞争。

答案或许藏在Bolt的产量数据中。在上市后的头一年里，雪佛兰仅卖出两万多辆Bolt，这个数字挺不错，但对一家2015年汽车销量达980万辆的公司来说就微不足道了，与特斯拉Model 3的目标年产量相比也显得很低。特斯拉预计，Model 3的年产量很快将达到数十万辆。

2016年11月，雪佛兰市场营销总监在洛杉矶车展上表示，Bolt这样的品牌"对我们的形象有重要意义，但在量上似乎处于边缘位置"。这番话印证了通用对Bolt较为冷淡的态度。《底特律新闻》当月报道称，通用估计每销售一辆Bolt会亏损8 000~9 000美元。

此外还有一些其他问题，其中一个重要问题是通用的经销商能否充分把握机会去促进Bolt的销售。我试驾的时候，经销店经理告诉我Bolt卖得特别快，大多数汽车不到一天就卖掉了。但我们是在旧金山市郊，是在电动汽车的"原爆点"。这位经销商说，雪佛兰把大多数Bolt发往北加州，还有一些发往俄勒冈州和亚利桑那州。湾区是美国唯一一个Silverado皮卡未能占据雪佛兰销量排行榜榜首的地区，湾区的销量之王是混动车Volt。因此，那帮穿"棕色套装"的人从底特律过来的时候总是面带微笑，感谢加州人帮他们卖掉了不少低排量汽车，这样一来，他们就能继续大量销售皮卡和SUV了。

还有一个不确定的问题是通用能否建成真正的充电网络。当我询问Bolt的充电选项时，弗莱彻把塔吉特百货停车场的付费充电站以及全国各地雪佛兰和凯迪拉克经销商的充电站点指给我看。而特斯拉到2017年年底已在世界各地拥有约8 000家超级充电站和15 000家快速充电站点。弗莱彻没有介绍充电基础设施方面的任何具体规划，但她表示，该公司将与消费者共同商议，看他们需要什么。她指出，通用的电动汽车用户主要在家中或工作场所充电。

不过，把雪佛兰Bolt看得一无是处也有失公允。这款电动汽车质量不错，价格有竞争力，出自全球名列前茅的汽车生产商。有了Bolt，更多的人将会听说电动汽车这个名词，更多的人将驾驶电动汽车，更多的人将在以化石燃料为主要动力的交通方式之外获得一种替代选择。就连特斯拉最热心的拥趸和EV1最痛心的哀悼者都应该向它致敬。

进入2015年前后，大多数汽车生产商似乎都处于一种比较安逸的状态，它们相信自己在世界上拥有稳固的地位。电动汽车过去大都只在舞台上走了个过场，那些存活下来的（聆风、i-MiEV和Model S）仅仅占据微小的市场份额。在2015年这一年里，由于汽车行业从衰退中持续复苏，加上汽油价格走低，汽车销量创下新纪录。似乎没有什么能让汽车生产商相信它们该对战略进行全面反思。

但它们所面临的不亚于一场危机。

2015年9月23日，时间将近下午4点。在德国沃尔夫斯堡的大众总部，三位头发花白的男士站在一块大众广告牌前，他们戴着眼镜，身穿西装，一脸阴沉的表情。第一个开口的是大众的监事会代理主席贝托德·胡贝尔，他65岁左右，剃着光头，表情严肃。他说："大众监事会获悉柴油发动机排量数据造假事件，感到极为震惊。"他停了一下，手捂嘴咳嗽了一声。站在他左边的是同为监事会成员的斯特凡·威尔，威尔是下萨克森州州长，持有大众20%的股份。站在胡贝尔右边的是大众CEO马丁·文德恩，68岁的文德恩从2007年开始担任CEO一职。当这场大众历史上最大的危机爆发时，文德恩一度拒绝辞职。胡贝尔继续说道："我们认识到这件事不仅造成了经济损失，最严重的是让世界各地许多大众的消费者丧失了信心。"他对着一张纸读了起来，周围相机的咔嚓声响个不停。他说："我们一致认为情况需要澄清，所有错误都要受到惩罚。"文德恩这位2015年欧洲薪酬最高的CEO望着地面。"与此同时，我们会下定决心，开启可靠的新征程。"当胡贝尔宣布文德恩将卸任CEO一职时，文德恩扭动着嘴唇，时不时张开嘴，就好像呼吸会痛一样。

5天前，因发现大众汽车在排放测试中使用软件作弊，美国环保局勒令该公司召回482 000辆柴油车。大众后来承认为1 100万辆汽车安装了被称为"失效装置"的程序，这些程序在美国环保局的测试中（这些测试是在特定设施内起伏的车道上进行的）会自动启动，以限制一氧化二氮的排放。当独立研究人员在一般道路上进行检测时，他们发现大众汽车的有毒气体排放量超标高达40倍。[①]

在丑闻曝光后的第一周里，拥有奥迪、宾利、布加迪、兰博基尼、保时捷、西雅特和斯柯达等品牌的大众损失了1/3的市值。此后，该公司开启了一段漫长而痛苦的历程，最终付出好几十亿美元的代价。在2016年和2017年，大众同意为美国和加拿大的诉讼案支付逾230亿美元和解费用，其中100亿美元将支付给受影响的消费者。作为和解协议的一部分，大众建立了一只20亿美

[①] 这一差异是总部位于美国的国际清洁交通委员会发现的。该机构委托西弗吉尼亚大学一个研究小组对真实环境下行驶的汽车进行了检测。该研究于2013年完成并得到美国环保局的认可。

元的基金，专门用于改进和推广零排放汽车。2017年1月，美国联邦调查局在美国逮捕了一名与正在进行的调查有关联的大众高管，并以图谋欺骗国家罪对他提起诉讼。2018年，文德恩被美国司法部以欺诈罪起诉。

这项丑闻自浮出水面以来不断发酵，导致许多其他汽车生产商也深受怀疑，其中包括通用、梅赛德斯-奔驰、马自达、本田、克莱斯勒、雷诺和欧宝，所有这些公司都曾经历或仍在经历调查、法律诉讼或召回，但三菱汽车暴露的问题最为严重。2016年4月，该公司承认自1991年以来其燃油经济性测试中一直存在不当行为。次月，三菱汽车总裁相川哲郎和执行副总裁中尾龙吾双双宣布辞职。2016年年底，大众旗下的奥迪也受到质疑，据称加州空气资源委员会在测试中发现一款新车型的软件可掩盖真实的二氧化碳排放水平。

不过，这场由大众引发的危机虽然闹得沸沸扬扬，但有朝一日，人们或许会更倾向于褒扬其对历史的重要贡献，而不是谴责一家曾经出类拔萃的公司沦为当代的耻辱。这场危机对电动汽车产生的附带影响可能比大众建立的20亿美元基金所发挥的影响更大。毕竟，危机能为我们带来宝贵的经验教训。

2016年6月16日，媒体又回到沃尔夫斯堡的大众总部参加另一场新闻发布会，这次发布会是由大众新任命的CEO、保时捷前CEO马蒂亚斯·穆勒主持。一头白发、身材精瘦的穆勒站在桌子后面，身后是一个带有大众品牌标志的广告牌，他向记者们表示，该公司已展开有史以来力度最大的变革行动。大众将转型为一家全球领先的可持续交通供应商。穆勒宣称："'演变'这个词太弱了，不足以形容我们现在的情况。"

三周前（也就是在通用投资来福车之后，丰田宣布与优步建立战略伙伴关系当天），大众宣布将向订车应用Gett投资3亿美元。在这一消息公布后几天内，德国媒体报道了有关大众计划斥资至多110亿美元兴建一家可与特斯拉Gigafactory媲美的先进电池厂的消息（2018年3月，该公司宣布将投资250亿美元用于确保16家电动汽车生产厂的电池供应）。

在沃尔夫斯堡的新闻发布会上，穆勒发誓要打造一种创新文化，他计划再招聘1 000名软件工程师来开发自动驾驶功能、互联和电池技术。未来10年大众将发布逾30款电动汽车，穆勒还预计，到2025年公司销售额中将有1/4来自电动汽车。到那时，预计大众每年可生产200万~300万辆电动汽车。穆勒（大众董事会最终解除了他的职位）还谈到要抓住这场"革命性变革"所带来的"巨大机遇"。

自文德恩辞职9个月以来，情况已经发生了很大变化。通用展示了雪佛兰Bolt的首款工作原型车，特斯拉发布了Model 3，全球最大的一批汽车生产商不再回望化石燃料造成的耻辱废墟，而是开始展望以电力为导向的未来，到那时软件和可持续性将成为公司发展的关键。未来的历史学家完全有可能将这段时期视为决定电动汽车命运的转折点。但这些历史学家可能搞不懂大众等一帮公司为何执迷不悟。这家汽车巨头本不应该非得经历一场危机才能意识到电动汽车的复兴将对其构成事关生死的威胁。

特斯拉瑞典俱乐部网站2015年4月发表了一篇讽刺性车评，强调了燃油车存在的荒谬性。车评作者蒂伯尔·布卢姆哈尔这样描述他的试驾经历："这辆车的燃油发动机咳着苏醒过来，开始运转。"

"可以听见发动机的声响，整个车身颤动起来，就好像什么东西坏了一样，但销售人员向我们保证一切正常。这辆车其实有一个电机和一块极小的电池，但它们只是用来启动燃油发动机——电机并不能驱动车轮。燃油发动机驱动汽车的方式是让油箱中满箱的汽油一小滴一小滴地爆炸。这显然就是发动机运转时你能听见和感觉到的那些轻微爆炸声。"

布卢姆哈尔接着指出，"可以毫不夸张地说，发动机由好几百个活动部件构成，这些部件必须精确到几百分之一毫米才能正常工作"，因此"汽油发动机运行起来显然无法像电机那样顺畅"，汽车前部"被管子、零配件、贮液器占满了，在这一大堆东西当中，有一个不停颤抖的巨大铸铁块，这个铸铁块显然是发动机的框架"。此外，这车还有一个"烟囱"，不管开到哪里都会放出有毒气体。

布卢姆哈尔的车评凸显出，想当然地认为内燃发动机（内燃发动机问世时，人类刚刚通过电话传递了第一条信息，爱迪生刚刚发明留声机，世界上第一台打字机也才刚刚敲出第一行字母）应当成为汽车行业最主要的技术是非常荒谬的。然而，汽车行业习惯于忽视内燃发动机的弱点，反倒经常挑特斯拉的毛病，对特斯拉的着火事故以及财务、补贴和销售等问题指指点点。2015 年，汽车业咨询师弗里茨·因德拉教授向德国《商报》表示："我认为（特斯拉）会失败，因为这家公司每年都会出现巨额亏损，市场需求也不足。"

批评人士的意见确有一定道理。电动汽车要赢得公众的认可还须假以时日。尽管充电网络的发展日新月异，但普通消费者仍然存在里程焦虑，价格也是一大问题，对一款中型轿车来说，即使卖 30 000 美元也显得太贵。不是所有人都认为让内燃机的轰鸣声消失是好事，在汽油价格比较便宜的时候，以能源费用低廉为卖点的电动汽车可能吸引不到太多的人。经济效益也困扰着涉足电动汽车领域的所有玩家。大型汽车生产商还不知道该怎样靠电动汽车赚钱，而特斯拉的赌注如果下得太大，可能会陷入财务危机。

然而，这些批评人士并没有注意到燃油车的缺陷。就算每加仑汽油只要 1 美元，为梅赛德斯–奔驰 S 级的油箱加满油所需的费用也比为 Model S 充入能够支持相同续航里程的电量所需的费用高出一大截——况且还要去加油站才能完成加油。[1]汽油发动机始终比较吵，一些人喜欢这种声音，但另一些人更喜欢安静到能听

---

[1] 梅赛德斯–奔驰 S 级的油箱容量为 21 加仑，加满油后可行驶 420 英里。电池组容量为 85 千瓦时的 Model S 实际可用电力为 80 千瓦时，充电转化率为 95%。每充一次电可续航约 300 英里。美国能源部数据显示，2015 年美国平均电价为每千瓦时 0.12 美元。因此，S 级行驶 300 英里的费用是 15 美元，而 Model S 为 10 美元。

见心跳的电动汽车。传统汽车仍然需要定期换油并经常保养,以确保其中的数千个部件都能默契运转(随着汽车生产商为车辆添加减排技术,零部件只会变得更加复杂)。此外,燃油车还是要完全依赖一种价格波动很大的资源,而这种资源燃烧后会让气候变暖加剧。

与此同时,燃油车永远无法享受电动汽车与生俱来的诸多其他优势,比如说,电动汽车没有发动机和传动轴,从而释放出额外的空间;电动汽车的瞬时扭矩很大;由于无须换挡,电动汽车能给人带来流畅的驾驶体验。内燃发动机将燃料转换成汽车动能的平均效率在14%~30%之间,而电动汽车是90%左右。

不过,让为燃油车辩护的人真正理屈词穷的是汽车的经济性。过不了多久,燃油车的价格就无法与电动车竞争了。

到目前为止,阻碍特斯拉推出更便宜汽车的第一大因素是锂离子电池组的单位能源成本。这就是特斯拉一开始只出售高端汽车,以便让电池成本能够被高定价消化的原因。特斯拉从未披露其汽车成本中具体有多少来自电池组,但在2013年,该公司首席技术官史朝保向《麻省理工科技评论》(*MIT Technology Review*)表示,电池组成本在每辆车的成本中所占比例不到1/4——也就是说,对当时电池组容量为85千瓦时的Model S来说,电池组成本在18 000~25 000美元之间(我们假设史朝保在估算中把高配版汽车考虑进去了)。由此看来,电池组每千瓦时的成本在210~300美元之间。对特斯拉来说,好消息是近年来锂离子电池的价格一直呈现下降趋势(这是不可避免的趋势)。尽管锂、钴和镍等电池原材料的成本会有波动，进而带来一些不确定性，但特斯拉的Gigafactory可能加快这种下降趋势。特斯拉曾表示，仅通过将生产流程整合到一个屋檐下并发挥规模经济效益，就能将电池组成本削减1/3。随着生产流程效率的提高和重复制造的增加，电池价格将逐步下降。

从这里开始，情况就很有意思了。分析师发现，当电池价格达到每千瓦时100美元时，电动汽车将与相应的燃油车实现成本平价（请注意，因存在组件成本，特斯拉电池组的成本比电池单体总体生产成本高出20%左右）。2016年4月，特斯拉负责投资者关系的副总裁向分析师们表示，低配版Model 3将搭载容量不到60千瓦时的电池组，这种电池组的成本已经在每千瓦时190美元以下。这一价格远好于分析师的预期，确保特斯拉能够以35 000美元的价格销售一款颇有魅力且续航里程超过200英里的电动汽车。但电池组成本还有很大的下降空间。人们很快就会认为每千瓦时190美元的价格太贵。在过去20年里，随着笔记本电脑和智能手机的普及，锂离子电池一直面临降价压力。德意志银行的数据显示，笔记本电脑的电池成本从每千瓦时2 000美元降至250美元只用了15年，也就是说每年下降14%。清洁能源行业投资者、2014年出版的《能源和交通的清洁革命》一书的作者托尼·西巴估计2010—2016年的年降幅将扩大至16%。这种下降速度在短期内可能不会放缓。彭博新能源财经2017年的调查显示，锂离子电池组的价格较前一年下降了24%。

如今，价格压力不仅来自智能手机和笔记本电脑生产商，还来自电动汽车和储能系统制造商。史朝保2015年表示:"来自汽车和电网的需求将比手机和笔记本电脑的需求大一个数量级,因此我认为电池价格下降的速度将远快于多数人的预期。"他说,如果电池成本到2020年不能降到每千瓦时100美元上下,特斯拉会感到失望的。

即使事实证明史朝保的判断过于乐观,只要全球电池成本保持2010—2016年每年16%的降幅,电池价格到2023年也会降至每千瓦时100美元。而这多半还是保守预期。通用就预计,其锂离子电池成本到2021年将降至每千瓦时100美元。

请记住,上文所述的电池成本的下降并不要求电池技术出现任何突破,也未考虑到随着汽车生产商和公用事业公司进一步深入市场,竞争加剧、产业整合、规模扩大和创新等因素可能带来的成本下降。这种效应将是戏剧性的。即使以保守方式计算,[①]Model 3这种档次的汽车到2023年价格也能降至25 000美元。曾任思科高管的西巴在《能源和交通的清洁革命》一书中写道:"从2025年开始,在任何市场购买新燃油车都将丧失经济意义。"作为一名清洁能源行业投资者,西巴在主观上可能倾向于得出这一结论,但他的计算简单明了,而且是以原始数据为依据。他写道:"就算假定我的预期存在5年误差,或者需要多花5年时间来兴建基础设施并向电动汽车的世界新秩序过渡,燃油车也会在2030年

---

① 在这个案例中,"保守"计算是假设电池组占特斯拉成本的20%,Model 3使用50千瓦时的电池组,并假设特斯拉要用7年时间使电池组成本从每千瓦时190美元降至每千瓦时100美元。

之前成为惨遭淘汰的21世纪马车。"

不幸的是，传统汽车生产商不仅要担心电动汽车"更加价廉物美"，还要提防它们在方方面面碾轧自己。

如果传统汽车生产商习惯于5年的产品周期（意味着各款车型每5年会重新设计一次），那么，它们该如何适应一家致力于"不断完善"的公司所设定的变化速度？2012年6月面市的顶配版Model S从起步加速到时速60英里需要4.2秒，电池组容量为85千瓦时，而且无法使用超级充电站。到2017年，这款车型已经拥有双电机模式，可四轮驱动，电池组容量达100千瓦时，从起步加速到时速60英里只需要2.28秒，能够接入世界各地逾500家超级充电站，还可提供能让汽车在公路上自动驾驶的科技套餐。

在电池技术方面，其他汽车生产商与特斯拉的差距还很远。特斯拉有自己的电池生产设施，而且在研发上领先了至少4年。还有，其他汽车生产商知道该怎样为用户提供无线软件更新吗？通用表示，将在"2020年之前"实现面向全体车队的无线软件更新。但特斯拉自2012年Model S上路时起就开始收集车队数据并从中学习了。请问，与老牌汽车公司相比，特斯拉已经占据多少优势？

除特斯拉外，没有任何一家公司量产过四驱电动车。特斯拉自2012年以来不断建设充电网络，目前没有任何一家汽车公司的网络覆盖范围能赶上特斯拉。在美国，没有一家汽车生产商能够把车直接卖给消费者或者建立起类似苹果店的零售门店，也没有任何公司像特斯拉那样掌握了广泛的电动汽车服务知识。

还有员工问题。如果你是一名工程师，认为电动汽车代表未来发展方向，请问你会选择一家把电动汽车作为边缘业务的大型汽车制造商，还是会去一家全身心投入电动汽车事业的公司？如果你是一位软件开发者，请问你是想为总部设在底特律的老企业工作，还是想为硅谷科技公司工作？一家墨守成规的老牌汽车制造商能否复制对特斯拉和其他初创企业至关重要的创新文化？哪家汽车公司能媲美特斯拉的科技品牌声誉？哪家公司拥有像埃隆·马斯克那样受人崇拜的领导者？汽车行业有没有哪个人能一开设推特账户就立即吸引好几百万粉丝关注？

也许我们不该问特斯拉能否挑战汽车业几大巨头。更好的问法是：几大巨头能否生存下来？

NextEV联合创始人、汽车业老将马丁·利奇有一次在聊天时告诉我，抵制再创造是传统汽车生产商的固有特征。利奇说："它们不可能真正改变。体制决定了它们无法做出我想看到的那种改变。"他又补充说，如果你是业界新人，就没有那种根深蒂固的问题，能够从不同的角度看待公司业务。

利奇说："你可能经常听大家拿超级邮轮打比方。超级邮轮很难掉头，我认为这正是汽车公司面临的问题。"即使一家大型汽车公司的CEO决定从明天开始就把百分之百的产品做成电动的，他也会遇到重重障碍。内部政治斗争会阻碍公司老板采取必要的行动。利奇说："我无法想象老板如何应对这些问题，困难会非常大。"

我请利奇举例说明内部政治斗争是如何阻碍公司彻底改革的。

他讲了一件他接任福特欧洲区总裁时发生的事情。利奇担任总裁后成立了一个团队来建立管理信息系统，好让他能够监测公司业务方面的重要情况。他说："我们碰到的第一件事情是，这个团队去找每个人了解信息的时候，大家基本上都拒绝提供信息。大多数人会说诸如'好啊，但我们不太想让马丁看原始资料，给他看之前必须让我们有机会先看，必要时还要修正一下'之类的话，也就是说他们要动一番手脚。"利奇花了5个月时间才建好这个系统。在他最终与福特分道扬镳之后，项目经理告诉他，这个系统在他走后一个月之内就撤销了。

利奇认为老牌车企的传统架构也面临挑战。大型汽车生产商在世界各地拥有生产内燃发动机汽车的工厂。宝马在14个国家拥有30家制造厂。它们与经销商签订了协议，建立了供应链，还有沿袭已久的物流安排和惯例。它们要履行商业合同，照顾各种关系。利奇说："它们不可能把一切连根拔起然后调转方向。"想象一下会有多少人因此失业，多少设备会突然之间变成废铜烂铁。

利奇暗示，传统汽车生产商的大限尚未来临，但时间已经不多了。他说："我认为再过二三十年，汽车行业的面貌会与今天截然不同。"

马斯克坐在会议室里常见的那种白色人造革扶手椅上，看上去挺疲惫。公用事业行业游说机构爱迪生电力协会的主席泰

德·克拉弗刚刚请他就所谓特斯拉可能成为颠覆力量的说法谈些看法。马斯克说:"很多人认为我一心想要颠覆,但我其实并不热衷于颠覆。"说完他哈哈一笑,"我只热衷于让世界变得更美好。"

这是2015年6月7日,马斯克、克拉弗以及史朝保在新奥尔良凯悦酒店参加爱迪生电力协会的年度会议,三人都坐在台上。克拉弗一边摆弄手中的钢笔一边说:"我们这行可能有很多人听说过颠覆、变革性商业模式、颠覆性技术这些词,我认为这些词从核心上说就是取而代之的意思。我想听众可能有兴趣听你谈谈你如何看待这种'颠覆'以及这些公司之间的相互关系。"

马斯克望向天花板,随后给出了答案:"我认为,如果有必要颠覆什么,而且这样做对世界的未来非常重要,我们当然应该去颠覆。但我认为我们不应该仅仅去颠覆某些事物,除非这种颠覆能显著改善社会的面貌。"

哈佛商学院教授克莱顿·克里斯坦森1997年在《创新者的窘境》(The Innovator's Dilemma)一书中引入了"颠覆性创新"概念,此后,商界开始对颠覆这个词感到恐惧。《经济学人》杂志对《创新者的窘境》评价很高,称之为有史以来最重要的经济类书籍之一。该书写道,占据市场主导地位的公司可能为实现利润最大化而关注现有顾客的需求,却忽视了顾客尚未意识到他们想要的更新、更便宜的技术或商业模式,从而与新的创新浪潮失之交臂。颠覆理论解释了柯达为何会从行业霸主沦为失败者,亚马逊为何会超越巴诺书店(Barnes & Noble),网飞(Netflix)为何会淘汰百视达影业(Blockbuster)。

在马斯克出道的科技创业圈，颠覆被视为组织原则之一，著名博客TechCrunch将其旗舰大会命名为"TechCrunch颠覆大会"，也在一定程度上助推了这种潮流。长久以来，硅谷一直鼓励初露头角的资本家运用他们的软件能力和流程来颠覆现有产业，于是我们有了颠覆新闻媒体行业的脸书，颠覆旅馆行业的爱彼迎（Airbnb），还有颠覆传统投资的众筹。难怪当泰德·克拉弗请马斯克与来自传统电力公司的听众分享他对颠覆的看法时要不安地玩弄手里的钢笔。特斯拉能否凭借其新建的储能业务颠覆这些公用事业公司？

当与会者听马斯克说他并不热衷于搞颠覆时可能会松一口气。事实上，他和史朝保参加那次会议很可能就是为了说服公用事业公司与特斯拉在储能项目方面展开双赢合作。但这番话并不能完全消除公用事业行业的恐惧，它们仍然担心自己可能被时代淘汰。至少有一位汽车业领导者也抱有同样的恐惧。

在福特汽车公司担任CEO至2017年5月的马克·菲尔兹似乎就是一位热衷于颠覆的人。菲尔兹毕业于哈佛商学院，是克莱顿·克里斯坦森的拥趸，53岁时，福特任命他接替即将离任的艾伦·穆拉利担任CEO。菲尔兹自2012年11月起升任福特首席运营官，在此之前，他领导过福特旗下的奢侈汽车品牌，并在福特21世纪初收购马自达后担任过马自达事业部主管。2006年，他受命重塑被福特员工形容为"有毒""拉帮结派""等级森严"的公司文化。据《华尔街日报》报道，菲尔兹试图让员工有"一种危机感，而不是恐慌感"。他开会时常常蹦出掷地有声的一句话：

"要么改变，要么死亡。"

2016年4月，菲尔兹接受了科技新闻网站The Verge的采访。该网站在介绍菲尔兹的同时发出警告称，在无人驾驶汽车、共享出行和特斯拉的共同影响下，传统汽车行业面临着比以往任何时候都要严峻的威胁。作为克里斯坦森的学生，菲尔兹已经做好了准备。他向媒体表示，福特的思路是"先颠覆自己"。

菲尔兹说："很久以前我刚进公司的时候，我们是一家制造企业。今后我希望世人能把我们看作一家集制造、科技和信息于一身的企业。因为随着我们的汽车成为物联网的组成部分，随着消费者选择与我们分享数据，我们希望能够借助这些数据来改善他们的生活。"

菲尔兹指出，福特已经发布了移动解决方案"福特派"（FordPass），他希望这款应用"为汽车行业带来的变化能够与iTunes为音乐行业带来的变化媲美"。福特车主可以利用这项服务来预约停车，与他人共享汽车，并使用福特支付系统（FordPay）支付账单。菲尔兹说："假设你开车经过一家麦当劳得来速餐厅。不用掏钱包，汽车会知道买东西的是你，接下来你可以取餐，账单通过FordPay来支付就好。"可惜的是，菲尔兹的愿景未能转化成股东价值。在菲尔兹的三年任期内，福特股价下跌了40%。2017年5月，福特任命公司自动驾驶业务负责人吉姆·哈克特接替菲尔兹担任CEO。

要实现前瞻性愿景，成为汽车技术的领导者，福特需要让全球顶尖的软件开发者为自己服务，这就意味着，福特不仅需要与其他汽车生产商竞争，还要同硅谷最热门的公司竞争。汽车业新时代是软件为王。这种转变为特斯拉这类以软件为重点的公司开启了一扇门。史朝保 2016 年表示："在很多情况下，大型汽车公司或卡车公司不会把重点放在软件上，也不会放在传感器或电池上。这就给了新公司和新入行者一个创新机遇，使它们能够拥有比以往任何时候都更公平的竞争舞台。"

然而，特斯拉并不符合克莱顿·克里斯坦森理论中的原始定义。2015 年 12 月，克里斯坦森与迈克尔·雷纳和罗里·麦克唐纳等两位共同作者在《哈佛商业评论》上发表的文章中指出，特斯拉并不符合颠覆性创新模型，因为特斯拉是立足高端汽车市场。特斯拉采用的远非边缘技术，该公司进入市场后，那些根基深厚的竞争对手纷纷将目光投向同一领域并展开投资。克里斯坦森得出的结论是："如果颠覆理论是正确的，特斯拉将来要么被一家规模大得多的老牌企业收购，要么就要为争取市场地位进行持续多年的艰苦斗争。"

特斯拉虽然不符合克里斯坦森对颠覆的经典定义，但这并不意味着传统汽车行业可以高枕无忧。毕竟以往的经验显示该理论存在局限性。2007 年，在 iPhone 发布 5 个月、上市 11 天之后，克里斯坦森预计这款智能手机不会取得成功。他在接受采访时表示："苹果推出了一项将招致业界现有企业激烈反击的创新。"他补充说，历史经验有力地证明了这一点，"成功的概率很低"。

特斯拉似乎无意咬文嚼字。在 2015 年 11 月的会议上，史朝保表示该公司甚至没想过要去颠覆什么。他说："我们不会闲坐在那儿想'今天我们该如何颠覆其他东西？'特斯拉内部从没发生过这种事。我从没参加过什么把颠覆作为重点的会议。"特斯拉只思考如何更好地利用现有技术来制造卓越的产品。"真的就这么简单，我们只关注消费者和技术，我们把它们结合起来，去尝试和发明新产品，就相关的新功能开展创新。"

我们可能被这个理论绕得很深。克里斯坦森的"颠覆"或许有特定的含义，但"颠覆"概念在字典中的含义要广泛得多："导致（某种事物）无法以正常方式继续。"有了这个定义，我们就可以放心地把《创新者的窘境》搁在一边了。书中的规则不需要在这里适用，我们或许即将看到iPhone效应也适用于一个规模达上万亿美元的行业。

2016年3月31日。埃隆·马斯克站在舞台上，他身穿黑色T恤衫，外套一件立领的黑色西装，脚穿黑色鞋子，一头完美的茂密棕发。马斯克身后的宽幅投影屏与舞台长度相当，舞台就搭建在特斯拉设计工作室的混凝土地面上。马斯克在开口谈论Model 3的性能之前已经向听众简单介绍了公司的历史，他解释说，特斯拉之所以从高端车型入手，是因为这样可以筹集资金来开发一款面向大众市场的汽车，比如即将发布的这一款车。马斯克的语速比他以往露面时要快，嗓门大了一些，说话也不那么磕巴了。

马斯克做产品介绍时一般先强调安全性。他宣布："Model 3不仅平均得分是五星，而且每个项目都是五星。他说这番话的时候，一张汽车底盘的3D效果图旋转着出现在他身后的屏幕上。在底盘旋转的过程中，动画慢慢补足车身，等到马斯克介绍完汽车的安全性，车的骨架已经完全显示在屏幕上了。台下近 200 名应邀前来的特斯拉车主和粉丝并没有立即鼓掌，但片刻之后响起了如潮的掌声和口哨声。

马斯克宣布："即便是 Model 3 的低配版，从零加速到时速 60 英里也不到 6 秒。"他接着说道："在特斯拉，我们不做跑得慢的车。"听众笑了起来。他又承诺说，当然，还有跑得更快的版本。

马斯克说："按美国环保局的评估标准，续航里程至少将达到 215 英里。"听众又发出一阵喝彩。"我想强调这是最低数据，我希望能够超越它。"有人叫道："加油，埃隆！"

特斯拉从当天早晨开始在各大门店接受 Model 3 预订。除价格以外，人们对这款汽车基本是一无所知，但想买车的话，必须先支付 1 000 美元订金（可以全额退款）。人们早早来到店里，有人甚至头天晚上就来了，长长的队伍让人想起大批心情激动的"果粉"在发布当天排队购买 iPhone 时的场面。Model 3 至少要再过 18 个月才能开始交付。

在新泽西州肖特希尔斯的特斯拉门店，还没开门便排起了两百多人的长队，其中有一位 27 岁的运动训练师从凌晨 2 点 30 分就在那儿了，他睡在购物中心的停车场里。早晨 7 点 50 分，得克萨斯州奥斯汀排起了 340 人的长队，华盛顿州贝勒维的展厅外也有好几百人排队。上午 10 点，有 300 人在帕洛阿尔托的特斯拉门店外排队。在丹佛、罗利、西雅图、苏黎世乃至大雨瓢泼的蒙特利尔，都出现了类似的排队场面。

在波士顿，一位奥迪 A4 车主在一家门店外面搭帐篷过夜。他告诉车评网站Jalopnik："我这人基本可以说是传统汽车的拥趸，但我认为特斯拉代表着未来。"一位在布鲁克林雷德胡克的特斯拉门店外等待的音乐人说，他这辈子一直在盼望这一天的到来，虽然他从来都不喜欢汽车。记者询问一位迫不及待想要下单的软件工程师是否对雪佛兰Bolt有兴趣，这位工程师以嫌弃的口吻说道："雪佛兰Bolt？老天啊，不要，不要。雪佛兰Bolt是康柏，这是苹果MacBook。这就是差距。"

回到发布活动现场。马斯克的推销还在继续。他说："Autopilot硬件将是所有Model 3的标准配置。"任何人都无须为自动紧急刹车和盲点侦测等Autopilot的安全功能支付额外费用。他表示："Model 3还能轻松容纳5位成人。"屏幕上显示出这款车的轮廓和内饰的构架。人们纷纷举起手机拍照。

马斯克言语间透着乔布斯范儿。他说："后侧车顶是一整块玻璃，好处是能让你拥有绝妙的头部空间，还能给人以开阔感。这是目前为止同尺寸汽车中空间最宽敞的一款车。"这款汽车前方和后方都有行李箱。"行李容载量大于外部尺寸相同的任何燃油车。"

超级充电功能？这已经成为标准了。听众发出热烈的欢呼。马斯克身后的墙壁上出现了一个在宇宙中旋转的地球，上面亮起点点灯光。马斯克承诺，到2017年年底，特斯拉将使充电网络中拥有逾7 000个超级充电站和15 000个目的地充电桩。特斯拉汽车的车载充电器可自动适应任何国家的任何电压。

马斯克说，交付将从2017年年底开始，随后他腼腆地一笑，补充说："我比较相信要等到2018年。"知道马斯克有拖延症的听众爆笑起来。

价格呢？当然了，是 35 000 美元。马斯克承诺，即便低配版也好于市场上任何一款同类产品。他收起笑容说道："你花 35 000 美元或者差不多的价格是买不到更好的车的，何况这车还有其他配置选项。"

"那你们想看车吗？"

带着醉意的听众齐声喊道："想看!!!"

马斯克开口了："呃，今晚没法给你们看。"他重读了"今晚"一词，把手举起来放在身体前方，好像跟听众道歉一样。人群发出了抱怨，随后是一阵笑声。马斯克说："当然了，我只是开个玩笑。在有些地方，现在已经是愚人节了！好吧，现在把它们请出来！"

灯光暗了下来。场内安静了两秒半，随后响起了配合《星球大战》中打斗场景的恢宏管弦乐。占据整面墙的大屏幕开始播放视频。特写镜头中出现了一辆红色汽车的曲线。引擎盖上有一个特斯拉徽标。和外板一样泛着光的门把手看上去像一个躺倒的大写字母"L"。接下来，镜头中出现了镀铬的轮毂罩，像《星际迷航》中瓦肯人眉毛一样的大灯和凹缩的前脸儿。

视频让位于现实。三辆 Model 3 开了出来：红色、银色和亚光灰。闪烁的灯光打在挡风玻璃上。吊臂上的摄像头窥向汽车内部。车里有一个水平的触摸屏，内饰是极简风格，配有白色皮质座椅。有杯托！观众有一分钟时间来畅享这场视觉盛宴。

Model 3 亮相三周后，马斯克在挪威举行的一次会议上表示，

Model 3 是汽车行业"真正的唤醒铃声"。他说："Roadster 面市的时候似乎没有任何人关心。"

如今，几大汽车巨头确实醒来了。沃尔沃宣布计划从 2019 年起仅销售电动或混动车。宝马将为其畅销车型宝马 3 系生产电动版，不过……要等到 2020 年前后。宝马集团董事长哈罗尔德·科鲁格 2016 年 10 月表示，该公司"将使所有品牌和车型系列系统地实现电动化"。2016 年 4 月，戴姆勒的股东关切地指出，该公司没有能够同特斯拉 Model 3 展开竞争的产品。随后，戴姆勒在 2016 年巴黎车展上发布了电动车子品牌"EQ"，相关举措还将包括铺设充电网络。戴姆勒将斥资 108 亿美元，在 2022 年之前至少推出 10 款电动车型。大众表示，将与中国合作方在 2025 年之前投资近 120 亿美元用于研发面向中国的电动汽车。日产已发布续航里程可与 Model 3 媲美的新一代聆风。福特称，将在 2020 年之前投资 45 亿美元以研发 13 款电动汽车，包括一款可续航 300 英里的新型 SUV 和 F-150 皮卡（美国最畅销的车型）的混动版。就连丰田（一度将替代能源方面的赌注全部押在混动车普锐斯和氢燃料电池上）也改变了思路，决定着手生产长续航电动汽车，包括在与马自达合资组建的公司生产这类汽车。通用已宣布最终将全面实现电动化，并承诺在 2023 年之前推出 20 款新电动车型。

超级邮轮正在尝试掉头。

回到特斯拉设计工作室。Model 3 新车检阅仪式结束后，马斯克又走上台，他喊道："你们觉得怎么样？你们喜欢这车吗？"

许多只手臂高举起来，许多张脸露出了笑容，听众激动得发狂。但还有一个问题。

马斯克边抓头边说:"这有点疯狂。我刚刚知道,有人告诉我,Model 3过去24小时的订单总数超过了115 000辆!"

截至当周周末,纷至沓来的订单使特斯拉的预期销售额达到140亿美元。特斯拉后来称这项活动为"有史以来最大的消费产品发布会"。

第 3 部分 阳关大道：实现不可能

第十章　超级工厂和"秘密宏图"

这家位于电动大道尽头的工厂存在的意义不仅限于汽车，它支撑着一场革命，而这场革命的意义远大于取代石油。

76 岁的博伊德·丹克斯在内华达州斯托里郡一家名叫 USA Tavern 的酒吧当调酒师，这家酒吧没有窗户，位于与塔霍-雷诺工业中心相邻的一座加油站内。酒吧里设有嵌入吧台的老虎机，角落里有一张台球桌，桌旁围着三个身穿 T 恤衫的壮汉，懒洋洋地端着杯子，大口喝着莫德罗啤酒。现在是星期三下午 1 点，外面的莫哈韦沙漠气温接近华氏 90 度，但我跟丹克斯待在幽暗的酒吧里，一边抿着科罗娜啤酒，一边听丹克斯讲他对 Model 3（马斯克两周前刚向用户交付首批 Model 3）的看法。

丹克斯对 Model 3 不太感冒。

他用上年纪的人那种略显嘶哑的嗓音说道："没错，标配版卖 35 000 美元，但如果你想要黑色以外的任何颜色，都得再加 1 000 美元，这样一来就是 36 000 美元。如果想要续航 310 英里的版本，还得再加 9 000 美元，这样就成了 45 000 美元——即便如此，我也还是开不到拉斯维加斯。再说也没有人告诉我充电要花多长时间。"拉斯维加斯距丹克斯生活了 30 年的老家芬利（在 USA Tavern 东面，开车需要 20 分钟）有 413 英里。他对自己的日产皮卡很满意，从没想过要买什么电动汽车。

头上顶着稀疏白发的丹克斯在蒙大拿州和怀俄明州的油田工作过，他多半比小镇上一般的 70 多岁老者更了解 Model 3，但这种了解在很大程度上也要归功于酒吧的位置。这家酒吧坐落在电动大道的一端，而电动大道是 80 号州际公路旁边的一条辅路，通往日后将成为全球最大锂离子电池厂的 Gigafactory。USA Tavern 是距特斯拉 Gigafactory 最近的酒吧。

丹克斯也许并不是 Model 3 的拥趸，但他看得到，还有三年才能竣工的 Gigafactory 已经为该地区带来了一些好处。州政府即将建成一条新的四车道公路，这条路连接 80 号州际公路和 50 号美国国道，为人们提供了从工业中心前往银泉镇的近道。丹克斯说，这个项目当局已经讨论了大约 25 年，Gigafactory 的落地加快了项目进程。Gigafactory 还使该地区新增了数千个工作岗位，其中很多工作所需的技能当地人并不具备，于是外地人从全国各地（有佛罗里达、密苏里和阿拉斯加）涌向这里。一些人会在酒吧里喝酒。同时，房屋租金也上涨了。丹克斯的一个朋友最近从芬利的一处公寓里搬了出来，他每月的租金是 850 美元，新租客则需要支付 1 100 美元。

增加就业、促进房地产升值和高科技创新——这些都是州长布莱恩·桑多瓦与特斯拉协商引进 Gigafactory（该项目与松下联手兴建，耗资50亿美元）时向内华达州居民许诺的好处。特斯拉2014年年初公布了Gigafactory的选址名单，进入名单的5个州为赢得这家电动汽车公司的青睐展开了激烈竞争。时任得克萨斯州州长里克·佩里开着Model S前往加州州府，并表示他希望在汽车保险杠贴纸上看到"得州制造"的字样。亚利桑那州承诺立法允许特斯拉在该州向消费者直接销售汽车。新墨西哥州考虑召开特别立法会议来通过专门针对特斯拉的优惠政策。加州参议员泰德·盖恩斯则亲自把闪闪发光的"金色铲子"送往特斯拉总部。

但经过几个月的较量，桑多瓦最终凭借持续20年之久、价值可望达到14亿美元的一揽子优惠措施力压对手。特斯拉免费拿到980英亩土地，可在20年内免缴设备和建筑材料销售税，在10年内免缴物业税和薪资税，可享受800万美元电费优惠和1.95亿美元可转让税收抵免。作为回报，特斯拉承诺创造6 500个就业岗位，并向内华达州教育系统出资3 500万美元。在内华达州建厂的另一个好处是，这里距特斯拉位于弗里蒙特的汽车厂仅235英里，距雷诺市中心仅20分钟车程，周围的铁路和公路交通都很便利。在内华达州还可享受零所得税。

2013年8月，马斯克第一次公开谈及有必要兴建一家"规模惊人的真正的巨型工厂"来生产电池。马斯克向CNBC的菲尔·勒博表示，锂离子电池产量无法满足特斯拉的长期需求，因此，特斯拉必须设法解决这个问题。"Gigafactory"中的"giga"意味着数量达到10亿级别，这正是特斯拉年产50万辆电动汽车所需要的能源规模。特斯拉一开始打算建一家占地1 000万平方英尺的工厂，到2020年使该厂电池年产能达到35吉瓦时，但后来将计划修正为到2018年使年产能达到50吉瓦时。特斯拉在博文中解释称，这家工厂不仅将满足特斯拉的供应需求，而且能够通过减少损耗、整合生产流程和实现规模效应来降低锂离子电池的成本。Gigafactory一旦全速运营，这一家工厂的产量就将超过2013年全球锂离子电池产量的总和。2014年9月4日，当马斯克和桑多瓦在卡森城议会大厦的阶梯上宣布这项交易时，现场的气氛十分庄严。桑多瓦说，这是"意义重大、历史性的一天"，将"永久改变内华达州"。马斯克称赞内华达州是一个"真正能办成事的州"。

三年过去了，桑多瓦所承诺的变化开始兑现——而且变化不止出现在紧邻USA Tavern的周边。去酒吧之前，我在旁边一个小购物中心的赛百味里吃了午饭，那里面满是身穿特斯拉T恤衫、佩戴工牌的特斯拉员工。停车场上有8辆Model S和Model X，停放在没有任何标志的特斯拉服务中心外面。

即使是在雷诺这座以花哨却日趋没落的赌场而闻名的城市，也能明显感受到Gigafactory对经济的影响。我住的酒店号称是全城第一家禁烟酒店，二层有一个攀岩健身房，楼下有一家高档酒馆。我入住时看到电梯旁边有关于特斯拉新员工入职培训的通知。第二天，我在搭电梯时碰见一位手拿安全帽、腰带上别着特斯拉工卡的男士。早餐时，一帮身穿黄色安全服的松下员工在排队取自助餐。一位服务员告诉我，这家酒店350多个房间中有200多间专门留给Gigafactory的员工。

走过几条街，是一片餐饮店云集的区域，有兜售山羊奶酪的，有卖迷迭香冰激凌的，有卖农场直销泡菜塔可饼的，还有一家斐济主题酒吧用椰子壳盛着卡瓦酒卖，这里是城市振兴项目的一部分。餐饮店的员工以狐疑的眼光打量着特斯拉的人，因为他们觉得Gigafactory的员工对公司使命的虔诚简直到了狂热的程度，但他们承认，马斯克手下这帮人的到来让新兴的生意得以维持。与此同时，就连打着"在雷诺市中心体验奢华"招牌的Silver Legacy赌场也沾染了这股特斯拉热。赌场一层有一辆Model S 70停放在一排老虎机前方，这辆车是博彩项目"幸运转轮"的大奖奖品。车牌上写着"勇往直前"。

我在雷诺逗留的最后一晚恰好是"激情八月夜"的第一天，这项一年一度的活动号称是全球规模最大的怀旧车展。一辆辆雷鸟（Thunderbird）、科尔维特（CorvetteI）和野马从位于城市主干道的雷诺拱门下驶过，我虽然对燃油车颇为抵触，但这些汽车诱人的曲线和低沉的轰鸣还是让我感到赏心悦目。黄昏的暮光中下起了雨，我不由拼凑出一幅高中生水平的老套诗歌意象：这些汽油时代的巨人与23英里之外的Gigafactory外面停放的特斯拉汽车并置，仿佛在讲述汽车行业的过去与未来——今天的汽车将成为明天的古董，数千名游客前来欣赏内燃发动机的极致辉煌，但更多的人来到这里打造电动汽车的未来。同样，发烧友对电动汽车的热爱与一个人对自己患难与共的爱车所抱有的那种发自本能的深情也难以相提并论。拥有经典汽车所获得的满足感在很大程度上来自内燃发动机的完美低鸣，这音调调得刚刚好，精准契合车主的个人品位。电动汽车的曲线或许能与燃油车媲美，但永远无法匹敌燃油车的灵魂。

真奇怪，我竟然会想这些事情，要知道我压根儿就不喜欢"油老虎"。我可能是有一种失落感——子孙后代或许只能靠这些怀旧车展来感知我所成长的汽车时代了。我知道自己已经看清了未来，依然沉湎于过去。

随后，一辆深绿色的 Model T 悠然驶过，提醒人们这一切是如何开始的。这款汽车极大地改变了世界的面貌：公路、车库、城市发展、社区规划、人口流动、超大城市的出现、石油的燃烧、量产、美国新经济，还有八小时工作制。Model T 拥有灵魂，走过了意义深远的历程，演绎了一段现代文明史。

如果亨利·福特没有在 1913 年发明生产流水线，这段历程就不可能成为现实。这项创新大大加快了生产速度，并降低了 Model T 的生产成本。生产流水线使 Model T 的售价从 1908 年的 850 美元降至 1916 年的 360 美元，汽车不再是精英的专属品，而是进入了中产阶层的车库。一个世纪后，特斯拉的 Gigafactory（对特斯拉实现大众市场愿景至关重要）也将对电动汽车的普及产生类似的催化效应。过不了多久，普通消费者就能以亲民的价格购买一款出色的电动汽车了。Model 3 能在多大程度上改变世界？100 年后，这款汽车或许也会在雷诺拱门下驶过。

但这家位于电动大道尽头的工厂存在的意义不仅限于汽车，它支撑着一场革命，而这场革命的意义远大于取代石油。Gigafactory 与博伊德·丹克斯曾经工作过的石油钻塔恰好相反——它不是钻向地层更深处以开采化石燃料,而是建在地表之上,目的是让人们不再需要化石燃料。它是新能源经济的动力之源。

2015年4月30日,晚上9点20分,预定开场时间已经过了近一个小时。在霍桑的特斯拉设计工作室,马斯克身穿灰色西装夹克和黑色衬衫,伴着电子音乐走上了前台。他示意大家看他身后的屏幕,屏幕上是一些发电厂的照片,烟囱里冒出深色的浓烟。他说,地球大气中二氧化碳浓度过大对人类构成威胁。如果我们不停止燃烧化石燃料,二氧化碳浓度将"达到有化石记录以来前所未见的水平"。他展示的基林曲线(Keeling Curve)显示,二氧化碳浓度呈现出令人恐怖的上升势头。台下有位男士喊道:"救救我们,埃隆!"马斯克迟疑了片刻,然后笑了起来。他说:"我认为我们应该共同努力解决这个问题,而不是企图去拿什么达尔文奖。"(达尔文奖"表彰那些出于意外将自身基因从人类基因池中移除,从而推动物种进化的人士"。)随后马斯克继续往下讲。他想谈谈目前所缺失的东西。

今天我们还无法用风能或太阳能来完全取代化石燃料。一项主要障碍在于可再生能源不够稳定,因此可靠性较差。风不可能一直刮,晚上不可能出太阳。但马斯克表示,这些问题有一种"显而易见的解决方案"。我们需要更好的电池。

特斯拉已在为电动汽车生产电池组,这些电池组可作为储能单元储存来自电网的电力。马斯克解释说,特斯拉决定生产其他类型的电池组,使家庭、企业和公用事业公司能够储存白天发的电,这些电可以在夜间、紧急状态下或公用电网电价过高时使用。

这些电池组被称为Powerwall。一个Powerwall的尺寸与冰箱门相当，足够平坦，可以装在墙上。马斯克说，一块容量10千瓦时的Powerwall售价为3 500美元，有多种颜色可供选择（特斯拉后来又生产了一款容量为14千瓦时的版本，零售价为5 500美元）。有了Powerwall这样的电池解决方案，我们就能更好地利用太阳能这一世界头号电力来源。太阳能丰富、便宜，在未来50亿年左右都不会有枯竭之忧。马斯克对发出笑声的粉丝们说："我们在天上有一个便于使用的聚变反应堆，叫作太阳。你什么也不用做，它自己就能工作。它每天都会出现，产生惊人的电量。"

马斯克分析说，有了太阳能电池板和好的电池，就有可能让全球从化石燃料过渡到可持续能源。他进行了一番推算。一张特斯拉Powerpack（交直流移动电源）的图片出现在屏幕上。这是一个白色的金属箱，看起来就像相扑力士的灵柩。箱内装有高高一摞特斯拉生产的电池组。只需要20亿套这种Powerpack，我们就能彻底摆脱对化石燃料的依赖。马斯克称，20亿并不算太多。这个数字差不多相当于上路行驶的轿车和卡车数量，这些车辆每过一二十年都会更新换代一次。马斯克说："这其实处在人类力所能及的范围之内，我们之前做过类似的事。"他的语气中透着几分坚定。

听众席还是很安静，碰到数学计算时，人们往往都是这种反应。

马斯克说，特斯拉将在弗里蒙特的工厂生产首批Powerpack和Powerwall，但搬入Gigafactory之后将会扩大生产规模。接下来是一个令人意外的消息：特斯拉打算兴建多个Gigafactory。他说：

"有必要让许多其他公司来建立自己的Gigafactory级别的生产设施,我们也希望它们这样做。"特斯拉将像开放汽车专利一样免费开放Gigafactory的专利。听众鼓起了掌。他把Gigafactory形容为"巨型机器",并请听众将其看作一种产品,只不过这种产品刚好固定在地面上。

特斯拉创立时的目标是证明电动汽车可以比燃油车更优秀,而现在特斯拉想进一步激起人们对清洁能源的憧憬。马斯克说:"最重要的是,我们想让人们看到这是有可能的。"在马斯克看来,要想阻止基林曲线的致命进展,唯有将太阳能、电池和电动汽车结合在一起。

2016年11月,特斯拉公布了美属萨摩亚塔乌岛一个清洁能源项目的细节,从而将储能系统的潜力展现在世人面前。特斯拉在塔乌岛总计安装了5 328块太阳能电池板和60套Powerpack,可满足该岛600名居民几乎全部的能源需求。该岛之前依靠柴油发电机来发电。2017年1月,特斯拉披露了南加州一项规模大得多的安装项目,特斯拉的400套Powerpack可弥补由于阿利索峡谷天然气储存设施泄露所造成的供电缺口。这些电池组储存的电量足以供2 500户家庭使用一天。2017年7月,特斯拉同意在南澳大利亚建立一个储电量达100兆瓦的储能系统——储电量相当于全球第二大锂离子储能系统的3倍。当年10月,特斯拉安装了一套临时电池系统以向波多黎各一家儿童医院供电,因为两场台风灾害破坏了这家医院的供电和基本设施。

特斯拉是风险投资公司安德森–霍洛维茨的企业家兼风险资

本家克里斯·狄克逊所说的"全栈初创公司"。"栈"这一名词取自计算机编程，是指构成产品和服务的一系列要素及其支持机制和应用。如果你拥有"全栈"，就能够全盘控制整个系统。从这方面来看，特斯拉在理念和战略上更接近苹果而不是通用汽车或丰田。和苹果一样，特斯拉想要掌控围绕其业务的整体体验，从电池组设计到软件开发、汽车生产、部件制造、基础设施管理，再到通过其网站和零售门店销售产品。第一家Gigafactory便是这一整套系统背后的重要构造，它所生产的是构筑马斯克全栈愿景的基石。

2016年7月20日，马斯克对2006年阐述特斯拉"秘密宏图"的那篇博文做了更新，让这一愿景变得丰满起来。十年过去了，这项确立特斯拉从高端市场转向大众市场战略的规划已经实现了大半，只有"提供零排放发电选项"的承诺尚未兑现。马斯克更新后的文章题为《特斯拉宏图之第二篇章》，半开玩笑地借用了系列电影《反斗神鹰》(*Hot Shots!*)中的说法。在此项规划发布一个月之前，特斯拉对太阳能供应商太阳城发起了要约收购。太阳城由马斯克的表亲林登·赖夫和彼得·赖夫运营，马斯克任该公司董事长。

在这篇文章中，马斯克再次强调世界正面临由化石燃料导致的危机，必须尽早转向可持续能源。特斯拉将网站上陈述的公司使命由"让世界加速向可持续交通转变"改为"让世界加速向可持续能源转变"。马斯克博文中的措辞更是凸显出这种变化，进一步强调了他在Powerwall发布会上提出的观点：特斯拉现在已是一家能源创新公司。在特斯拉宣布对太阳城的收购要约之后举行的媒体电话会议上,马斯克曾表示:"世界上不缺汽车公司。世界上缺的是可持续能源公司。"他还表示,特斯拉与太阳城的合并有望缔造一家"市值达 1 万亿美元的公司"。

马斯克在博文中写道,特斯拉下一阶段将关注四大领域。公司将对 Powerwall 业务和太阳城的能源业务进行整合,创建"好用的"一体化发电和储能产品。家庭住宅可以为自己提供公用事业服务,用户"只需要一次订购,一次安装,一个服务点,一个手机应用即可"。在今后一些年里,特斯拉还将扩充汽车产品线,推出一款紧凑型 SUV、一款皮卡车、一款重型卡车和一款小型巴士。这些巴士能够自动驾驶,可通过智能手机应用或设在现有车站的按钮来呼叫。全自动驾驶能力(马斯克称,自动驾驶的安全性比人工驾驶高出一个数量级)实现之后,还能让特斯拉围绕汽车共享建立一项业务。车主可以让自己的汽车加入特斯拉的共享车队,在不开车的时候赚取收入。在私家车不足以满足共享汽车需求的城市,特斯拉将运营自己的车队——此举会对来福车和优步构成直接竞争。

当然,为公司写一份愿望清单很简单,但真正实现这些目标就远没有那么简单了。马斯克因未能提供实质性内容而受到批评。彭博社一名专栏作家称马斯克所披露的"不太像计划,而更像是宣言",路透社则称"愿景宏大,细节不足"。但这些抨击忽视了一些重要的东西。马斯克知道讲故事的力量,也知道阐述目标这一举动本身就能在很大程度上决定目标最终能否实现。2006 年,Model S 还只是博文中的一行字——"第二款车将是四门运动型家用轿车",就连Roadster也还没有上市销售。2013年,"超级回路"还只是马斯克一个人熬夜炮制的科学项目,是他通过粗略计算在一张白纸上勾勒的草图。马斯克当月还公开提出兴建一家"规模惊人的巨型工厂"的设想,那时Gigafactory还仅仅停留在口头。

目前看来,在马斯克新近讲述的故事中,至少Gigafactory这一项已经成为现实。特斯拉兴建Gigafactory的初衷是为了满足Model 3的生产需求,但后来表示,该厂多达半数的产量将服务于储能业务。因此,Gigafactory是(或者可能是)两项有望形成庞大规模的业务的基石。首个Gigafactory项目虽然已经进展到后期,但依然极其复杂、庞大、昂贵,考验胆量且充满危险。Gigafactory的面积多达好几百万平方英尺,投资高达50亿美元,规模令人窒息。松下为该项目提供了16亿美元,但特斯拉仍需要通过发行债券、发售股票和信贷安排来筹集数十亿美元资金。Gigafactory定于2020年完工,但无法保证在此之前成本不会出现膨胀。如果有任何问题导致竣工时间推迟,所产生的影响都将不仅限于这座生产设施本身。如果Gigafactory搞砸了,特斯拉的整个业务都会一蹶不振。Gigafactory不仅事关Model 3,而且事关储能业务,以及特斯拉的皮卡车、重型卡车Semi和自动驾驶车队。如果离开Gigafactory这个根基,马斯克的全栈愿景就成了空中楼阁。

这一回,潜在竞争对手不再只是冷眼旁观特斯拉疯狂下注。传统汽车生产商(总体而言)尚未动手建立自己的电池工厂,但其他一些企业已经开始行动,以设法占据与特斯拉一样强大的优势——只不过不在美国。2017年8月,一个名为TerraE的德国财团宣布将从 2019 年底开始兴建一家锂离子电池产能达 34 吉瓦时的电池厂，并计划在 2028 年实现全部产能。与此同时，中国有一批规模较小的公司计划兴建一些工厂，使锂离子电池产能在 2021 年之前达到 120 吉瓦时以上。

特斯拉凭借 Gigafactory 在一个价值好几十亿美元的市场上再次占据了先机。对交通和能源经济的未来感兴趣的每一个人都应该密切关注坐落在 USA Tavern 前电动大道边的这幢建筑物。

2016 年 7 月 26 日，星期二中午，气温接近 100 华氏度。Gigafactory 建筑工地上的浮土被风扬起，时不时地把工人和建筑设备包裹在微型龙卷风里。这儿没有城市的污染物——没有易拉罐、塑料袋，也没有那种丢弃在排水沟里的烟头。在庞大的工业园里，距 Gigafactory 最近的邻居是 PetSmart（一家宠物商店）和玩具反斗城的配送中心。这里基本是一片不毛之地，零星点缀着几株灌木蒿。建筑工地被群山环抱，到了冬季，山顶会有积雪。在一块巨大的洼地上，工人们忙着干活，机器轰隆作响，地面压得平平整整，一个个地块被划分出来，对应这家巨无霸工厂成形后的各个功能区。推土机、平土机和皮卡车像亢奋的蚂蚁一样在集装箱、水泥地基和一堆堆红土间不停地穿梭。工地上有 1 000 名建筑工人一周 7 天马不停蹄地赶着进度，因为意外出现的 Model 3 订购热潮促使特斯拉调快了时间表。

三年前听马斯克首次公开谈及兴建Gigafactory可能性的菲尔·勒博也在现场。勒博戴着安全帽和护目镜,在尚未完全建成的厂房内向CNBC演播室做现场报道。勒博一字一顿地说道:"这里是特斯拉的Gigafactory,您将首次看到厂房内部。"地板是灰色的,闪闪发光,巨大的柱子支撑着高高的房顶。背景中有一堆乱七八糟的移动式桌子和架子等待归位。天花板上的LED灯放出明亮的灯光。勒博说:"这处设施的建筑面积已经达到190万平方英尺——而这仅相当于总规划面积的14%。"他身后的空间已经大到足以容纳一个室内游乐场,而且这样的空间会有三层,一些区域甚至有四层。墙体是临时的,以便于进一步扩建。

这座建筑物最终将绵延0.25英里,楼面面积将达到580万平方英尺,坐落在3 200英亩的土地上,旁边足够再建一座厂房。马斯克希望这家工厂的产能到2020年达到150吉瓦时,能为120万辆汽车提供充分的能源支持。这可能意味着特斯拉雇用的员工人数要超出起初估计的6 500人。在4年之内,特斯拉可望为当地创造多达10 000个工作岗位。勒博在推特上发布了一张该厂的等比例模型照片,照片上显示出房顶的太阳能电池板,还可以看到类似弗里蒙特工厂的那种机器人在封闭的房间里进行装配作业,它们站在流水线和装有一摞摞电池组的货箱旁边。

这座已经十分庞大的建筑物稳稳地矗立在大地上。在今后几年里,它将被打造成钻石形状(马斯克承诺要"校准正北方向")。它那敦实的躯干大部分呈白色(特斯拉生产设施的标志性色彩),"肩上"系着红色"丝带","脚上"带有灰色条纹。这座建筑物有一半已经建好了覆顶和墙体，其余部分是暴露在外的钢筋骨架，即将浇筑混凝土。房顶是空的，尚未安装太阳能电池板，就像一个空空荡荡的巨型游泳池在等待客人光临。从高空俯瞰，这座工厂就像是一枚装在电路板上的芯片，它的未来规划以一圈矩形的道路为边界，停放的汽车、堆叠的钢材和泥土中的凹痕就像是晶体管和电阻器。

当天下午，一场新闻发布会在这座工厂西北角的大厅里举行，马斯克在发布会上进一步强调了Gigafactory的重要意义。这家工厂不仅事关汽车。他说，长期来看，特斯拉的储能业务将和汽车业务的规模相当。他说，特斯拉最终甚至可能进军电网服务行业。毫无疑问，特斯拉将会遇到更多竞争对手——不仅有石油巨头和汽车巨头，而且有电力公司。马斯克在阐述特斯拉新志向的同时也肯定地表示，特斯拉将与政界展开更多斗争。他还计划把Gigafactory推向国际舞台。他说，特斯拉将在欧洲和中国各建一家Gigafactory，很可能也会在印度建一家。

马斯克住在影星云集的洛杉矶，与硅谷投资者一起上下班，但最适合他的地方却是蛮荒的西部。这里一片荒芜，等着人们去建设。马斯克坐在凳子上，手拿麦克风，向参加发布会的人们兴奋地讲述他那颗沙漠钻石的传奇故事，他还指出那片地区有一万匹野马。这些野马16世纪被征服者埃尔南·科尔特斯带入美洲，之后便一直奔跑在美国的土地上，1971年颁布的一项法律规定这些马儿应受到保护，并将它们视为"西部传统精神和开拓精神的鲜活象征"。在Gigafactory内那些不适合人类居住的土地上，这些马儿有了一位不同寻常的新邻居。但这位邻居至少做到了互惠互利。为辅助工程建设，特斯拉挖了一批水池，马群随之养成了在周边活动的习惯。这对马儿来说非常便利，口渴的时候它们会直接过去喝水。

三天后，特斯拉召集逾2 000名员工、股东、官员、粉丝和媒体，办了场热闹的派对来庆祝Gigafactory正式揭幕。在为这场活动专门搭建的帐篷里，马斯克和史朝保以演讲和幻灯片演示拉开了派对的帷幕。他们提到一些有趣的事实：Gigafactory足够容纳93架波音747飞机或500亿只仓鼠。最后，两位创始人请听众提问。马斯克和史朝保向人们透露，特斯拉将生产一款采用Model X底盘的微型巴士，下一代Roadster要等到晚些时候才能推出，特斯拉还将在Gigafactory内对电池进行循环利用。在当晚的提问接近尾声时，人群中一位男士喊道："我们能帮什么忙？"

马斯克毫不迟疑地做出了回答。

他说："我想说，我知道你们认为全球变暖是真实存在的，但荒唐的是，也有很多人并不这么认为，这让我非常震惊。"他想让追随者们帮他捎话。"化石燃料行业无休止地搞宣传，它们就是想要为自己辩护。这可以说是在意料之中。"说到这儿，他耸了耸肩，接着说道，"可是他们却从不停歇——而且比我们有钱1 000倍。"

参加派对的人对着那些不在场的敌人发出了嘘声。马斯克呼吁听众对玷污气候变化科学和阻碍人类迈向可持续能源未来的种种谬论展开反击。他说："革命将由人民发动。"

第十一章　重新定义能源

只要每天替代200万桶石油（约占全球日产量的2%），就足以让油价出现类似于2014年危机开始时的下跌。特斯拉正在带来重大的变革，最终重新定义能源业务。

2016年5月7日，天气晴朗，万里无云。乔舒亚·布朗的特斯拉Model S以74英里的时速沿着佛罗里达威利斯顿市郊的27号美国国道辅路向东行驶。正从奥兰多迪士尼乐园返程的布朗在这条两车道公路的右侧车道开车，从接下来发生的事故来看，他似乎没有关注前方的路况。他启动了汽车的Autopilot（特斯拉先进的驾驶辅助软件），这也就意味着他的车会一直沿着车道开，保持稳定的速度，并在紧急情况下刹车或转向，以避免撞车。

40岁的布朗独自一人住在俄亥俄州坎顿，曾经是海豹突击队员。在美国对伊拉克发动战争期间，他帮海军拆卸过炸弹。回到俄亥俄州之后，他开了一家为农村居民提供互联网服务的公司。他很爱自己的特斯拉，亲昵地称之为"特西"，在买车后的头9个月里，他一口气开了45 000多英里。去迪士尼乐园一个月之前，他在优兔上发布过一段取自行车记录仪的视频,视频显示出他那辆处在Autopilot状态的特斯拉是如何自动转向,从而避免与一辆插入他所在车道的卡车相撞的。马斯克在推特中提及这个视频,随后,这条推文被转发了2 400多次,并引起了新闻媒体的关注。布朗当时发了条推文:"@elonmusk看到了我的视频!我站在了天国之巅!"布朗当时对一位朋友说,马斯克已经注意到了他的东西,他觉得这辈子死而无憾,可以上天堂了。

在上述推文发布8天后,马斯克表示:"开启Autopilot能使事故发生的概率降低50%。就连我们第一版的安全性也要比人工驾驶高出近一倍。"特斯拉的汽车会警告驾驶者该系统还只是测试版。Autopilot启动时,数字控制面板上会弹出一个信息框:"您的双手应始终放在方向盘上,准备随时接管车辆。"

在佛罗里达州的那条公路上,布朗的特斯拉接近了一个十字路口,他似乎没有注意到一辆挂着白色拖车的十八轮卡车占住了前方的道路。从相反方向开来的卡车还在左转,准备开进一条岔路,这时,这辆沿着车道直行且并未减速的特斯拉猛地撞上了拖车的下方。撞击力掀掉了车顶,汽车一下子冲出了公路。它穿透两重围栏,撞在了一根电线杆上,随后翻转了半圈,最终停在了距十字路口几百码的地方,再往前几英尺就是一家人的大门了。布朗的特斯拉看上去就像被乳齿象踩过一样。62岁的卡车司机稳住了卡车,并没有受伤,但布朗因撞击而死亡。

55天后,特斯拉发布博文披露NHTSA将对撞车事故展开初步调查,公众直到这时才获知这起事故。特斯拉在文中为该系统的安全性辩护,并指出:"启动Autopilot所行驶的里程数已突破1.3亿英里,而这是首起已知死亡案例。"

这起事故被广泛视为涉及"无人驾驶汽车"的第一起死亡事故——不过,"无人驾驶汽车"一词夸大了这项技术的范围。在特斯拉为自己辩护的同时,也有一大波充斥种种臆测的文章试图以各种方式解释为什么不该(或者应该)怪罪Autopilot,这些文章还根据粗略的警方报告来判断两名事主各自的责任。一些写评论文章的人猜测这起撞车事故是否会导致自动驾驶事业的倒退,还有一些人认为这起事故不能说明任何问题。和许多其他案例一样,这场肯定会让卡车司机和布朗的家人痛苦万分的公共"审判"所产生的首要影响不过是让复杂的情况过度简单化,更具资质也更加公正的机构(即NHTSA)其实正在对案件进行调查。

但特斯拉拖了两个月才公开披露撞车信息的做法引起了一些质疑。记者卡罗尔·卢米斯质问特斯拉为何没能更早披露事故细节。在《财富》杂志工作60年之久的卢米斯是美国最著名的财经记者之一,7月4日美国独立日当天,她质问特斯拉为何不在出售股票之前披露死亡事件。

"5月18日,也就是布朗死亡11天之后,特斯拉和CEO埃隆·马斯克在公开发售中合计卖出(特斯拉约占3/4,马斯克约占1/4)逾20亿美元的特斯拉股票——却只字未提这次撞车事故。"

卢米斯认为,特斯拉可能违反了美国证券交易委员会的规定。"不客气地说,特斯拉和马斯克未披露这样一项非常重要的事实,即:一位男士在使用特斯拉向消费者大肆宣传的一项既安全又重要的自动驾驶技术时不幸身亡。"

马斯克在通过电子邮件回复卢米斯的置评请求时辩称，如果特斯拉的 Autopilot 系统得以普及，每年可在全球范围内挽救 50 万人的生命。他写道："在您写误导公众的文章之前，请先花 5 分钟时间好好算一下。"他还表示，这起事件"不会对特斯拉的价值构成重大影响"。

这又是一个用迟钝的工具来生硬考量复杂状况的例子。一方面，卢米斯和《财富》杂志得出结论认为特斯拉未披露"非常重大"的信息。另一方面，马斯克则声称这并非重大信息，他的支持者们后来也这样说。卢米斯指出，特斯拉发布博文之后，该公司股价一开始从 212 美元跌至 206 美元，但到当日收盘时，特斯拉股价突破了 216 美元。当然，我们完全可以假设 2016 年 7 月 1 日这天特斯拉股价可能受到除 Autopilot 事故以外的其他因素影响，但媒体并没有以这种方式来报道这起事件（归根结底，马斯克和卢米斯谁也决定不了）。《财富》杂志之后继续深挖该案并发表了一篇跟进报道，指出特斯拉在 5 月 10 日向美国证券交易委员会提交的更新文件中称"我公司首创的新技术，包括我公司汽车采用的自动驾驶系统如果出现问题"，可能导致产品责任损害赔偿。

当天，电动汽车新闻网站 Electrek（这家网站的世界观时常带着特斯拉的印记，有时甚至有游说之嫌）发表了一篇文章，称《财富》杂志的报道曲解了特斯拉的原话。文章称，提交美国证券交易委员会文件中的这段话是"模板式的风险披露声明"，至少已经存在了两年之久。风险披露声明还指出，汽车行业面临大量产品责任索赔，"若我公司汽车的表现不及预期，导致人身伤害或死亡"，则有可能面临索赔风险，但《财富》的报道略去了这些部分。Electrek得出结论认为，Autopilot本来就不能用来预防导致乔舒亚·布朗死亡的那种交通事故。

Electrek给出了自己的叙事版本，这家新闻网站暗示，《财富》杂志是一场针对电动汽车的数百万美元公关攻势的受益者，而这场公关攻势的金主是身家数十亿美元的工业家查尔斯·科赫和戴维·科赫。科赫兄弟麾下的科氏工业集团是美国最大的非上市公司之一。科氏工业集团及其附属公司拥有规模巨大的石油业务，包括炼油厂和输油管道，并在加拿大租有至少110万英亩油砂矿。Electrek指出，《财富》杂志早些时候刊登过一篇由科氏工业集团董事会成员詹姆斯·马奥尼撰写的评论文章。马奥尼在这篇文章中认为电动汽车不应该获得政府补贴。Electrek当时写道："我们要得出一个严肃的结论:《财富》杂志在拿科赫兄弟的钱，为科赫兄弟推进气候变化议程。"

要是Electrek有心玩阴谋论，或许还可以提一下卡罗尔·卢米斯是沃伦·巴菲特的好友，经常跟巴菲特一起玩桥牌。巴菲特经常把致股东的信交由卢米斯来编辑。她本应在文章里披露她与巴菲特的关系，因为巴菲特当时就内华达州太阳能补贴问题与马斯克和太阳城产生了纠纷。巴菲特的投资公司伯克希尔-哈撒韦拥有NV Energy，这是一家主要用天然气来发电的公用事业公司，该公司正在开展游说活动，以反对太阳能补贴以及有利于太阳城发展但影响自家利润的政策。

  Electrek的指责其实有失偏颇。《财富》杂志网站上刊登的那篇马奥尼的文章属于一个名为《财富洞察》的栏目，该栏目是为增加页面浏览量而设，提供的是免费内容。《财富洞察》与竞争对手《福布斯》网站上刊登不付酬文章的"投稿园地"类似。这种做法很常见，因为许多刊物都要借此增加页面浏览量，以吸引按曝光数付费的广告客户。BuzzFeed（新闻网站，中文名是"嗡嗡喂"）、《卫报》和《赫芬顿邮报》等刊物都辟有刊登这类内容的平台。可惜这些"投稿园地"附带产生了一种模糊界限的效果，让人难以区分内部采编人员有偿创作和编辑的内容与抱有种种动机的外人（其中很多人无须遵循专业新闻工作者的操守）无偿提供的稿件。《财富》杂志称《财富洞察》是一个"了解独家信息的投稿者与全球网上读者分享真知灼见"的栏目，但该杂志审校时仅考虑这些内容的"语法、清晰度和格调"。因此，马奥尼的文章并不是科赫兄弟花钱买通媒体的产物，而只是利用现代媒体灰色区域展开的投机，这种投机可能让一些读者弄不清楚种种观点背后的支持者究竟是谁。

  但对马斯克来说，Electrek有关《财富》杂志从科赫兄弟那儿直接获取利益的提法已经足够有说服力。他在推文中附上Electrek那篇谴责文章的链接，又添了两个字："软文……"

  马斯克在Gigafactory的揭幕典礼上发出警告，称石油业"无休止地搞宣传"。这一警告表明他已经为抵御石油业的种种攻击做好了准备。在2013年5月举行的一次会议上，有人问马斯克有没有什么话想对美国的石油公司说。马斯克答道，不可能让石油公司去做有悖其最佳利益的事情。他指出，通行体系中的奖惩机制没有对向海洋和大气排放二氧化碳的行为采取任何惩罚措施。他说，他主张通过征收碳排放税来鼓励人们改善行为，就好比烟酒会因危害健康而被课以重税。

马斯克岔开话题，花两分钟谈了一下税收的必要性，然后发起了牢骚。他说："搞油气的那帮人身上有些地方我看不惯，他们有时候会使出损招或者暗中使坏，比如赞助一些学术研究，好让大家日后当作权威资料来援引。搞研究的是某知名机构的知名教授——但他的论文是石油行业付钱让他写的。"他说，应该对这类行为予以最严厉的谴责。他建议人们读读科学史研究者内奥米·奥利斯克斯（Naomi Oreskes）和埃里克·康韦（Erik Conway）写的《贩卖怀疑的商人》（Merchants of Doubt）一书。他说："这本书详细地解释了这些事情究竟是怎么回事，油气行业那帮人只需要制造怀疑——他们做的就是这些。"事实上，烟草行业就曾雇用过一批个人和公司来播撒怀疑的种子，让公众质疑吸烟与肺癌之间的关系，而同一班人马如今又被石油组织招揽到门下。他苦笑着说："我惊讶地看到其中一些人还在活动，因为，你懂的，他们已经很老了。"

在《贩卖怀疑的商人》一书中，奥利斯克斯和康韦阐述了特殊利益团体如何通过开展复杂的公关活动来阻止政府就一系列与工商业相关的环境和健康议题采取行动。这些团体意识到，它们无须否定与自身利益相悖的研究结果，只要制造怀疑就足以混淆视听并让政客协助它们减缓监管进程。这些个人和组织屡屡使用这类策略来阻挠旨在减轻或消除吸烟、酸雨、臭氧空洞、滴滴涕等问题影响的公共政策。如今，特殊利益团体也在用相同的路数对付气候科学。2010 年，最高法院在联合公民诉联邦选举委员会一案中裁定利益团体为政治活动投入的资金金额不受限制，也无须向公众披露。在此之后，这类行动就变得更加不透明了。

近年来，气候科学受到种种攻击，宾夕法尼亚州立大学气候科学家迈克尔·曼（Michael Mann）博士遭受的持续人身攻击便是其中一例。曼的研究显示，19 世纪 50 年代以来气温突然急剧升高，而在此之前的 850 年里，平均气温呈温和下降趋势。近千年的平均气温变化曲线图呈曲棍球棒形状——长而稳定的小幅下降曲线是球棒的柄，工业革命以来近乎垂直的线条则是柄刃。尽管后来有十几项独立研究支持曼的研究结果，但他受到了许多机构和个人的质疑，其中包括获得化石燃料行业资助的乔治·C.马歇尔研究所和弗雷德·辛格。该研究所和辛格都在持续多年的质疑二手烟与肺癌之间关联的运动中扮演着推手角色。曼的研究还遭到威利·孙的攻击，孙是史密森尼学会的兼职雇员，拥有航天航空工程博士学位，但常被误认为是天体物理学家，外界后来发现，他在 10 年时间里从化石燃料行业获得逾 120 万美元，其中包括从查尔斯·G.科赫基金会获得的至少 23 万美元资助。俄克拉荷马州共和党参议员詹姆斯·英霍夫也在抨击者之列。据政治捐款信息网站 OpenSecrets.org 披露，英霍夫在 1989—2016 年期间从科氏工业集团获得逾 10 万美元竞选捐款，他多次将全球变暖称为"骗局"。

这种怀疑制造机制是纽约州总检察长对埃克森美孚进行欺诈调查的核心内容。据指控，埃克森美孚早在几十年前就知晓气候变化的后果，却利用种种公关举措来制造气候变化科学尚无定论的印象。比方说，埃克森美孚协助创建了一个名为全球气候联盟的化石燃料行业游说组织，该组织兜售的理念是碳排放在气候变化中扮演的角色"尚未完全弄清"。埃克森美孚自己的科学家已多次提供证据证明气候变化是一个严重问题，可能产生有害的后果。埃克森美孚否认自己存在任何欺骗行为，称相关指控是敌对者的阴谋。面对调查，埃克森美孚回应称自己的言论自由权受到了攻击。

如今，否定气候科学的宣传运动太多、太普遍，得再写好几本书才能谈透。我们只要知道以下情况即可：它们真实存在，它们正在发生，这类削弱气候科学效力的活动本身已经形成一个产业，其中包括由化石燃料行业资助的政客、学者、媒体、智库、非政府组织以及号称捍卫自由市场利益（科赫兄弟非常重视的命题）的其他团体构成的网络。科赫兄弟认为政府的角色不仅应当受到限制，而且应该最小化。他们最爱提的主张包括社保私有化、取消补贴、放宽劳动法和尽量减少环境监管。联合公民案的裁决生效后，对科赫兄弟这类大金主的捐款额进行追踪变得更难了，但德雷塞尔大学2013年的一项研究发现，2003—2010年，保守派基金会为反对气候变化论的机构捐赠了多达70亿美元。而基金会背后那些身家数十亿美元的捐款人大都不会让外界看出他们的参与。

因此，马斯克担心科赫兄弟与《财富》杂志合谋是合情合理的。2016年2月，记者彼得·斯通报道称，科赫兄弟计划出资成立一个组织，打算每年花1 000万美元抨击电动汽车行业补贴政策。斯通写道，这项举措由詹姆斯·马奥尼和查利·德雷弗纳牵头。德雷弗纳是一位游说者，是科赫兄弟资助的智库能源研究所的成员，并在美国燃料和石化生产商协会担任会长至2015年——而他的前任是马奥尼。

如果你想不通在上路行驶的所有车辆中占比还不到1%的电动汽车为何会让科赫兄弟如此忧心忡忡，不妨想想一种名叫氯化钠的离子化合物。石油虽然主宰着我们的经济时代，但其重要性与盐相比还是逊色不少，人类文明正是建立在这种麦当劳免费送给顾客的佐料之上。

盐在人类饮食中发挥着至关重要的作用——如果没有盐，身体就会逐渐脱水以维持血液中的盐分水平，最终导致人脱水而死。但盐还有一个几乎同样重要的用途，这就是保存食物。许多个世纪以来，人类通过种种方法来获取食盐，包括开采盐井、蒸发海水以及开凿被海水浸渍的沼泽。这类方法至少可以追溯到3 500年前，甚至有证据显示可以追溯到5 000年前，其中一些与我们今天开采石油的方法相似。公元400年，中国人发明了一种穿凿山体并用竹管汲取卤水的方法，一些盐井深达3 000英尺。

和石油一样，盐在世界各地的分布也不均衡。在拥有海盐的约旦死海周边，可从地面凿取食盐的北非，拥有盐矿的奥地利阿尔卑斯山区以及拥有沙漠盐沼的波斯、埃及和撒哈拉，形成了一处处兴旺繁荣的定居点。而在一些食盐稀缺的非洲地区，人们只能靠饮用牲畜和野生动物的血和尿液来摄取盐分。盐是世界上最重要的商品，种种交通运输、贸易和纷争都围绕着盐展开。

记者M. R.布洛赫于1963年在《科学美国人》上撰文指出："似乎呈现出一种特定的政治模式，在盐资源丰富的地方，社会往往自由、独立、民主，而在盐资源稀缺的地方，控制盐的人也控制着人民。"在尼罗河、巴比伦、印度、中国、墨西哥和秘鲁文明中，独裁统治者通过垄断盐业和征收盐税来控制人民。

如今，全球经济与石油业财富存在着不可分割的联系，而盐与经济的联系就更加直接了。盐就是钱的同义词，有时甚至可以当钱用。埃塞俄比亚早在16世纪就把盐棒作为货币。在偏远地区，这种做法一直延续到20世纪。"salary"（薪水）一词源自拉丁语，意思是"买盐的钱"。古罗马把盐作为工资发给公务员，奴隶贩子则用盐来买人。

当然了，还有战争。在古罗马时期，日耳曼部落曾为盐资源而战。法国盐税所引发的民愤极大，成为法国大革命的一项诱因。即使在美国南北战争期间，盐也是一项军事目标。比方说，历史学家里克·比尔德（Rick Beard）曾提到，联邦军队1864年底占领主要食盐产地弗吉尼亚州索尔特维尔之后，用两天时间捣毁了该地的生产设施，从而有效地终结了美国南部的食盐生产。

如今，营养学家会说我们的问题在于盐太多，而不是太少。那么，为什么盐在 150 年前还具有如此重大的战略意义，到今天却变得如此廉价呢？答案是：盐被一种改变历史进程的发明取代了。

第一批带有冰箱的船只出现在 19 世纪 70 年代中期；通用电气从 1911 年开始销售第一台家用冰箱。发达国家不再依靠盐来保存食物，也不再使用大冰块来冷藏食物，而是将食物保存在电动冷柜里。食物更安全了，能够保存更长时间，口味也更好了。这种革命性的发展促成了大型现代城市的兴起以及全球食品市场的开放和人口的扩散，也大大削弱了盐的价值。人们不再会为氯化钠开战了。在过去好几千年里，盐一直是世界上最重要的商品，但这种统治地位一去不复返了。

取代盐的不是某种更优越的离子化合物，而是一种更优越的系统。石油也面临着相同的状况。

石油业或许是迄今为止利润最丰厚的行业，尚属稀罕物的电动汽车也不可能在短期内对石油业构成严重威胁。石油业年产值高达数万亿美元。石油的生产、供应和分配事关地缘政治，是导致地缘政治动荡的重要原因，从中东、苏丹到南中国海，每一片大陆的冲突都以此为中心。石油所引发的纷争仍在延续，燃烧石油仍在以不可持续的方式导致大气变暖，但我们也必须承认，石油和盐一样都是现代社会不可或缺的活力之源。如果没有大量的汽油来为轿车和卡车提供燃料，让它为高度分散的乡镇、城市和农村建立连接，我们所熟悉的美国社会便难以维系。我们仍然要依靠石油来维持我们的生活品质、出行自由并连接全球各经济体。如果石油突然消失，许多人的生活很快就会变得非常凄惨。

然而，这并不意味着石油不会面临与快餐店免费盐包相同的遭遇。美国能源信息署数据显示，2014年，美国消费的石油制品中，汽油所占比例约为47%。石油虽然也用于生产航空燃油、塑料和洗涤剂等许多其他产品，但从根本上说，石油行业的财富依赖轿车、卡车和巴士。离开机动车油箱，今天那些石油巨头在全球经济中的地位便会大大削弱。

石油市场危机其实一触即发。从2014年6月到2015年1月，石油供应过剩导致油价由每桶116美元狂泻至每桶47美元，触发了行业恐慌。大大小小的石油公司纷纷裁员，并取消了数千亿美元的项目。石油供应受诸多因素影响，包括页岩油的大幅增产。2012年和2013年两年，页岩油增产促使美国石油产量实现了有史以来的最快增速。美国汽车燃油能效的提高也是影响因素之一。美国能源信息署数据显示，美国交通系统2014年石油使用量较2007年下降了10%。随着电动汽车的普及，石油需求将进一步下降，从而使油价面临更多压力，并为石油业带来更大的经济压力。壳牌说过，石油需求可能在短短5年内见顶。

彭博社曾在一篇报道中援引过彭博新能源财经2016年的一项研究，该研究显示，只要每天替代200万桶石油（约占全球日产量的2%），就足以让油价出现类似于2014年危机开始时的下跌。这项研究发现，到21世纪20年代初，电动汽车就能够实现这一目标。2014—2015年，电动汽车增长了60%，而特斯拉对今后几年增长率的预期与之相当。彭博社指出，如果保持这一增速，到 2023 年，电动汽车可望每日替代 200 万桶石油。还有一项较为保守的估计是以电动汽车的零部件成本以及主流汽车消费群体可负担电动汽车售价的时间为依据，认为石油替代量可在 2028 年跨越 200 万桶的门槛。

但这一天有没有可能更快到来？我们之前谈到，特斯拉和通用汽车都认为电池价格将迅速下降，到 21 世纪 20 年代初，电动汽车将比同档次燃油车价格更加亲民。计入补贴后，雪佛兰 Bolt 的售价不到 35 000 美元。特斯拉计划使 Model 3 的生产速度到 2019 年达到一年数百万辆的水平。其他新老电动汽车公司也在制定有竞争力的战略。

目前还很难预计电动车销量需要多久才能赶超燃油车。即使特斯拉及其电动汽车业的竞争对手一切顺利，也需要好几年甚至好几十年。彭博新能源财经的研究估计，到 2040 年，电动汽车在新车销量中所占比例将达到 35%。作为该预期前提的电池价格下降速度比特斯拉和通用汽车所预测的要慢。但如前文所述，燃油车将面临与更好、更便宜的电动汽车展开竞争的难题。

颠覆性技术（电动汽车就具有成为颠覆性技术的潜力）的一大特点是，它们对市场的渗透往往一开始较慢，之后会迅速加快。在 1900 年，只有不到 10% 的美国家庭能用上电；在 1960 年，只有不到 10% 的美国家庭拥有彩电；在 1990 年，只有不到 10% 的美国家庭拥有手机。这些产品最初的版本往往昂贵、笨重、使用不方便，或者三者兼具。但接下来，随着技术的发展、制造流程的改进和规模经济效益的显现，产品价格会大幅下降，从而使这些技术进入千家万户，进入普通人的口袋。1990年，美国只有530万名手机用户，约占人口的2%。25年后，92%的美国人有了手机。如果绘成图表，我们会发现这一成长曲线酷似拉长的"S"——刚开始是缓慢下降，随后会到达拐点，触发急剧而陡峭的上升曲线，接下来，当技术达到饱和点时，曲线将趋于平缓。在过去100年里，美国的汽车、收音机、彩电、微波炉、录像机、个人电脑、手机和互联网都呈现出"S曲线"式的发展趋势。呃，还有电冰箱。

电动汽车是否有可能沿着相同的路径发展？埃隆·马斯克相信答案是肯定的。他在2016年1月表示："去年（2015）年初，世界各地总共只有5万辆特斯拉电动车上路行驶，而去年我们又生产了5万辆车。所以特斯拉车队的总规模在去年扩大了一倍，今年还将再增加一倍左右。"

当然了，马斯克的话不能全部当真，特斯拉2016年的产量就比"较上年翻一番"的目标少了25 000辆，但我们不妨想想，许多拉动电动汽车需求的效应才刚刚开始萌芽。电池价格的下降（将使电动汽车价格更加亲民）很可能是影响需求的最主要因素，但还有其他因素。首先，有好几亿人对电动车辆的了解还仅限于高尔夫球车或丰田普锐斯这样的混动车。他们可能尚未意识到瞬时扭矩和几乎零噪声的推进系统的好处，也不知道这些汽车可以在任何充电站充电。有着炫酷门店、精美网站和高媒体曝光度的特斯拉已经赢得了忠心耿耿的硬核市场，但还有大片市场有待开拓。

传统汽车生产商一年花费几十亿美元做广告，以鼓励人们购买它们的产品。2013 年，仅通用一家公司就花了 55 亿美元广告费。而特斯拉几乎没怎么花钱为自己的汽车打广告。汽车生产商投资广告是因为广告越多，市场需求就越大。但如果特斯拉和其他电动汽车公司也开始做广告宣传电动汽车的好处，又会发生什么呢？

当然，不管花多少钱做广告，假如消费者不能近距离接触汽车，他们是不会去买的。拿新西兰来说，在 2017 年之前人们一直无法通过官方渠道购买特斯拉。美国许多城市都没有特斯拉门店，大多数美国人也从没坐过 Model S 或 Model X——抑或任何其他电动汽车。随着越来越多的全电动汽车上路行驶，将会有更多人获得亲身体验的机会，并意识到它们与高尔夫球车和普锐斯大不相同。特斯拉一直相信，推销汽车的最好办法是让人们坐进去体验。潜在顾客一旦试驾过特斯拉，买车的可能性就会增加。许多日产聆风的车主就表示，他们永远不会再开燃油车。

接下来，燃油车还面临监管方面的不确定性。市场趋势已经显示，即使没有退税和其他优惠，电动汽车的价格很快也会比燃油车更加亲民，而就连动作最迟缓、对电动汽车发展持保守预期的政府也在考虑出台一系列监管措施，以期在今后 20 年内停止销售燃油车。所有联合国会员国都已承诺要大幅减少碳排放，汽车生产商需要继续改善车辆的燃油经济性（当然了，唐纳德·特朗普总统让美国退出了巴黎气候协定）。但如果气候变化产生的影响为世界经济和人们的生活方式带来更大灾难，燃油车所面临的全球政治环境将会进一步恶化——特别是在价格适中的低排放替代品唾手可得的情况下。举例来说，挪威正在制定一套包含税收、补贴和基础设施在内的刺激政策，以期在2025年之前使该国停止销售燃油车。2016年10月，德国联邦议会投票通过了一项非约束性决议，以期在2030年之前停止销售所有带内燃发动机的燃油车。2017年5月，印度电力部长宣布了一项从2030年开始只能在该国销售电动汽车（"不卖一辆汽油或柴油车"）的计划。英国和法国都表示将在2040年前停止销售燃油车。中国也表示将设定禁售所有燃油汽车的期限，但尚未公布具体时间表。

上述所有假设情形都有可能对电动汽车的普及产生巨大影响，而电动汽车的普及又会对石油消费构成戏剧性影响。即使是按照彭博新能源财经较为保守的估计，到21世纪20年代末，上路行驶的电动汽车数量也足以造成一场石油危机了。在此之后，石油公司的境况将一年不如一年。彭博的研究预计，电动汽车销量将从2015年的46.2万辆增至2040年的4 100万辆。公路上新增的每一辆电动汽车都会对石油公司的利润构成侵蚀。

普华永道2016年一份关于油气行业趋势的报告称："该行业显然正在经历有史以来最重大的变革，这种变革最终将重新定义我们所熟知的能源业务。但即将发生的不仅是油气行业工作岗位的减少、资产的减记和预算的削减，地缘政治结构也将被改写，既波及石油资源丰富的中东和非洲地区，也波及其他区域那些依赖石油进口的国家。国家安全领域的优先事项将会发生变化。"

沙特阿拉伯就在采取应对措施。该国传统上有90%的国家预算依赖石油行业。沙特王储穆罕默德·本·萨勒曼掌控着沙特阿美（沙特的垄断石油公司）、经济政策和国家投资基金。他已宣布计划创建一只2万亿美元的基金来获取投资回报，以减少对石油这一沙特政府头号收入来源的依赖。

既然连全球最大的石油出口国沙特阿拉伯都在关注S曲线，我们也就很好理解科赫兄弟为何要竭力捍卫与石油相关的商业利益，以便使利润渠道尽可能长久地保持畅通了。但这种殊死捍卫之举或许正是让我们相信石油将与盐面临相同命运的另一项理由。

我第一次同里希·西尔斯见面是在斯坦福大学帕洛阿尔托校区特里西德学生自治会所在的大楼里，3英里之外便是特斯拉的总部。这是个晴好而宁静的夏日午后，于是我俩决定坐在外面。我们在庭院的一棵树下找了张钢制圆桌。西尔斯在斯坦福的能源工程系担任客座教授。他是一位地球物理学家，为壳牌工作过30年，官至副总裁，将大量精力投入石油开采工作。他在麻省理工学院做过8年访问学者（在此期间壳牌仍然给他发工资），退休之后，他在调查2010年英国石油公司深海地平线墨西哥湾石油泄漏事件的委员会担任过高级顾问。这起漏油事件是有史以来最严重的海上环境灾难。

西尔斯身形瘦高，有着高挺的鼻子和深邃的眼睛，2010年，西尔斯做了一场关于为石油业的终结做准备的TED演讲，而我最初了解到西尔斯正是源于这场演讲。他在演讲中指出，全球有100万亿加仑的原油尚待开采，原油资源永远不会耗尽。他说："这不是因为我们拥有很多资源，也不是因为我们要建无数个风力发电机，而是因为，喔，好比几千年之前，人们有了新想法（创新、技术），石器时代便终结了。石器时代终结并不是因为我们耗尽了石头。"西尔斯是在复述沙特阿拉伯前石油大臣谢赫·艾哈迈德·扎基·亚马尼2000年陈述的观点。创新将提供一条步出石油时代的道路。

西尔斯因工作关系跑遍了世界各地，现在和妻子一起住在加州丹维尔的山区。西尔斯拥有一辆火红色的1952年产名爵，这辆车非常漂亮，他专门用护墙板为它量身打造了一个车库。车库内的墙上挂着壳牌的纪念品。来斯坦福的那天，西尔斯穿的是轻松随意的"硅谷制服"——马球衫配牛仔裤。他说话语速很慢，而且有点夸张，时不时地蹦出一句"你猜怎么着"和"顺便说一下"，一听就是那种常给一群人讲话的人。

西尔斯重申他在TED演讲中提出的观点，认为促成重大经济变革的力量是科技，对世界能源经济来说也是如此。他对我说："革命不是一个分子，而是整个系统。"

西尔斯让我意识到可以用相同的思路来看待石油和盐这两样东西。他说："眼下，当大家谈到石油的终结时，很多人立马会说，'好吧，可是替代石油的会是什么呢？'然后他们就开始琢磨，'喔，我能制造出什么样的分子来取代汽油，好让你用在内燃发动机上呢？'"但盐并不是这样走下神坛的。他说："盐之所以丧失全球战略性商品的地位,并不是因为有哪个人发现了另一种能从土里挖出来而且比盐更好的分子。"真正的罪魁祸首是横空出世的冷藏技术。西尔斯问道:"谁能想到这个?"他提高声调,做出一副不敢相信的模样。

西尔斯赞同电动汽车可能终结石油业(特别是在优步等汽车共享服务的共同作用下)的说法。采访接近尾声,我们讨论起哪些因素可能助力或阻碍电动汽车的普及。我们谈到了监管问题,他指出,比方说,如果颠覆底特律的汽车行业可能导致好几百万人失业,政界就有可能出手延缓电动汽车的发展进程。

我对西尔斯说,我认为科赫兄弟也会资助那些诋毁电动汽车的行动,而且会干涉监管进程。

多年来,科赫兄弟利用手中的金钱和势力,采取了广泛的行动来影响政治和政府。他们强烈反对政府管制和补贴,特别是与环境政策相关的管制和补贴。他们还有效阻止了应对气候变化的监管政策(哪怕是通过碳税等基于市场的手段)。如果我们看看科氏工业集团的业务和以往与监管部门的冲突,就不难理解科赫兄弟(两人的身家都在500亿美元上下,都在全球富豪榜前10位之列)为何要反对政府对碳排放和其他污染物采取行动了。举例来说,科赫兄弟在加拿大拥有的油砂矿比埃克森美孚、雪佛龙和康菲石油等任何其他非加拿大公司都要多。

科氏工业集团及其附属公司在高分子合成、纤维、林业和畜牧业等一系列领域拥有多元的商业利益,它们还统治着由基础设施、炼油厂、输油管道、储油设施和运输业务构成的化石燃料帝国，并从与化石燃料相关的金融工具（比如它们共同投资的石油衍生品）中获取利润。马萨诸塞大学阿默斯特分校编制的有毒空气污染源 100 指数将科氏工业集团列为美国第八大有毒空气污染物来源，并指出该公司 2014 年向空气中排放了 2 940 吨有毒化学物质。科氏工业集团回应指出，阿默斯特指数中包括"当今美国几乎每一家制造企业"，而该指数的创建者之一迈克尔·阿什是"激进政治经济学联盟"（一家由学者和活动人士组成的批评资本主义的机构）的成员。科氏工业集团 2014 年的污染物排放量比瓦莱罗、雪佛龙和壳牌都要多。2000 年，科氏工业集团支付了创纪录的 3 000 万美元和解费，与美国环保局就一系列与环境犯罪相关的诉讼（包括在 6 个州发生的 300 多起漏油事件）达成和解。同年，附属公司科氏石油同意投资 8 000 万美元来减少炼油厂排放并向美国环保局缴纳了 450 万美元罚金。

2009 年，科氏旗下另一家附属公司 Invista 缴纳了 170 万美元罚金，并承诺投入 5 亿美元来纠正公司设施中 680 项违反国家环境保护标准的问题。科氏表示它与美国环保局建立了积极的关系，2009 年以来获得数百项环境、健康和安全奖项。该公司还表示正在继续努力改善环境表现。关于科氏工业集团财务状况的公开资料很少，我们只知道 2014 年有测算显示该公司年收入达 1 150 亿美元。

戴维·科赫和查尔斯·科赫都是慷慨的慈善捐赠者，尤其是对癌症研究和艺术领域，但他们为增强政治影响力而投入的巨资也创下了历史纪录。戴维·科赫曾作为美国自由党的副总统提名人选与罗纳德·里根同台角逐 1980 年的总统大选，但未能成功。不过,科赫兄弟之后远离了政治前台,专注于资助主张他们所信奉的经济自由观点的研究、总统候选人和机构。

在40年的时间里,他们花费了好几百万美元来资助智库、学术机构、慈善组织、公关活动和支持他们事业的政客。到2015年,科赫兄弟已经建立了一个由数百名富有捐助者(其中许多人是煤炭、石油和天然气行业大亨)组成的政治网络,聘有1 200名雇员,在全国各地设立了107家办事处。政治新闻媒体Politico的分析显示,科赫兄弟麾下的机构规模相当于共和党全国委员会的3.5倍,该媒体称之为"史无前例的私人政治机器"。科赫兄弟的网络曾承诺为2016年美国大选出资8.89亿美元,比民主、共和两党任何一家的投入都要多。不过,由于共和党提名的候选人唐纳德·特朗普的民粹主义经济观点与他们的观点发生了冲突,科赫兄弟把支出规模削减到7.5亿美元。《纽约客》杂志的简·迈耶把这些努力称为"查尔斯·科赫和戴维·科赫斥巨资赞助,以试图改变美国人思维方式的40年期项目"。记者、气候活动家比尔·麦克基本曾说,科赫兄弟"或许是美国历史上最重要的未当选政治人物"。

回到斯坦福的校园。谈到监管政策如何影响向电动汽车的过渡进程时,西尔斯提出了一个疑问,他质疑把焦点对准科赫兄弟是否是明智之举。他认为气候科学家群体可以更好地开展传播工作并建立一个同盟去改变人们对气候变化行动的认识,而不是"叽叽歪歪地抱怨科赫兄弟"。他觉得科赫兄弟只是"雷达上一个小小的光点"。

西尔斯靠在了椅子上。快到下午5点了,我们已经聊了两个多小时。他带过来一瓶健怡可乐。这会儿可乐瓶横放在我俩前面的桌子上,已经空了。参加夏季课程的学生带来一杯杯啤酒,放在我们周围的桌上。

西尔斯认为,在气候变化这一论题上,无论哪一方都脱不开扭曲科学的罪责。西尔斯说:"假如我是一个学者,想做气候研究,能否让我的学术研究取得支持关乎我的生计和前途,而这儿有大笔资金用于支持某种特定的观点,那我很可能会动心。"

我表示同意,然后他接着说:"我是不是有点愤世嫉俗?科赫兄弟在试图保护他们的世界,但我认为这是一场公平竞争。也有很多人在试图保护他们的世界。"

我回答说,各方获得的经济激励是不相称的。我说:"一些科学家可能会为确保事业安稳而让自己的研究完全符合公认的观点,但我认为,这与石油业被迫遵守这些监管规定后可能损失的好几万万亿美元相比是微不足道的。"

2016年5月,一个名为WhoIsElonMusk.com的网站横空出世。网站上最引人注目的是主页中一段自动播放的视频,配乐给人以不祥预感,旁白阴沉而嘶哑,活像电视上的犯罪纪实节目。视频用两分钟时间放了些从有关马斯克的纪录片中剪切的辅助画面和镜头,随后打出了片名:《美国骗子:埃隆·马斯克的故事》,并给出一段让人毛骨悚然的警告:

> 在国外出生的亿万富豪埃隆·马斯克麾下的公司是科技和财富的同义词,他奢侈的生活方式让世界眼热。但马斯克

的公司究竟有什么来头？埃隆·马斯克一路走来都利用了哪些人？他真正改变的是谁的世界？真相或许会让你大跌眼镜。

接下来，这段视频指出马斯克运用他"与权贵无与伦比的亲密关系"来贿赂政客，以便为他麾下的特斯拉、SpaceX和太阳城等几家公司捞取数十亿美元补贴——而这一切都是由丝毫未起疑心的美国纳税人来买单。该网站在视频下方提供了链接，指向一些针对马斯克及其"裙带资本主义"的批评文章，其中包括维罗妮卡·德鲁吉和布鲁斯·费恩等人撰写的评论文章。德鲁吉是乔治梅森大学莫卡特斯中心的研究员，该中心由科赫兄弟出资赞助；而费恩曾任美国企业研究所客座研究员，这家机构由与科赫兄弟有关联的非营利组织"捐赠者信托"出资赞助。费恩的文章甚至提出，科赫兄弟可以设立一个"埃隆·马斯克敲诈政府年度奖，以便为靠绑架政府攫取的零风险财富打上耻辱的烙印"。

当"NASA观察"的博主基思·考因发现WhoIsElonMusk.com时，他觉得这个网站很可疑，想看看域名的所有者是谁。通过考察源代码，他发现了一个不同的URL地址，该地址登记在布莱德·萨梅名下，而萨梅是总部位于华盛顿特区市郊的政治广告公司Orange Hat的首席技术官。根据OpenSecrets.org的信息，明尼苏达州共和党参议员约翰·克兰和埃里克·鲍尔森的支持者团体曾向Orange Hat支付过22万美元，而这两位议员多次收取过科氏工业集团及其关联政治活动团体的捐款。在第114届国会（2015—2016年）期间，科赫兄弟的政治游说组织"争取繁荣的美国人"

对克兰和鲍尔森的评分分别为87%和91%。该评分被用来衡量两位参议员的国会投票与该组织主张的经济自由观点的契合程度。

正式宣称对WhoIsElonMusk.com负责的组织叫"尽责商业与政府中心",但在官方记录中并不存在这样一个组织。[①]该组织自称是"一家致力于强调裙带关系及其对美国纳税人和政策所产生影响的非党派机构"。我们无法证明这家中心与科赫兄弟存在关联,但花钱让政治组织为自己效力是科赫兄弟经常玩弄的花招,这些组织会冠以中性甚至冠冕堂皇的名称,比如"公民追求健全经济""公民追求环保""个人权利中心"。有时候,这类组织的全部家当就是一本支票簿、一些外包人员和一个保险柜。

《美国骗子》这段视频的字幕提到,据《洛杉矶时报》报道,马斯克麾下各家公司总共获得49亿美元补贴。《洛杉矶时报》于2015年5月确实刊登了一篇由杰里·赫希撰写的文章,文章根据该报统计的数据算出马斯克麾下的公司总共享受了49亿美元政府补贴。文章在计算时考虑了特斯拉享受的零排放积分交易方案以及特斯拉、SpaceX和太阳城从内华达州、得克萨斯州和纽约州获得的建筑相关补贴,比如特斯拉兴建Gigafactory时拿到的10亿美元补贴方案。这篇文章还援引了做空特斯拉股票的对冲基金经理马克·施皮格尔的话。施皮格尔称,如果没有政府支持,马斯克的公司是撑不下去的。

[①] 谷歌搜索结果中确有一家名叫"尽责商业与政府中心"的机构,这家机构的电子邮件地址与网站域名注册信息中的地址一致。另外还有一家在特拉华州注册的同名有限责任公司。除此之外就没有其他搜索结果了。

三天之后,《洛杉矶时报》刊登了马斯克的回应。他表示,这些补贴与政府对化石能源公司的资助相比"微不足道"。国际能源署估计,全球化石燃料行业每年获得的政府补贴为5 500亿美元左右,而规模小得多的可再生能源行业所获补贴为1 200亿美元左右。《琼斯妈妈》(*Mother Jones*)杂志编制的数据显示,在过去一个世纪里(追溯至1916年),美国给予石油公司价值超过4 700亿美元的税收优惠。与此同时,可再生能源的支持者们认为,任何抗击气候变化的行业都理应获得补贴。马斯克对《洛杉矶时报》表示:"要是我看重补贴的话,早就进入油气行业了。"

化石燃料公司的产品排放物对大气造成了危害,却无须支付任何费用,所以如果要对这些公司所获的补贴展开基于市场的理性分析,就应该把它们因此获得的实际好处也考虑进去。举例来说,那种夫妻经营的小商店是不可以把垃圾乱扔在人行道上的,店主必须把垃圾装好并支付垃圾回收费用,这些费用要么直接缴纳,要么通过纳税来缴纳。但化石燃料公司从不需要支付垃圾回收费。100多年来,它们一直在向大气中免费"倾倒"碳排放物(当然了,一开始没人知道这些垃圾的害处)。在《洛杉矶时报》有关马斯克所获补贴的文章见报两周前,国际货币基金组织发布报告指出,仅2015年一年,化石燃料行业的垃圾账单就高达5.3万亿美元——该数据考虑了污染和气候变化因素。

2016年5月,马斯克在特斯拉弗里蒙特工厂举办的世界能源创新论坛上表示,国际货币基金组织报告发布后,石油行业的代理人在向记者们"到处兜售"《洛杉矶时报》上那种故事。不过他没有拿出证据，也没有指名道姓。他说："他们让《洛杉矶时报》听信了这个完全胡说八道的狗屁故事。"马斯克说，特斯拉Gigafactory的补贴是在20年里陆续领取的，而化石燃料行业一年就能获得比这多1 000倍的补贴，将两者进行比较毫无意义。

2016年11月，另一个反马斯克的网站出现了，该网站也对特斯拉所获补贴提出了质疑。这个名为StopElonFromFailingAgain.com的网站背靠政治活动组织"公民支持共和党"，而该组织主席劳拉·英格拉哈姆是一位持保守观点的电台主持人，曾在唐纳德·特朗普竞选总统时摇旗呐喊。英格拉哈姆谴责过民主党参议员哈里·里德，说他对科赫兄弟的批评是"恶心的"妖魔化。"公民支持共和党"的理事会中还有一位名叫克雷格·雪利的成员，而雪利曾为一家名叫"公民支持国家电力"的机构开展过游说活动。"公民支持国家电力"曾呼吁对公用事业行业加强管制，后来媒体披露有公用事业公司暗地里出资支持该机构。

科氏工业集团开展了一项宣传活动，宣称该集团并不是要反对电动汽车，而只是想让政府停止补贴电动汽车行业，因为补贴政策厚此薄彼，未能公平对待各种形式的能源。查利·德雷弗纳2016年8月宣布，他与詹姆斯·马奥尼共同创立的游说组织"燃料助力美国向前"其实无意抨击电动汽车，而只是致力于宣传化石燃料的积极意义。2016年4月，科氏工业集团在美国政论报纸《国会山报》（*The Hill*）的特刊上刊登了一则社论式广告，其中写道，化石燃料和电动汽车能够也应该"在公平的竞争环境中"共存。这则社论式广告的文风与詹姆斯·马奥尼在《财富》网站上发表的文章如出一辙。两篇文章都提到了美国能源部的贷款方案，这项方案惠及特斯拉和太阳能电池板生产商Solyndra，而后者于2011年破产，并成为反对者最爱拿来说事的政治攻击目标。

2016年，尼古拉斯·洛里斯在向众议院能源委员会发表的证词中谴责称，政府参与能源部贷款这类交易是"扭曲"市场的行为。洛里斯在传统基金会工作，该机构从查尔斯·G.科赫慈善基金会获取资助，而且洛里斯曾为查尔斯·G.科赫慈善基金会合伙人。2014年11月，能源部宣布其可再生能源项目实现了盈利，之后又公布，一旦贷款全部偿还将产生60亿美元净利润。对Solyndra的贷款所发生的损失（达5.28亿美元）在可再生能源项目投资组合损失中占了大半。

事实证明，从科赫兄弟那儿获得竞选捐款的国会议员们也爱把特斯拉专门拎出来施压。南达科他州共和党议员、2016年曾在参议院下设的商务、科学与交通小组委员会担任主席的约翰·图恩敦促特斯拉向该委员会解释其在Autopilot导致的死亡事故发生后采取了哪些应对措施。在图恩的信函送抵特斯拉之前，路透社先看到了这封信。图恩称："制造商既要告知消费者产品的益处，也要告知产品的局限。"而据OpenSecrets.org披露，图恩在政治生涯中从科氏工业集团那儿接受了逾50 000美元的竞选捐款。图恩拷问特斯拉时正忙于竞选连任。

科赫兄弟钟爱的政客与美国证券交易委员会对特斯拉展开的一项调查也存在关联。2016年，同样忙于竞选连任的爱达荷州共和党参议员迈克·克拉波在一个对证券交易委员会进行监督的小组委员会担任主席。"争取繁荣的美国人"评分显示，克拉波整个政治生涯的投票契合度为93%。2011—2016年，他接受了来自科氏工业集团的40 000美元竞选捐款（美国汽车经销商协会是他的另一大金主）。2016年7月11日，一位接近证券交易委员会的消息人士向《华尔街日报》透露，该委员会正在调查特斯拉未在发售股票之前披露Autopilot致死事故是否违反了证券法（一周之前，卡罗尔·卢米斯首次在《财富》杂志上提出这个问题）。这兴许是巧合，但确实没有证据表明存在其他可能。这一次又是媒体在特斯拉之前获知了政府的行动。证券交易委员会针对特斯拉的行动十分迅速，但该机构却迟迟不愿调查因未向股东披露气候变化所致重大风险而受到指控的埃克森美孚。2015年10月，四名支持在气候变化方面采取行动的国会议员致信证券交易委员会，呼吁对埃克森美孚展开调查，但该机构对此置之不理。当时纽约州总检察长正在搜集埃克森美孚涉嫌欺诈的证据（因为该州公共退休基金是埃克森美孚的股东），但证券交易委员会选择不采取任何行动。

回到斯坦福大学。里希·西尔斯认为，人们其实并不太情愿为放弃化石燃料而牺牲自己的生活质量（"我们都会在黑暗中寸步难行"），因此，环保活动家应当停止妖魔化石油公司和科赫兄弟。他说："你仍然需要他们。"

这话没错。我们生活的方方面面都受惠于石油。我们吃的很多食物靠燃油车来运输。我们乘坐的几乎每一辆汽车都是靠汽油和空气的燃烧来把我们带到四面八方。我们能够从一个国家飞往另一个国家要归功于石油。我们所需要的生活方式是石油公司利润如此之高的最主要原因。石油公司卖给我们的是我们几乎每天都需要的东西，为此谴责它们是不公平的。

西尔斯继续说："现在，如果你想改变这种状况，并且意识到其中一个问题在于没有人真正为碳掏钱，那好，那就给碳定个价。石油公司都说了，给碳定个价吧，而且它们都是认真的，不只是说说而已。这样做就好了。"

我问："那为什么碳排放税没能通过呢？"

西尔斯回答说："我认为这在于其中的政治，在于处理问题的方式。环保群体想要跟否认气候变化的人理论，想要叽叽歪歪地抱怨科赫兄弟，起诉埃克森美孚，这种做法其实对他们自己非常不利。你怎么能以压制气候科学为由状告埃克森美孚呢？你会说，'埃克森美孚自己在实验室里发现气候变化确实是个问题'。那好，你是怎么知道的？埃克森美孚发表的那些论文全都摆在大家面前。他们并没有压制任何东西。"

西尔斯说得没错，大型石油公司确实同意为碳定价。埃克森美孚、英国石油和壳牌都表示赞同碳排放税。埃克森美孚一位发言人表示，征收碳排放税可确保"统一并且可预测的碳成本"，"让市场力量来促成解决方案"。在这方面，它们与环保组织是有共识的。但在2016年6月，共和党控制的众议院通过了一项谴责这类税收的决议。对此，彭博社是这样解释的：

> 众议院打算用这种象征性措施来确保国会投票否决对导致气候变化的二氧化碳排放征税。这项战略是由众议院多数

党领袖、路易斯安那州共和党议员史蒂夫·斯卡利塞推动并得到了科氏工业集团的支持。为共和党制定战略的迈克·麦克纳说，该策略是为了削弱总统和国会今后通过征收（碳排放税）来为大举改革美国税法买单的能力。

埃克森美孚确实公布了自己的气候变化研究，这一点西尔斯说得没错。该公司的科学家发表了经同行评审的论文，并在会议报告中阐述了气候变暖对产业和人类的影响。不过，人们之所以批评埃克森美孚，并不是因为该公司遮遮掩掩，而是因为它通过公关活动和其他公开声明煽动对气候科学的怀疑。

西尔斯接着指出，环保主义者把全球变暖变成了一种信仰体系。给人贴上"气候变化否认者"的标签无助于让任何人改变观点，也无助于把持有不同观点的人团结在一起。但他也不主张无所作为，而是相信，不论气候变化是否由人为因素所致，甚至不论气候变化是好是坏，我们都应该摆脱对石油的依赖。

"总体而言，我们燃烧这些化石燃料，把它们从地下大量挖出来，并以二氧化碳的形式倾倒在大气中，这从本质上说是个馊主意。"

西尔斯与环保主义者抱有共同的核心信念，即：世界各国必须停止增加大气的二氧化碳浓度——而且要迅速行动起来。但他反对搞过于简单的政治辩论，他指出："这些都是复杂的系统。"

他说："那些喋喋不休的人不想承认这种复杂性。他们想要一个能完美浓缩成原声摘要或者大标题的简单故事，并据此大做文章。于是到头来就成了科赫兄弟不好、气候变化不好、埃克森美孚不好——其实我认为人们应该去追求，而不是一味去反对。我认为，如果去支持一些东西，而不是去反对科赫兄弟，我们的效率会大大提高。"

随后，西尔斯的语调变得轻快起来。他说："埃隆·马斯克（不管你对特斯拉怎么看）可不是靠叽叽歪歪地抱怨内燃发动机把特斯拉做起来的。"

"对。"我表示同意。

"他本来也可以叽叽歪歪的！"

我说："可是他现在正叽歪科赫兄弟。"然后我补充了一句："'叽歪'要加引号。"

西尔斯叹了口气说："好吧。他是在浪费时间，他应该关注更积极的东西。可是说真的，他所做的事情，他所建立的事业，并不是靠叽歪建立起来的。"

我说："在他的启发下，我们看到了充满希望的愿景。"

"对。是这样。这也许会成为能源交通革命的组成部分。叽叽歪歪地抱怨什么也改变不了，也不可能赶走科赫兄弟。他们终有一天会死，政府会把他们的大部分钱拿走，就是这样。"

是的，科赫兄弟终将离开人世——查尔斯 80 多岁了，戴维也年近 80。但他们留下的遗产可能不仅限于为政府金库贡献的那些钱，让环保主义者和石油公司一致反对征收碳排放税便是其中一项遗产，让争议笼罩清洁能源补贴政策并延缓向电动交通的过渡进程可能是另一项遗产。

第十二章　天堂还是地狱

特斯拉要想取得长远成功，还必须克服许多挑战，面向大众市场生产仅仅是诸多挑战之一。

2016年7月，我在圣何塞步行购物街桑塔纳旁边一家酒店洒满阳光的露台上见到了毕福康。我俩坐在半圆遮阳伞下，周围有很多喷泉，身穿背心、戴着太阳镜的住店客人边吃早餐边开心地聊天。毕福康穿着马球衫和牛仔裤，剃着板寸，毛刷一样的棕发驯服地贴在脑袋两侧。这是一个周六的早晨，他似乎挺放松，但这是他六周以来的第一个休息日。他现在生活在香港，来硅谷是要走访一些科技公司，想为他的汽车公司 Future Mobility（后来更名为拜腾）寻找合作伙伴。他主要关注人工智能，在硅谷的考察让他感到振奋。他靠在椅背上，把右脚跷到左腿的膝盖上，开口说道："基本要素一应俱全。"

毕福康担任拜腾CEO之前曾在宝马工作过20年，他抱有一种颇为离经叛道的观点，认为特斯拉已经落伍了。他剔着手指甲，告诉我说："从某种程度上说，特斯拉已经成了一家传统汽车公司。"他言语间透着咖啡因带来的亢奋，多年的国际旅行冲淡了他的德国口音。就连Model 3都没能让他心动。他说："我确实认为这是一款好车，但仍然是非常普通的车。"

毕福康言之凿凿地说，拜腾（投资方包括中国和谐新能源汽车控股有限公司、腾讯、富士康和苏宁等）将制造出比任何一款特斯拉汽车都要先进得多的产品。他说，特斯拉走的只是第一步。第二步是要把汽车变成智能物体。拜腾的汽车将为每一位乘客提供数字体验，并与其他互联网服务连接，打造个性化的移动体验。你的车应该知道你下一次会议的时间，能够自行做好准备，把你送往会场。它还应该像冰雪聪明的陪护一样，对你个人层面的种种细节了如指掌。实现这些功能的关键是什么？是收集数据，数据收集规模要堪比谷歌或苹果。毕福康说："有人跟我说，如果你不信上帝，也许这些家伙是世界上最了解你的人。""这些家伙"指的便是上述科技巨头。

毕福康1996年从汉诺威大学取得机械工程学博士学位后加入了宝马。他在底盘、制动、牵引力控制、变速、传动等许多部门工作过，并一路晋升到高管级别，执掌过企业战略、动力总成和合作部门，他的顶头上司是当时的CEO诺伯特·雷瑟夫。在毕福康担任宝马高管期间，该公司制定了一项通过推出混动汽车来减少碳排放的战略。宝马打算研发一款搭载小型三缸内燃机和强大电机、品质与保时捷911媲美的运动型车。

随后，一个名为"Project i"的项目应运而生。宝马在该项目下推出了i8，这是一款豪华的运动型插电式混动车，可在4.2秒之内从零加速到每小时60英里。宝马还在该项目下生产了全电动紧凑型车i3，每充一次电可续航114英里。毕福康被任命为该项目主管，CEO给他下了两道命令：一是i8必须在三年之内完成；二是必须具有出色的品质。

毕福康得设法克服公司标准运作流程的掣肘并建立一个高效的团队。他们在一处独立于宝马总部的场所工作。随着项目的推进，一种创业精神注入团队当中。毕福康说："他们让我们放手去干，可以绕过所有程序，这就带来了许多动能和活力。"但公司里其他一些人抱有怀疑态度。毕福康的同事们说他疯了。他们以为他犯了什么错误，受到了惩罚，便跑来问他："你干了什么？"还有人肯定地说："这是绝对干不成的。"

一年之后，毕福康的团队造出了i8的原型车。这辆车不好看，但开起来没问题，汽车前轴的电机功率为100千瓦，后轴的内燃发动机功率为170千瓦。毕福康回忆说："这辆原型车虽然是在很短的时间里造出来的，而且一点也不精致，但它让人感觉，哇，这玩意儿以后能成为一辆非常棒的车。"公司里其他人也产生了兴趣。

到2014年，毕福康已在最后期限前达成了目标，宝马在圣莫尼卡举办的为期一周的国际媒体活动上发布了i8。这款车的车门能像蝴蝶翅膀一样几乎垂直地开启，一亮相就引起了人们的兴趣。早期的测评者形容这款车是"集性感和效率于一身"的"梦想之车"。此后，i8和i3都赢得了赞誉，当然了，这两款汽车售价较高（前者价格约为14万美元，后者为43 000美元），而且以宝马的标准来看销量较低。如今，几乎每一个宝马员工都会声称自己与"Project i"有这样那样的联系。毕福康开玩笑说："这意味着成功！"

不过，在宝马内部，i3和i8被视为小众产品，地位次于构成公司主心骨的3系、5系和7系。毕福康说，这是一种在业内很普遍的思维方式。"它们现在有太多的汽车是用老技术生产的，靠这个赚了很多钱，利润非常高。颠覆现有的汽车产品组合意味着消费者会从传统产品转向新产品。"然而，新产品的生产成本较高，利润也非常微薄。"它们在这场变革中走得非常艰难。"

毕福康说，短视思维加剧了技术变革带来的挑战。汽车公司董事会成员的合同期往往是3~5年，而且这些人通常接近退休年龄。他们想的是3年内，而不是15年内的事情。"他们主要关注今天的生意，而不是明天的生意。"

毕福康通过i8嗅到一丝未来的气息，他还想要更多。他想象着，如果一家公司能把优步的共享出行模式与电推进系统和自动驾驶结合起来会是什么光景。他露出了微笑，说道："这样的公司将成为印钞机器。"这一愿景在宝马是无法实现的，于是他开始考虑其他选项。

包括特斯拉在内的一些硅谷科技公司找到了他。特斯拉的邀约很诱人，但他觉得特斯拉缺少至关重要的制造专长。他说："你需要一些搞传统机车的人，他们知道该如何运作生产流程。"

最终促使毕福康加入拜腾的是他2015年底在意大利加尔达湖度假时与和谐汽车董事长冯长革的一次会面。冯长革之前同毕福康联系过，问他是否有兴趣创办一家汽车公司。毕福康不想放弃度假去中国，但他对冯长革说，要是他愿意到加尔达湖来见面，可以给他 90 分钟时间边吃午饭边谈。几天后，冯长革和三名副手来到了毕福康游艇停靠的船坞。几位投资人备好了文件，之前已对毕福康做了仔细研究，投资人授权冯长革当场给他下聘书，他只需要在虚线上方签个名就行。

毕福康不想这么快就定下来。对方兜售的初始方案未能完全说服他，而且他也不太愿意搬去中国。毕福康说，故事的基本架构很吸引人，但存在一些缺陷。冯长革似乎很着急。冯长革对毕福康说："你今天就可以开始，我们争取在明年年底上市。"毕福康回答说，这个时间表太紧了。不过他同意到中国过一个长周末，进行更深入的讨论。

毕福康和妻子当时住在慕尼黑，一座美丽、宜居的城市。当毕福康告诉妻子要去中国与人会面时，妻子表示赞成，但明确告诉他："我们不要搬去中国生活。"不过，当她亲眼看到香港（一座比慕尼黑更有吸引力的大都市）时却改变了主意。

在中国展开的讨论触及了更多实质内容。毕福康告诉投资者，汽车项目需要耐心和大笔投资。在花费 10 亿美元之前，不要指望能有哪怕一美元的回报。此外，投资者还必须把产品发布计划往后推。投资者说："这是互联网汽车，所以我们动作要快。"

毕福康的回答是："没错，但这毕竟是汽车。"要经过模具制造、测试、认证。这些环节都要花时间。

最终，让毕福康下定决心的是中国这个国家本身。他发现中国的创业文化正在兴起。许多充满乐观精神、洋溢创业激情的二十八九岁年轻人纷纷创业。但更重要的是政治框架非常对路。毕福康不动声色地说："可以说是世界上最棒的。"市场很大，中产阶层正在崛起，政府也致力于支持新能源汽车。拜腾可以向政府宣传自动驾驶技术为社会创造价值的理念：自动驾驶技术能够减少事故和相关伤亡，为老年人提供私人出行选项；此外，还有其他一些好处。公司将搭建一个可以合法展示自动驾驶汽车技术性能的测试环境。拜腾计划在2018年之前完成第一款汽车（一款高端SUV，方向盘中将内置与iPad相似的触摸屏）的可驾驶原型车，并在2019年让这款汽车的量产版在中国上路。到2022年，拜腾将有三款汽车上路行驶，包括一款轿车和一款七座多用途车。拜腾的目标不是要与同为电动汽车公司的特斯拉争夺客户，而是要同宝马、奥迪和梅赛德斯-奔驰等德国高端汽车品牌竞争。拜腾已经宣布将斥资17亿美元在中国南京市兴建一家工厂，并在这家工厂制造汽车。

我问毕福康，有没有人跟他一样虽然还在传统汽车公司，却想要尝试新东西。他指出，他已经聘来了宝马i8项目的核心团队，其中包括负责电动总成研发的德克·阿本德罗斯、主管设计的叶禀焕和负责产品管理的文德斯。拜腾还聘请了来自梅赛德斯-奔驰的卢卡·德尔格罗西担任自动驾驶部门主管，并聘请曾在丰田和特斯拉任职的马督胜来主管生产。毕福康说："到头来，关键要看公司的理念和它们真正想做什么。"他抓了抓头，在椅子上挪动了一下身体。"这个行业正在向全新的时代过渡，优秀的人才想要参与其中。"

拜腾囊括了现代跨国初创车企的主要特征。它在中国和硅谷设有办事处，由中国投资者出资支持。它拥有德国的工程领导力和美国的设计专长。它的愿景是制造互联的自动驾驶汽车，这些汽车将不只是一辆辆拿来卖，而是拥有更广泛的商业用途。在拜腾看来，特斯拉是开路先锋，但特斯拉的汽车终将成为明日黄花。和蔚来汽车、法拉第未来以及路西德汽车一样，拜腾也抱有青春的豪情和初生牛犊的乐观。然而，这些公司有一些共同的弱点。

扩张速度过快为贾跃亭的LeEco带来巨大的问题，让这个脆弱的帝国摇摇欲坠。2016年年底，贾跃亭给员工写了封信，承认LeEco资金告急，当时情况显然已是非常糟糕了。几个月之前，LeEco刚刚签订了一项以20亿美元收购美国电视品牌Vizio的协议（这项交易最终失败了，Vizio称原因在于"监管阻力"），而这只是LeEco一年半以来进行的一系列昂贵交易中的一项。LeEco还收购了共享出行公司易到用车70%的股份（耗资7亿美元）、智能手机生产商酷派29%的股份（耗资4.5亿美元），并购买了中超联赛的新媒体转播权（耗资近4亿美元）。贾跃亭个人为法拉第未来投资了3亿美元，并将他所持的50亿美元LeEco股票作为抵押物换取内华达州工厂的税收减免。

贾跃亭发出这封信一周后法拉第未来便停止了工厂施工，并最终在2017年7月完全放弃了这家工厂。路西德汽车的财务前景也蒙上了阴影，因为该公司至少有45%的资金直接或间接来自贾跃亭及其关联公司（2017年，该公司想方设法寻找其他资金来源）。贾跃亭在信中还专门提到LeEco的汽车部门LeSee开销太大。

LeEco中止了与阿斯顿马丁的合作。而阿斯顿马丁削减了RapidE项目的规模，将这款汽车的发布时间推迟到2019年，并宣布计划以Lagonda车型为基础打造一个电动车系列。

贾跃亭在这封信中写道："没有哪家公司有这样的经历，一次次在冰与火中淬炼。但我们蒙眼狂奔，烧钱追求规模扩张。"贾跃亭承诺，该公司将"在煎熬中颠簸前行"。一周后，LeEco宣布获得6亿美元投资，2017年1月又确认获得来自融创中国（贾跃亭老家山西省的一家房地产开发巨头）的21.8亿美元救命钱。LeEco在中国浙江省的一家汽车装配厂也破土动工了。该公司称，到2018年，这家工厂将具备年产40万辆汽车的产能。

不过，尽管LeEco获得了注资，但法拉第未来却没能从中直接获益。该公司在为第一款汽车的投产做准备，却陷入了窘境。据一系列新闻报道披露，法拉第未来欠债权人好几亿美元，因拖欠钱款而卷入了多起诉讼。2016年7月，外部会计告诉法拉第未来的高管，该公司低估了自己的负债规模。法拉第未来以为资产负债表上有1亿美元净资产，但其实是净负债2亿美元（其中存在3亿美元的差距）。座椅供应商Futuris起诉法拉第未来拖欠了总计1 000万美元的款项，但诉讼在初期阶段因未披露的原因撤销了。法拉第未来所租用仓库的业主Beim Maple Properties起诉该公司拖欠了逾10万美元租金。BuzzFeed还披露了建筑公司AECOM 10月10日写给法拉第未来的一封信，信中警告称，法拉第未来的工厂拖欠了2 100万美元款项，10月和11月的施工项目还将产生3 700万美元的欠款。

公司高管纷纷出走。2016年下半年，6名高级别管理人员在短短几个月内先后离开了法拉第未来。这其中包括之前曾在特斯拉任职的总法律顾问詹姆斯·陈、财务总监戴维·威斯尼斯基、运营总监赛义德·拉赫曼和产品战略主管罗伯特·菲利波维奇。2016年12月又有两位高管离开公司，一位是曾任法拉利北美区和法拉利亚太区总裁兼CEO的首席品牌和商务官马龙，另一位是曾在大众、戴姆勒、欧宝和雷诺担任高管的产品营销与增长副总裁约尔格·萨默。之后又有更多人离职，包括身为创始高管的人力资源副总裁艾伦·谢里、曾在宝马和德意志银行任职的首席财务官斯特凡·克劳斯、曾在宝马任职的首席技术官乌尔里希·克兰兹以及曾领导福特Fusion研发项目的生产主管比尔·斯特里克兰。最后三位高管之后创办了自己的电动汽车公司Evelozcity，法拉第未来前设计主管理查德·金也加入了这家公司。

兴许是想平息媒体的负面声音，贾跃亭在2017年1月4日举办的消费电子展上隆重介绍并发布了法拉第未来打算量产的第一款汽车FF 91。可惜这辆汽车没能如愿开到舞台中央并自动泊车，这成了发布会上最引人注目的内容。这辆车在场外的驾驶示范中倒是一切正常，但当众出丑让这家因信用问题而面临巨大压力的公司雪上加霜。

法拉第未来遭遇了种种挫折，但该公司并不愿服输。2017年消费电子展之后，法拉第未来称FF 91的订单量已经超过64 000辆——不过该公司后来承认，只有"优先订单"才需要支付订金。任何人都可以用任何名字下达"标准"订单，而无须支付订金。在自动泊车失败事件发生两周后，贾跃亭在推特上发了一张他登台介绍时的照片，配文写道："我们相信通往伟大的道路绝无坦途。逆境铸就品格。"他还为这句话加了#Allin（全力以赴）和#DreamOn（继续追梦）两个标签。不过，法拉第未来下调了目标，将规划产品线由7款减至2款，并将汽车初始年产量目标由15万辆下调到1万辆。法拉第未来放弃在内华达州建厂的计划之后，选择在加州汉福德租了一家现成的工厂。

与此同时，贾跃亭本人的处境也是每况愈下。2017年7月，因LeEco的一家附属公司拖欠贷款，上海一家法院冻结了贾跃亭的资产。当年12月，因贾跃亭未能按照北京一家法院的要求向平安证券支付约7 200万美元款项，中国将他列入了失信被执行人名单。

看到这一幕幕风波，拜腾或许要庆幸自己拥有多元化的资金来源。总体说来，拜腾在尽量避免大肆炒作。搭台造势、吹嘘一辆尚未制造出来的空想之车似乎是毕福康最不愿做的事情。然而，这并不能让拜腾或其兄弟公司与中美混血初创企业面临的其他重大挑战绝缘。

对任何公司来说，企业文化都是成功的关键。稳定的管理层、清晰的愿景和生产力与员工幸福感的精准平衡对公司至关重要。战略咨询公司Booz & Company 2013年对逾2 200名高管展开的一项调查发现，60%的人认为对公司而言文化比战略或运营模式更重要。在这些高管中，86%的人表示，他们所在组织的文化对商业成功至关重要，但96%的人称其所在组织内部的文化需要做出某些形式的改变。调查结果显示，文化问题对任何公司都构成挑战——而两个国家截然不同的文化的相互交织更是放大了这一问题。对拜腾、蔚来、法拉第未来和路西德来说，将中国人做生意的方式与西方的行商方式相互融合肯定是非常困难的。

在中国，大部分公司都等级森严，多数权力掌控在老板手中。公司期望员工遵守严格的时间表，工作与个人生活之间几乎没有界限。而在美国，特别是在科技行业，上下级之间则没有那么多条条框框，各个级别的员工都有权做决定并迅速执行。公司往往更重视创造力而不是遵守纪律，并通过试错来推进工作。中国的教育制度比较突出死记硬背，学生要通过高难度的考试，而这些考试最重视考察知识的深度。美国的教育制度则较为自由，注重培养学生的应变能力、批判性思维和动手解决问题的能力。这些规律在职场上也有所体现。

中国市场研究集团董事、总经理雷小山说，中国的CEO习惯于对一切进行微观管理，但这种方式通常不适合美国大多数组织的员工。他说："如果是一家新公司，一个人拿出几十亿美元投进去，刚开始在公司挂名，那他很快就会对公司进行微观控制。"与之相关的另一个问题是中国缺少中层管理者。中国经济近几十年来由低起点迅速发展壮大，因此公司创始人往往很年轻（中国亿万富豪的平均年龄为53岁），30岁左右就能当上高管。雷小山说："中国缺失了整整一代较年长的商业政治家。"当中国公司进行海外收购时，它们不仅购买品牌，而且购买管理经验。惯用微观管理的CEO与手下管理人员之间的分歧可能会造成一些问题。

从我向法拉第未来和路西德许多前雇员了解的情况来看，这两家公司的确存在文化冲突，特别是在事关谁说了算和谁来制定战略时。不妨回想一下：路西德创始CEO谢家鹏在大股东北汽集团试图迫使路西德采取中国优先战略后离开了这家公司，而特斯拉前CEO马丁·艾伯哈德仅在路西德干了6周就离职了，因为这家公司的经营方式就跟"老派香港公司"一样。不妨再回想一下：有媒体报道说，法拉第未来洛杉矶总部的美国高管感觉所有决策都是在中国做的。

即使是那些能够克服国际文化差异或无须应对这些差异的初创汽车公司也面临着风险。将科技行业思维与汽车行业传统思维相互结合仍然是一件难事，对宝马、通用和福特等老公司来说如此，对车和家、奇点汽车和蔚来等新公司来说也是如此。科技行业的人喜欢快节奏，大胆自信；汽车行业的人则喜欢按照稳妥的方案审慎行事。目前只有特斯拉成功证明了自己有能力将硅谷的行事方式引入汽车制造领域，并打造出一家盈利的公司——即便如此，我们也很难确定特斯拉能否长期持续发展。

特斯拉将面临更大的挑战，既有已知的挑战，又有未知的挑战。地缘政治气候便属于未知的挑战。政治风波席卷了世界很多地区，而我们还不确定这将对经济、产业和气候产生何种影响。2016年，唐纳德·特朗普当选为美国这个全球头号强国的总统。几十位与科赫兄弟关系密切的议员、顾问和幕僚被任命为特朗普政府的高官，副总统迈克·彭斯便是其中之一，此外还包括国务卿迈克·蓬佩奥、白宫法律顾问唐·麦克加恩以及环保局局长斯科特·普鲁特。普鲁特说，他不认为二氧化碳是导致气候变化的首要原因。而早期曾担任特朗普总统顾问的埃隆·马斯克并不足以显著抵消这些人的影响。马斯克对记者们表示，他当初同意为特朗普当顾问是因为"总统听到的理性声音越多越好"，但他在特朗普发誓让美国退出巴黎气候协定后辞去了顾问职务。特朗普总统执政期间颠覆了新能源汽车公司非常重视的几样东西，其中便包括巴黎气候协定和美国的环境政策。

同样也是在 2016 年，时为全球第五大经济体的英国选择脱离欧盟，从而为汽车生产商带来很多难题。汽车生产商在设法评估此举对供应链、生产运营和销售构成的短期和长期影响。全球经济震荡的加剧可能引发另一场大范围衰退乃至更糟糕的情况，这类事件不仅事关新汽车公司的生死存亡，就连传统汽车生产商（许多公司 2008 年曾濒临破产）也在劫难逃。

那么，作为电动革命的旗手，特斯拉将面临怎样的命运呢？

2017 年 7 月 28 日，特斯拉举办了一次交付活动，向第一批车主交付了 30 辆量产版 Model 3。马斯克在这次活动中谈到一个特斯拉的所有批评者都非常关心的问题。马斯克说："特斯拉在未来 6~9 个月中面临的主要挑战是，我们怎样才能制造出数量庞大的汽车？"当时特斯拉每周可生产 2 000 辆 Model S 和 Model X，上路行驶的特斯拉汽车总计超过 20 万辆，但仍然属于小众汽车生产商。要达到大众市场规模，特斯拉必须大幅提高汽车产量和生产速度，最终要使 Model 3 的年产量达到 50 万辆。特斯拉希望汽车产量到 2017 年年底能够达到每周 5 000 辆（比年中的生产速度提高一倍以上），并希望能在2018年某个时候让产量达到每周一万辆。马斯克说："坦率地说，我们将进入生产地狱。"然后他笑了起来，摊开手掌，对人群中好几千名特斯拉员工说道："欢迎，欢迎来到生产地狱。"

"地狱"一说马斯克之前也提到过，他用"地狱"来指代在诋毁者看来可能搞垮特斯拉的难题。这些人认为，特斯拉或许能生产出少量价格昂贵的汽车，但特斯拉在年产几百万辆汽车之前不可能对传统汽车巨头构成严重威胁。寻找证据来支持这一论点并不难。比方说，马斯克自己承认Model X遇到了一些难题，导致2016年上半年产量出现缺口。据车主们报告，这款SUV存在一系列问题：板件定位不准，座椅有毛病，特别是鹰翼门有时会随机开启或者无法关紧。马斯克检讨说特斯拉"过于自信地为这款汽车加入了太多新技术"。他后来表示，他经常在工厂过夜，以便亲自监督质量控制。他说："在今年前6个月里，我们基本上是处在生产地狱里。"

马斯克在Model 3的交付活动上强调，这款新车在设计时就考虑到要易于制造。为求简化，特斯拉起初只提供两种版本：一种是售价35 000美元的标准版，续航里程为220英里；另一种是售价44 000美元的长续航版，每充一次电可行驶310英里。在制造Model 3的过程中，特斯拉确实早早就遇到了挑战。马斯克在2017年8月曾信心满满地预计，到2018年年底，特斯拉每周能够生产数万辆Model 3，但Gigafactory在电池模组生产方面的瓶颈迫使他将上述目标大幅下调。特斯拉转而将目标定为到2018年第一季度末（后来又修正为第二季度末）使产量达到每周5 000辆。马斯克说，订购Model 3的人必须为汽车交付日期"做好最坏准备"。

特斯拉要想取得长远成功，还必须克服许多挑战，面向大众市场仅仅是诸多挑战之一。特斯拉是一家不断把自己推向极限的公司，特斯拉只有3万名员工，却试图去做许多规模大得多的公司从未考虑尝试的事情。毕竟，特斯拉的雄心壮志不会止步于Model 3。特斯拉还在建设全球超级充电站网络、数家庞大的电池厂以及遍及地球所有区域的零售网络。收购太阳城的交易为特斯拉带来的不只是财务难题（特斯拉提议以26亿美元收购太阳城时，太阳城处于亏损状态，该公司在2016年前三个季度亏损了逾7.58亿美元），还有太阳能电池板和太阳能瓦片等一系列新产品，特斯拉要去了解这些产品，还得把它们卖出去。马斯克表示特斯拉将生产半挂式卡车、皮卡、微型巴士、新一代Roadster和一款Model 3的跨界休旅车版（被称为Model Y），同时还将研发自动驾驶技术。这一切特斯拉都在尝试，而且是在尚未盈利的情况下。

盈利能力可能是特斯拉一段时间内的症结所在。较之追逐短期利润以取悦股东，马斯克似乎更重视追求长远成功。特斯拉在继续大举投资大型项目，包括Gigafactory、Model 3的研发、半挂式卡车和能源储存系统，它还一再向投资者和贷款人寻求更多投资，以支持其雄心勃勃的扩张计划。这种状况有时让看重财务状况的观察家们感到紧张，不过，这种焦虑并不总反映在股价中。因在安然破产前夕做空该公司股票而出名的投资家吉姆·查诺斯曾表示，特斯拉将会撞上"砖墙"，由于传统汽车生产商也在生产诱人的电动汽车，特斯拉必须得想方设法吸引消费者。他说："特斯拉最大的资产是其股票价格。股票价格一旦下跌，特斯拉就真正完了。"瑞银集团曾在2017年年底估计，如果特斯拉继续以当前的速度（一个季度超过10亿美元）烧钱，则该公司的资金会在2018年耗尽。

不过，特斯拉屡屡展现出以创新手段筹集资金的能力，收取订金便是其中一种手段。比方说，特斯拉向预订卡车的买家收取5 000美元订金，而就新款Roadster（特斯拉称，这款车能在两秒之内从起步加速到时速60英里）而言，创始人系列的买家需要支付25万美元订金，标准版的买家则需要支付5万美元订金。收取订金可为特斯拉带来好几亿美元，但在实现利润之前，该公司可能还需要通过发行股票或进一步发行债券等其他手段来筹集资金。假如Model 3销路不畅，或者经济形势恶化，特斯拉就有可能面临严重的财务问题。但即使到了这一步，马斯克要找到愿意出资让特斯拉维持运转的投资家可能也不会太难，因为他在金融圈和科技圈等各行各业拥有大批拥趸。

人事问题是特斯拉的批评者们常常提及的另一大威胁。马斯克虽然辩称特斯拉的高管留存率并不低，但该公司确实有许多资深员工来了又走，有些人待的时间短到值得令人警惕。2015年1月，《华尔街日报》撰文称，马斯克"专横的作风"让特斯拉面临成长之痛。文章援引了对特斯拉现役员工和前雇员的几十次采访，并举出了高层管理者在与马斯克发生冲突后辞职或被解雇的事例。

马斯克向该报表示："我不喜欢撵人，我讨厌这样做，我的问题其实是撵人撵得太晚，而不是太早。"2017年3月，彭博社刊登了一篇类似的报道，指出前谷歌雇员贾森·惠勒在特斯拉首席财务官一职上仅干了15个月。报道称，在之前12个月里有20多位管理人员离开特斯拉，涉及几乎所有部门。彭博社援引未具名消息人士的话称，工作时间长和严苛的文化是导致离职的原因。尤其令人关注的是特斯拉自动驾驶团队的人员流动。到2017年6月，该团队已在6个月内损失了两位关键人物：斯特林·安德森离开特斯拉创办了自己的自动驾驶汽车公司；从苹果加盟特斯拉的克里斯·拉特纳则与特斯拉达成了共识，双方一致认为他"不太合适"。眼下传统汽车生产商正对电动汽车行业加大投资，吸尘器生产商戴森和印度的塔塔汽车也在大举进军电动汽车市场，因此，特斯拉必须努力吸引和留住自己需要的人才，才能在竞争中占据上风。

说了这么多，我们还没谈到特斯拉最重要的员工：马斯克本人。我们不可能不为马斯克旺盛的精力和专注应对巨大挑战的能力而惊叹。他不仅在领导特斯拉，而且在运营SpaceX，这家价值200亿美元的企业本身也抱有诸多宏伟目标，包括把宇航员送往国际空间站，打造太空互联网，研发廉价、可重复使用的火箭，并最终殖民火星。马斯克似乎觉得这点微不足道的小事情太无聊，于是他又捣鼓了点副业，比如Neuralink（与人联合创办的一家脑机接口技术初创公司）、Boring Company（计划为汽车建隧道）和Hyperloop（他的另一项兴趣）。这一切他都能搞定吗？

兼顾多项工作显然会带来压力。2017年7月30日，马斯克在接连发送的多条推文中表露了心迹。在回复一位发推文说马斯克的Instagram（照片墙）账号展现出"令人惊奇的生活"的粉丝时，这位CEO写道："现实中有美妙的巅峰也有可怕的低谷，还有无止境的压力。"另一位推特用户问马斯克是否患有躁郁症。马斯克答道："嗯。"随后他又发了更多推特来详述心迹：

> 2017年7月30日，上午10：39："但也许不是医学意义上的。搞不清楚。坏心情跟坏事有关，真正的问题可能是我对自己手头的事情太投入了。"
>
> 2017年7月30日，上午10：40："要是你自己买票去地狱，就别怨地狱不好……"
>
> 2017年7月30日，上午10：58："我知道肯定有更好的处理方式。我只是去努力，全力以赴地做自己的事情。"

这些尝试为马斯克带来的情感煎熬在他2015年接受丹麦一家电视台采访时也有所流露。采访者问马斯克："你当时觉得'我可以轻松造出一辆电动汽车和一枚火箭'，这种想法是不是有点天真？"

马斯克回答说："我并不觉得这件事很简单。我觉得自己其实是认为这些项目很可能会失败。但创办公司就跟生孩子差不多。所以就好像，你怎么能说你的孩子该饿着肚子呢？"他的眼睛泛起了泪光。

采访者继续说："所以说一旦你创办了公司，就不得不喂养它、哺育它、照料它——就算它把你折腾得够呛？"

马斯克答道："是的。"他的嘴唇开始颤抖，眼睛变得湿润，下巴也皱了起来。

当采访者问马斯克如何度过2008年的艰难时期时，他重重叹了口气，问能不能暂停一会儿，但摄像机在继续拍摄。马斯克的泪水就要夺眶而出，他摇了摇头，使劲眨了眨眼睛，然后把目光转向别处。

2017年7月5日，我妻子诞下了我们的第一个孩子，在那一刻，马斯克将公司比作自己孩子的说法对我产生了新的触动。那天我体会到了新的情感深度，和当今的许多父母一样，我为孩子所降生的世界感到担忧。2016年是地球上有气温记录以来最热的一年，其次是2015年，再次是2014年。这要怪我们自己。排放到大气中的二氧化碳（主要来自我们燃烧的化石燃料，而这些燃料大都用于为汽车提供动力）已经损害了孩子的健康。地球的未来不容乐观，美国有21名青年正在起诉联邦政府，指控政府未能推行有效的气候和能源政策来保护他们的家园：地球。

如果单纯用商业指标来衡量特斯拉的影响，我们不难从中找到笑点和槽点。特斯拉的股价波动或神人马斯克的日常言论都是媒体追逐的焦点，不论是声称特斯拉濒临惨败，还是宣称特斯拉即将称霸全球，据此打造的标题永远能吸引大量点击。从今往后，不论特斯拉的资产负债表出现何种风吹草动，这家公司无疑都会继续激起极端的爱恨情仇。但还有一件事也同样不容置疑，这就是：在我儿子那一代人讲述的关于人类如何成功（或失败）地转向可持续能源的故事里，埃隆·马斯克和特斯拉将成为主角。

就算特斯拉明天就告别人世，这家公司也已经完成了自己的使命，即加速世界向可持续交通的转变。特斯拉已经让世界相信电动汽车拥有巨大潜力。特斯拉驳倒了长久以来与里程焦虑、基础设施不足和成本问题相关的种种异议。特斯拉让传统汽车生产商认识到，它们必须采取更加积极的行动来迈向"电推进"。在特斯拉的启发下，新一代创业者看到了机遇，他们可以将特斯拉已经取得的成就发扬光大。

要是特斯拉一时半会死不了呢？喔，特斯拉正在奋力成长为一家价值万亿美元的公司。2017年第二财季的业绩报告显示，特斯拉安装了第一批太阳能屋顶，这些屋顶由内置太阳能电池的瓦片构成。特斯拉在继续兴建工业规模的能源储存系统，以减少社会对基于化石燃料的储能设施和调峰电厂（通常处于闲置状态，只在用电高峰时使用）的需求。而Model 3这款电动车历史上最重要的汽车不等交付就拿到了近50万份订单。这一数字让特斯拉与价位相当的宝马3系（宝马几十年来最畅销的一款车）进入了同一段位。

Model 3与宝马3系相比，就好像iPhone之于黑莓。Model 3没有钥匙，当你走近时，通过智能手机实现的蓝牙连接就可以打开车门。仪表台上没有旋钮，也没有按钮。汽车的所有控制都是依靠中控台上方水平放置的一个15英寸触摸屏。空调气流来自横贯仪表台的单一、连续的出风口，可以通过手指在屏幕上的拖动操作将气流导向乘员舱内的不同位置。全玻璃车顶让天空一览无遗。大多数驾驶功能都可以由软件完成。

2017年年底，我有幸开了一次Model 3。之前我刚刚试驾过雪佛兰Bolt，但这款汽车根本没法跟Model 3比。我开过很多次Model S和Model X，但我一坐进Model 3的驾驶室，立马就有一种置身于升级版家用车之中的感觉。Model 3感觉就像是小一号的Model S，这样挺好，因为Model S在我看来太宽、肌肉感太强了。但Model 3仍然拥有宽敞的空间。我们一度往车里塞进四个大人和一个坐在儿童椅上的宝宝，但坐车的人没有一个抱怨太挤。尽管这款车从起步加速到时速60英里需要将近5秒，而Model S只需要3秒，但仍能让人感觉到脚下瞬间就能迸发出巨大的动力。车厢内消除了普通汽车的杂乱感，感觉就像为当今消费者量身设计的东西。这算是与苹果产品最接近的四轮交通工具了。

和iPhone一样，Model 3也比许多车主在Model 3面世之前购买同类产品所支付的价格要贵；但和iPhone一样，Model 3也与之前的产品大不相同，让人们觉得自己购买的不只是一种产品——而是在购买魔法。如果特斯拉能让Model 3的产量与其承诺的数量相当，则这款汽车有望为特斯拉带来iPhone带给苹果的东西，即爆炸式增长的销量和重塑整个行业的产品。

2017年夏天的一个夜晚，我和妻子开着2001年产本田上路行驶的时候被一辆插进我们车道的大众擦了一下。车损不严重，但修起来还是挺贵，于是保险公司决定让旧车报废。我们一开始想新买一辆本田飞度或丰田普锐斯，但最终决定至少等几个月再买车。我们订购了一辆Model 3，希望到这辆车交付时（或许在2018年年初），我们的财务状况可以改善到买得起车的程度。

我希望Model 3能够成为陪伴我儿子成长的家庭用车。我们无意再买一辆燃油车，也就是说，他只会偶尔体验一下由内燃发动机驱动的交通工具。对他来说，每一次体验都像是倒退回另一个时代，就像今天的孩子看到转盘拨号电话一样。我希望他长大成人后能够回过头来审视这段时期，他恐怕搞不懂人们为什么要为石油大动干戈，为什么有人会对石油统治时代终将结束心存怀疑。

第十三章　雄心壮志并不止步于"S3XY"

特斯拉是一家不断把自己推向极限的公司，虽只有3万名员工，却试图去做许多规模大得多的公司从未考虑尝试的事情。毕竟，特斯拉的雄心壮志并不止步于此。

我和吴甘沙并肩坐在一辆白色大众捷达的后排，一位优步司机开车把我们从北京国际机场附近的酒店送往科技商务区中关村。此时正值早高峰，一辆辆汽车紧挨着我们开过，然后插到我们前面。这些车转弯时也不会减速。在这些不堪重负的街道上，急刹车可以看成是驾驶时的另类防范操作。而我们只是在乌泱泱的金属物体和滚滚烟雾中爬行的小虫。

在北京，车辆的平均行驶速度是每小时7.5英里。

我们在交通灯前停下来之后，吴甘沙开始谈论经济革命。他读过苏联经济学家尼古拉·康德拉捷夫1925年写的《大经济周期》一书，该书提出一项颇有争议的观点，即科技革命与经济周期是同步的，每一次科技革命都比前一次意义更为重大。康德拉捷夫因主张经济应由政府之外的力量控制而被斯大林处决。

交通灯变绿了，周围的汽车开始缓缓往前移动，我们身后传来一声粗鲁的喇叭声。吴甘沙在读康德拉捷夫的书时有一个顿悟。他认为，世界已经经历了机械、电力和高科技革命，上一波浪潮随 2008 年经济危机而终结。他相信当前人工智能革命正拉开帷幕，这场革命可能对人类产生深远的影响。他发现了一个机遇。他说："我们正处于新周期的起点。"

吴甘沙拥有一辆沃尔沃 V60，但他开不了，这天是 2016 年 5 月的一个周四，车牌尾号为 5 的汽车当天限行。北京市政府对私家车使用采取限制措施，所有汽车每周都有一天要限行。我俩坐在捷达车的后排。吴甘沙身穿衬衫和牛仔裤，背包放在膝头。我把我的背包放在地上，夹在两腿中间。吴甘沙穿着深色运动鞋，花白的头发一丝不乱，右手拿着一个大大的三星智能手机。40 岁的吴甘沙属于新一代中国企业家，他选择进入了汽车业这个难度很高的行业。

2014 年之前，吴甘沙一直在北京的英特尔中国研究院工作，经过 14 年的努力，他被晋升为院长。吴甘沙在与上海一江之隔、有 100 万人口的江苏省海门市长大，很小就对数学产生了兴趣，参加过地区性数学竞赛。他从 17 岁开始在上海复旦大学学习计算机专业。他母亲是数学老师，父亲在进入教育领域后曾多次尝试创办自己的公司。

吴甘沙在英特尔工作时，有人请他为迈克尔·马隆（Michael Malone）的《三位一体：英特尔传奇》一书中文版写导读。这是一部通过描述罗伯特·诺伊斯（Robert Noyce）、戈登·摩尔

（Gordon Moore）和安德鲁·格鲁夫（Andy Grove）三位著名领导者的生平来讲述的英特尔公司历史。查阅资料期间，吴甘沙看了一场马隆在礼堂里对好几百名英特尔员工发表演讲的网络直播。吴甘沙被他向听众传达的信息打动了。吴甘沙记得马隆是这样说的："英特尔是一家负有天命的公司，但你们只有继续冒险，才能完成这种天命。如果过于小心谨慎，你们就会失败。"

吴甘沙回顾了自己的人生历程，他得出的结论是自己太保守了。为什么要在一家公司待那么长时间？他的父亲曾多次尝试创办自己的公司，但从未成功，父亲教导他，人要不怕失败。对中国的家长来说，这样的教导显得不同寻常，因为中国社会往往重视常规职业路径和工作的稳定。吴甘沙对父亲非常敬重，他觉得父亲虽然生意多次失败，但却很快乐。他从中汲取了力量。他说他从父亲身上学到了"失败不算什么。只要你有梦想，有信念，失败就打不倒你"。

吴甘沙说起话来字斟句酌，始终用数字来支持他的观点。北京的平均行驶速度是他告诉我的。他还摆出了一系列其他事实。他说，北京约有600万辆轿车，逾200万人在等待参加车牌摇号（当年北京仅有15万辆新车上牌）。吴甘沙在英特尔工作期间自学了英语，当时他经常和美国同事交流并且会到美国出差。观看马隆演讲那会儿，吴甘沙已对人工智能产生了越来越浓厚的兴趣，这在一定程度上要归因于一位名叫赵勇的朋友。赵勇曾是谷歌眼镜（一款将数字界面覆盖于现实世界的增强现实头显）开发团队的创始成员。赵勇2013年离开谷歌，创办了一家视觉技术研究公司，但后来决定寻求其他兴趣点。他想找人一同创办一家能够应用他研究成果的公司。

当我们以龟速经过一个种着几行树的公园时，吴甘沙说，汽车行业转型的时机已经成熟。他说："汽车行业在20世纪其实并没有发生很大的变化。"吴甘沙接着说，他读过的资料显示，20世纪初全球有逾250家汽车公司，但现在只有14家左右（具体要看你如何统计经整合的实体）。然而，电动汽车"改变了整个格局"。汽车零部件的数量可以大量削减，价值链也在发生显著变化。业界新人在竞争中胜出的概率比以往任何时候都要大。

吴甘沙说，在过去一个世纪里，汽车行业就像拳击，称霸赛场的是一些大块头，大家都遵守明确界定的规则。但如今的汽车行业就像综合格斗，更青睐好斗、灵活的选手，哪怕他们的块头小一点。他说："规则变得非常复杂——要么就是人们并不遵守规则。"与此同时，共享出行变得流行起来，在中国，这股潮流由滴滴出行引领。互联为人们提供了一个把汽车打造得更像智能手机的契机。自动驾驶理念也热了起来，中国最大的网上搜索公司百度从2013年起便效仿谷歌，开始研发自己的无人驾驶汽车。

我开始觉得有点恶心。这不仅仅是因为我在全神贯注地听吴甘沙讲话而没有看路，而且因为驾驶员跟中国很多人一样老是急刹车。外面的气温有77华氏度（25摄氏度），我们开着前排的车窗。我的早餐是汽车尾气与工业废气的混合物。我们离市中心越来越近，周围的楼变高了，车速变慢了，雾霾也更浓了。

在吴甘沙的未来愿景中，雾霾、拥堵的道路和鲁莽的驾驶行为都将不复存在。他说，五年之后，中国将有两类汽车。一类是强调安全性的高速乘用车，还有一类是低速城市通勤车，这类汽车不向消费者出售，而是在需要时通过智能手机应用来提供。这些"机器人出租车"的最高时速为40英里，能够通过相互通信来大幅优化交通流。吴甘沙预计，在十年之内，将有数百万辆这种"机器人出租车"上路行驶。麻省理工学院一项研究显示，共享出行和汽车共享可使上路行驶的汽车数量减少80%。他相信，北京的汽车数量到2026年将降至300万辆（仅为2016年的一半），其中200万辆是"机器人出租车"。吴甘沙告诉我，北京市有2 000万人口，但仅有约7万辆出租车，打车非常困难。

吴甘沙从包里拿出一台15英寸的苹果笔记本电脑。他把电脑放在膝盖上，调出一段动画视频，视频上的无人驾驶汽车（以黑色背景下小小的白色矩形来代表）在无须信号灯的情况下有序地通过一个十字路口。这些假想的汽车在相互通信，因此，它们知道什么时候应该减速，什么时候应该让其他汽车先行，什么时候应该再次加速。在另一段视频中，吴甘沙展示了急刹车是如何导致交通拥堵的。当屏幕上一个白色矩形突然停止向前行进时，便向后方发出了一阵冲击波，影响到后面好几十辆汽车，每一辆车都不得不依次刹车。而让电脑承担驾驶职能的自动汽车能够更好地监测最优速度，并根据情况进行平滑地调整，而无须如此频繁地使用刹车。

在工作日，吴甘沙一般是早晨7点40分离开他位于北京市郊的公寓，步行15分钟前往地铁站，乘坐地铁前往他的自动驾驶初创公司驭势科技总部所在地中关村。地铁的车程为 45 分钟，他会利用这段时间看看财经和科技书籍。他最近在看《纽约时报》记者约翰·马尔科夫讲述人工智能技术发展史的著作《与机器人共舞》（*Machines of Loving Grace*）。出地铁之后，吴甘沙会从自行车停车场取出自行车，骑上 20 分钟，抵达驭势科技的办公室。我去参观时，驭势科技的办公室在一座大楼（楼里曾经满是卖廉价电子产品的店铺）15 层的共享办公空间内。这个孵化空间叫梦想加，里面有五颜六色的桶形座椅和覆着鲜艳套罩的脚凳，间或摆放着一盆盆绿植，内墙则点缀着常青藤，让人恍若置身于硅谷。不同的公司被一个个带有玻璃门的办公室分割开来，每间办公室能容纳 30 人左右。驭势科技有 22 名员工在这里办公，在上海还有一个汽车工程师团队。该公司正在与一家小型独立制造商联手在真车上测试软件。一年后，驭势科技已在北京和上海的三处办公场所拥有 150 名员工，并计划于 2018 年在深圳建立第四处办公场所。

驭势科技的英文名称"Uisee"是 utility（时间多效用）、inclusive（出行者无歧视）、safe（安全）、efficient（高效）和 eco-friendy（生态友好）的首字母缩写。该公司正在开发基于超级计算机的自动驾驶系统，这个超级计算机能与摄像头、毫米波雷达、超声雷达、GPS（全球定位系统）以及能够在 GPS 不工作（比如当卫星信号被高楼阻挡时）时追踪汽车的惯性单元通信。吴甘沙和他的团队尚未明确阐述公司的使命，但他们知道自己想让交通变得愉悦而安全。吴甘沙说："每个人都应该拥有由人工智能支持的私人驾驶员。"驭势科技将这项技术首先应用于机场内运送货物和乘客的自动驾驶车辆,并在香港和广州的国际机场进行了试验。

中国很有必要使用无人驾驶汽车。世界卫生组织的数据显示,中国一天有逾700人因交通事故死亡。与吴甘沙会面两天前,我对百度自动驾驶部门前主管进行了电话采访,该主管表示,他相信无人驾驶汽车将使中国的交通事故死亡人数减少90%——因为90%的事故都是由人为失误造成的。他表示,无人驾驶汽车还可以节约时间。在北京或上海这样的特大型都市,通勤一般需要一两个小时,但路上行驶的大多数汽车里只有一个人。如果能够通过共享出行来更加高效地配置每辆车的乘员人数,就可以改善交通状况并缩短通勤时间。

这位主管认为,中国转向自动驾驶汽车共享要比美国来得更容易。中国大城市的人口密度很大,人们很难获得自己的停车位,而且有好几亿中国人还没有车。他说:"中国人还未完全接受私家车,因此,他们更容易接受自动驾驶加共享汽车的模式。"他还认为中国可以提供测试自动驾驶车辆的理想条件,因为中国的道路非常拥堵,驾驶行为很难预测,汽车的超级计算机有一整套挑战要应对——并最终战胜。他说:"从技术上说,只要在中国行得通,在世界上任何地方都行得通。"

在我与这位主管通电话的前一天,百度宣布将与人口近400万的安徽省芜湖市合作,在该市中心区启动一项无人驾驶汽车试点方案。在方案启动后的头三年,无人驾驶轿车、货车和巴士将被引入芜湖市中心并纯粹用于测试。根据计划,三年之后将开始对该方案进行商业化,并允许让乘客乘坐这类车辆。该方案最终将覆盖整个城市。这位主管以芜湖为例，说明中国的监管政策可能是无人驾驶汽车发展的利好因素。他说，芜湖市政府对这个项目"热情很高"。此外，就算政府在接纳自动驾驶技术方面行动缓慢，自动驾驶汽车时代也必然会到来。"这是大趋势，肯定会到来的。"

这位主管认为，今后软件将成为汽车最重要的规格参数。如今，我们关心汽车的发动机尺寸、加速时间或燃油经济性——但以后就不一样了。今后，我们会想要了解汽车能否与交通系统、其他汽车甚至道路本身通信。我们想要了解汽车能"看"多远，以便评估汽车的安全性。我们还想要了解汽车的行驶模式以及行车的顺畅性。他认为，这些概念与今天我们对智能手机的评价标准相似。对许多消费者来说，手机软件（iOS或安卓）的运行状况比手机的硬件或中央处理器更重要。

在美国，特斯拉的史朝保也持相同观点。史朝保2016年在一次会议上表示："自动驾驶汽车主要靠操纵汽车的软件来定义。"这一领域的发展日新月异。"不夸张地说，要以月，而不是以年来衡量。"史朝保表示，特斯拉特别关注图像识别技术。"这方面的趋势不可逆转，它们不会放缓，也不会停止。"

2016年夏天，一位朋友开着特斯拉Model X接我兜风，这是我第一次乘坐这款汽车。在旧金山以南的公路上，他切换到Autopilot（自动驾驶）模式，两手放开了方向盘。我读过有关此

项技术的大量资料，而且也看过视频演示，但仍然本能地往后退缩了一下。他一放手，我就想伸手过去接管方向盘。一辆辆汽车在我们旁边飞驰而过，但Model X并没有减速，甚至感觉还在加速，让我感到烦躁不安。

这辆车以65英里的时速行驶，达到了公路的上限，它稳稳地沿着车道行驶，与车道两侧保持等距。大约过了20秒，我的呼吸才恢复正常。但我还是一只眼睛盯着路，一只眼睛盯着方向盘。我刚刚平静下来，我的朋友就开启了变道指令，随后，这辆车迅速而流畅地自动进入右侧的车道，并与其他汽车保持着安全距离。

我问朋友："你不担心吗？"

他几乎毫不犹豫地说："是啊，不担心。"

他已经用过很多次Autopilot了。对他来说，这似乎已经不是什么大不了的事了。他说："Autopilot特别适合我上下班时那种走走停停的交通状况。它大大减少了开车的乏味，我不用分分秒秒都想着我的手脚在做什么。"

我们由人工智能引导的行车之旅很快就变得无聊起来。我们很快就聊起了天，不再去关注汽车的行驶状态。我并不觉得危险，过了几分钟，在我的朋友接管方向盘之后，我也并不觉得更有安全感。不难想象，汽车自动驾驶这一概念有朝一日将变得稀松平常。

当时，特斯拉的Autopilot被归为第2级自动驾驶系统，也就是说，汽车可以自动沿车道行进、变化车道、依据交通状况调整速度，但仍需要有人类驾驶员在场，保持关注，并随时准备接管方向盘。NHTSA建立了一个基于6个等级来进行分类的框架。最低一级是第0级，意味着人类完全控制车辆，没有任何计算机辅助；第1级是指汽车拥有一些先进的驾驶员辅助技术，如自动紧急制动，但驾驶员仍然要始终控制车辆。第5级是最高一级，汽车根本不需要人类驾驶员来控制。到了这一级别，车就可以自己开，而你可以看书、打盹儿或看电影。谷歌已经测试了第5级名副其实的全自动驾驶汽车，也就是说，这些汽车能够完成所有"对行车安全至关重要的驾驶功能，并在整个行程中监测路况"，但车辆还未开出过测试场。

自动驾驶技术的发展与电动汽车技术齐头并进，因为对自动驾驶汽车控制效果最好的是线控驾驶系统。在这类系统中，对转向、加速和制动等汽车核心系统的操作是通过电信号和数字控制（而非机械功能）来实现的。电动汽车不需要巨大的发动机，从而拥有更多的设计选择，因此，自动驾驶汽车可以有更多样的形状和尺寸，既可以小到像一辆有顶的赛格威（Segway）平衡车，也可以大到像一辆双层巴士。

自动驾驶汽车的普及有赖于电动汽车技术，同时也离不开电动汽车基础设施的扩建，尤其是充电站数量的大幅增加。此外，谁不希望拥有一辆能自动补充能量的汽车呢？电动汽车让这个问题变得比较简单，既可以采用自我充电机制（特斯拉造出了一款可自行接入充电口的蛇形金属充电装置的原型），也可以采用置于道路或垫子内的无线充电系统。

福特创立了一个名叫福特智能移动的子公司来直接应对这项

挑战。2016年4月，时任福特CEO的马克·菲尔兹在接受科技媒体The Verge采访时表示："我们一直强调不是从老业务转向新业务，而只是扩大业务规模，因为我们将商业模式从单车销售拓展成为单车销售加行驶里程。"2016年8月，福特宣布计划在2021年让一款第4级自动驾驶汽车（没有踏板，也没有方向盘）上市。

其他汽车生产商也在推行同样雄心勃勃的计划。菲亚特克莱斯勒已在与谷歌旗下的Waymo联手打造一个混动小型货车自动驾驶车队。通用汽车与来福车展开了合作，计划让雪佛兰Bolt"机器人出租车"尽快上路行驶。梅赛德斯－奔驰积极宣传自家汽车半自动驾驶功能，甚至号称E级（E-Class）能够"自动驾驶"，但这种说法让公司遇到了麻烦。E级其实只能实现第2级自动驾驶，而且记者亚历克斯·罗伊在对比之后认为这款车不如特斯拉。后来该公司被迫撤下了广告。大众在遭遇柴油车排放丑闻之后调整了战略，将自动驾驶汽车作为其十年规划的重点。日产、丰田、梅赛德斯－奔驰、福特和通用等许多大型汽车生产商在硅谷建立了自动驾驶研发中心。苹果、路西德、法拉第未来、拜腾和蔚来等业界新人也将自动驾驶作为商业模式的重心，并在加州组建了软件开发团队。车和家及奇点汽车则在北京和上海搞这项技术。[①]与此同时，优步、来福车等其他汽车领域科技公司和初创企业也都纷纷在轿车、巴士或卡车等领域展开自动驾驶竞赛。

我们可以相当有把握地说（吴甘沙就这样说过），能在可控环

---

① 目前，奇点汽车已经在北京、苏州、美国硅谷三地建立了自动驾驶研发团队，其中，美国研究与创新中心由人工智能专家黄浴博士领导。——编者注

境下（如城市中心）低速行驶的无人驾驶汽车有望在10年之内出现。这些汽车一开始将在校园、机场、主题公园和芜湖市的那种城市特别测试区内行驶。2016年7月，梅赛德斯-奔驰生产的一辆无人驾驶巴士从阿姆斯特丹史基浦机场出发，行驶12.5英里后抵达哈勒姆，沿途经过隧道、弯道和交通灯。自动驾驶的高尔夫球车已经开始在加州的校园里穿行，一家名为nuTonomy的自动驾驶公司也从2016年8月开始在新加坡一个小型商业区测试免费自动驾驶出租车服务。

但高速行驶的汽车要实现全自动驾驶需要花费更长时间。在2016年3月举行的西南偏南科技大会上，时任谷歌自动驾驶汽车项目主管的克里斯·厄姆森表示，在一些地方，自动驾驶汽车在未来30年内都无法上路。而向来持乐观态度的埃隆·马斯克曾表示，特斯拉的汽车到2018年将为"完全自动"做好准备，但由于监管程序复杂，还要再等一年才能推出。2016年10月，特斯拉表示其生产的所有新车都将配备使之在未来某个阶段实现完全自动驾驶所需的硬件。该公司称，将"通过数百万英里的实际驾驶来进一步校准该系统"。摩根士丹利一位分析师预计，完全自动驾驶到2022年可望成熟，到2026年可望实现大规模市场渗透。

在天气恶劣时，自动驾驶汽车的摄像头会较难识别道路上的标记，也较难看到前方的车辆。冰雪和泥浆可能遮盖摄像头并阻挡视线。许多自动驾驶系统在很大程度上依赖高精度3D地图，这些地图可以精确到英寸，使汽车能够为转弯、坡道和出口匝道预先做好准备。然而，制作这类地图要耗费很长时间，而且会随路况改变和基础设施建设迅速过时。专家们指出，供车队共享并实时更新的通用标准化测绘数据是自动驾驶时代不可或缺的条件，但要让不同的利益攸关方就这类合作达成一致的方案，肯定得花上一段时间。汽车还需要稳定、可靠和迅速的无线连接，使它们即使在偏远区域也能同云服务器、其他汽车以及交通系统和泊车设施等基础设施通信。5G无线标准的面世将有助于推进相关进展。英特尔计划从2018年开始进行一些5G试验，但5G的商业化恐怕还要再等很长时间。

　　监管规定也有可能减缓自动驾驶技术的普及。导致乔舒亚·布朗死亡的那起撞车事故（Autopilot的第一起死亡事故）引发了强烈反应，表明许多人仍对自动驾驶车辆的安全性抱有疑虑，之后发生的与自动驾驶汽车相关的死亡事故更是加重了人们的担忧。《消费者报告》写道，特斯拉把自动驾驶推得过远、过快，该杂志呼吁特斯拉禁用自动转向功能，并要求驾车者始终将双手放在方向盘上。

　　在监管方面的一个核心事项是"离手问题"（handoff problem）。有证据显示，Autopilot这样的第2或第3级系统可能让人类驾驶员产生一种错误的安全感，他们往往会在汽车自动驾驶期间时不时地走神。弗吉尼亚理工大学在这方面开展了一项小规模研究。研究人员让12名驾驶员沿测试道路进行持续三小时的半自动驾驶，其间以视频、杂志、书籍和食物来分散他们的注意力。双手解放出来之后，有3名驾驶员利用这一机会来阅读，还有7名驾驶员观看了视频。

另一项重要的争议将围绕汽车在紧急条件下必须做出的伦理判断展开。汽车是否应该为挽救车主的生命而选择撞向一名行人？如果面对撞向道路左侧两名老年公民和撞向道路右侧一名婴儿这两种选择，自动驾驶汽车应该如何取舍？假如系统判定死亡不可避免，汽车电脑系统认为加速撞向受害者可确保受害者以更人道的方式死亡，又应该做何选择呢？对于这类问题，监管辩论就算持续多年恐怕也辩不出个所以然。

游说团体正向监管机构展开积极游说。2016年4月，在NHTSA举行关于自动驾驶汽车的公共听证会之际，包括福特、谷歌、优步、来福车和沃尔沃在内的一批公司宣布结成"安全街道自动驾驶联盟"。这个由NHTSA前局长戴维·斯特里克兰领导的联盟倡议美国为自动驾驶汽车出台一套明确的联邦标准。2016年6月，美国国家城市交通官员协会（由北美几十个大城市的官员结成的联盟）发布了一项政策声明，其中包括一系列顾及安全和市民利益的建议，比如将自动驾驶汽车在城市中心行驶的时速限制在25英里以及由联邦和州政府出台政策鼓励城市优先发展可共享的自动驾驶电动汽车。当年9月，奥巴马政府颁布了一些指导原则，规定了自动驾驶汽车在系统失灵时应当如何应对；应当如何保护数字安全；应当如何与乘客交流以及发生撞车事故时应当如何保护车主。美国国家经济委员会主任在这些指导原则公布时表示，高度自动驾驶的汽车将能够"节省时间和金钱并挽救生命"。

与此同时，该领域的研究也在如火如荼地展开。一些汽车生产商和供应商正在密歇根大学的"Mcity"（以1 000万美元在安阿伯打造的一处城市和郊区环境模拟设施）测试自动驾驶汽车。本田在加州康科德（距旧金山东北约30英里）一个名为"GoMentum Station"的测试场测试自动驾驶汽车，这里曾经是海军的军火站，拥有20英里的道路、隧道和其他基础设施。而在上海国际汽车城，来自中国国内外的汽车生产商正在一个测试区开展自动驾驶汽车试验，这个测试区的面积将在5年之内扩展到39平方英里，其中包括高速公路。

2016年4月，一个由十几辆卡车组成的车队行驶在欧洲各地，这些卡车可以说是自己在开。这个车队是由荷兰政府资助，包括斯堪尼亚、戴姆勒、沃尔沃、曼恩、依维柯和DAF（荷兰汽车制造商）等公司生产的卡车，车辆经由瑞典、德国和比利时开往荷兰，行驶过程中驾驶员无须触碰方向盘或脚踏板。这些卡车并非全自动驾驶，但它们相互之间有无线连接，并使用自动巡航控制系统来"列队"，这就意味着，每一辆卡车与前车的间距可以保持在一秒行驶的距离之内——比建议人类驾驶员保持的间距要小。通过列队，卡车可从气流中获益，也就是说，前车可为后方的车辆减少风阻。荷兰研究机构TNO的一项研究显示，列队可以使每辆卡车平均节省10%的燃料。该机构的计算结果是，如果两辆卡车一年行驶10万公里，列队行驶可较使用普通车队控制手段

节省 6 000 欧元（约 6 500 美元）的燃料费用。

我们可以从欧洲的卡车车队中看出几分未来发展的趋势。一家名为 Convoy 的卡车货运初创公司（投资人包括亚马逊创始人杰夫·贝佐斯和其他科技界名人）尝试将优步的按需物流模式应用于卡车运输，并主要关注短途运输。由谷歌风投支持的货运软件初创公司飞协博（Flexport）的梦想是"成为海洋中的优步"。当然，特斯拉也准备推出自动行驶的电动半挂式卡车，此外还有 Nikola、Thor 和 Starsky Robotics 等其他电动卡车初创公司。谷歌自动驾驶汽车团队有一批干将离开谷歌创办了 Otto，这家总部位于旧金山的公司 2016 年 8 月表示正在"赶时间"，以便让可商用的自动驾驶卡车在两年之内上路。两天后，优步宣布该公司已收购 Otto。Otto 联合创始人、在谷歌自动驾驶汽车团队中充当开路先锋的工程师安东尼·莱万多夫斯基将负责优步的自动驾驶汽车业务，而 Otto 将引领优步卡车业务的发展。当年 10 月，一辆由 Otto 的技术控制、由百威啤酒赞助的自动驾驶卡车沿 25 号州际公路行驶了 120 英里，将一车啤酒从科罗拉多州柯林斯堡运往科罗拉多斯普林斯。2017 年 2 月，谷歌旗下 Waymo 起诉优步侵犯专利权，并指控莱万多夫斯基窃取商业机密。这场官司后来成为科技发展史上最引人注目的诉讼案之一。两家公司最终达成和解，Waymo 获得了优步 34% 的股权。

优步也宣布，该公司与沃尔沃在宾夕法尼亚州匹兹堡联手启动了一个自动驾驶汽车项目。该项目一开始是试运行，拟在该市提供优步自动驾驶汽车（但每辆汽车都会有人坐在驾驶座上，以防不测）的免费试乘。优步表示将在2021年之前让全自动驾驶汽车上路行驶。但这一目标后来受到质疑，因2018年优步的一辆自动驾驶汽车在亚利桑那州菲尼克斯试驾时导致一名行人死亡。

一些人将会失业。美国有350万名职业卡车司机。只要卡车运输公司能够通过削减劳动力成本来提高利润，这些司机就会面临失业威胁。但这还没完。除卡车司机外，卡车运输行业有520万名其他从业人员，还有好几百万为卡车司机提供食物、汽油、住宿和其他服务的人。如果路上不再有卡车司机，这些人的生计都将受到威胁。接下来还有开出租车的人以及为优步和来福车开车的人。许多出租车司机已经改行为共享出行公司开车，但"机器人出租车"和优步自动驾驶汽车一旦普及，这类岗位有许多也将面临风险。

一些观察家认为，自动驾驶时代的到来将对我们所熟知的资本主义体系构成显著影响。燃油税收入将减少，但应该会有其他收入来源取而代之。停车收入（包括罚款）很可能不复存在。超速罚单和驾照申领将大幅减少。这些变化将影响政府的挣钱方式和公民的花钱方式。汽车共享公司Zipcar前CEO、现任汽车通信公司Veniam执行董事长的罗宾·蔡斯呼吁通过发放全民基本收入来弥补自动驾驶时代造成的损失。她于2016年写道，这类收入能够让"更多的人有机会专注于他们所热爱的、有意义的工作"。蔡斯认为，对产生利润的技术平台以及"创造和投资于这些新的造成失业的奇迹的少数有才能的幸运者所拥有的财富"征税比对劳动者征税更有意义。

加州大学伯克利分校的科学家们估计，与燃烧汽油的私家车相比，电动"机器人出租车"可以让温室气体排放量减少90%。得克萨斯大学的学者2015年的一项研究发现，一辆自动驾驶汽车可以替代9辆常规汽车。如果汽车不必兜圈子找停车位，也有助于减少排放。加州大学洛杉矶分校一位城市规划学教授2007年在一项研究中发现，在洛杉矶商务区寻找停车位的汽车一年产生730吨二氧化碳。

哥伦比亚大学地球研究所发现，共享自动驾驶汽车的运行成本为每英里15美分左右，而私人燃油车的成本则为每英里60美分。成本的节约归功于驾驶效率的提高、磨损的减少和更廉价燃料的采用（电力）。如果优步和来福车的共享汽车不再需要人工驾驶，乘坐汽车从A地前往B地的费用也会大幅下降。到时候我们可以把汽车卖掉，而永远不用再去操心车检和换轮胎，也不用再担心被无良汽修工占便宜（当然，在这些部门就业的人收入会受到影响）。

如果我们通勤途中不再需要关注路况，就会拥有更多的工作和娱乐时间。我们或许可以看更多的电视，读更多的书，做更多的填字游戏，还能把那条围巾给织完（当然了，可能性更大的情况是，我们只是回复了更多电子邮件）。与此同时，由于电脑比我们更擅长开车，我们遭遇和目睹的事故都会减少。用电脑代替人类来控制机动车之后，每年能够挽救成千上万人的生命，或许我们就是其中一员——而我们从没意识到应该感谢这个算法的奇迹。我们无须再为靠边停车而费心，甚至根本无须再找停车位，因为我们的私家车或临时租用的汽车会自己开到停车位上，或者干脆继续去接其他人。除那些特别另类的家伙，一般人都会开心地享受由此带来的便利。我们可以把车库改造成卧室或办公室，或者用来收纳不用的KitchenAid搅拌器、面包机和收腹器。我们支付的汽车保险费用会下降。

自动驾驶时代还有可能改变城市规划，而这种改变未必都是积极的。人们也许会放弃公共交通而一窝蜂地搭乘汽车，导致道路拥堵比今天更加严重。如果让汽车自己在城市里到处转悠比找地方泊车更便宜，车主就可能会让不用的空车四处游荡，从而造就罗宾·蔡斯所说的"僵尸车"占满道路的梦魇般场景。由于通勤比以往轻松了，郊区也许会魅力大增，于是，高能效、高密度的城市会被像摊大饼一样无止境扩张的城市所取代。但情况也不见得非得如此。

我对文艺复兴（欧洲历史上14—17世纪这段时期）的了解几乎全部来自优兔上一段18分钟的视频，这段视频是由作家兼哲学大家阿兰·德波顿（Alain de Botton）的人生学校制作的。德波顿在视频中用了几分钟时间来向观众讲述文艺复兴领袖兴建美丽城市的热情。他说，在17世纪以来建立的城市中，只有屈指可数的几个能与意大利半岛在300多年的文艺复兴时期出现的那些优雅城市媲美。当然，他承认古代的城市规划者无须操心汽车或区划法，但这些规划者胸怀使命，并且一心一意、矢志不渝地去践行这种使命。他说："整个意大利半岛的城市之父都痴迷于一个了不起的新理念——城市应该凝聚这种对美的空前关注。而我们的所作所为却与这些努力背道而驰,真是有些汗颜。"

德波顿认为,成功的城市规划从来都不是出于偶然。文艺复兴之所以造就了伟大的城市,是因为文艺复兴的领袖们坚信人在很大程度上是由他们周围的建筑塑造的。当我走在旧金山街头时不禁想起了这句话。旧金山是个欣欣向荣的都市,亿万富豪人数在全球排名第十,但我走路时必须小心提防人行道上的秽物。德波顿说:"确保公共空间传达庄严和冷静之感并不是无用的奢侈,它有助于确保整个城市人口的理性、活力和幸福。"

文艺复兴领袖秉持的理念是,公共领域应该是美丽、精致、富有魅力的,只有这样,社会上较为富有的公民才不会想要遁入他们的私人庄园,将自己与周遭的世界隔绝开来。这样一来,所有公民便能够被"令人兴奋的共同生活愿景所鼓舞"。

1908年,亨利·福特向世人呈现了第一辆Model T,这款汽车日后将重新定位人类文明架构,而人类文明也将围绕这款汽车进行自我再定位。一个多世纪后,埃隆·马斯克带来了Model S,此时此刻,人类文明已为一场文化重生做好了充分准备——而一辆漂亮、无公害的自动驾驶汽车可望起到催化剂作用。"autonomy"一词的含义[①]不仅指对机动车的自动控制,而且包含自决之义。凭借这种自动、自决的力量,我们能够把革命变为一场复兴。

---

① 这个词取自自动驾驶汽车的英文名称"autonomous car",既有"自动"的意思,也有"自主""自决"的意思。

参考说明

本书参考了我自己的原创报道以及其他人的相关报道。与特斯拉有关的内容仅以公开资料为依据，包括新闻报道、杂志人物特写、博客文章、视频、纪录片、法院文件和公司档案。书中关于特斯拉发展历程和埃隆·马斯克生平的部分主要参考了艾什利·文斯（Ashlee Vance）的传记《硅谷钢铁侠：埃隆·马斯克的冒险人生》以及德雷克·贝尔（Drake Baer）为 Business Insider 撰写的报道。马克斯·查夫金（Max Chafkin）2007年为 Inc. 撰写的关于马斯克的人物特写以及克里斯·佩因（Chris Paine）的纪录片《谁杀死了电动汽车？》和《电动汽车的复仇》也是宝贵的材料来源。特斯拉之外的内容主要是参照我自己的采访和调研，这在正文中应该能够清楚地看出。

关于本书所记述的事实，我编制了一份详细的资料来源清单并将其发布在我的个人网站上（网址是 hamishmckenzie.com）。若读者有兴趣求证我说的是真是假，建议看看清单上详列的出处。

书中的人物对话有一小部分是我凭记忆重新组织的，但绝大多数对话都转写自我自己的采访录音或网上的视频。有几处我根据视频、照片和媒体报道重构了场景。

我还想向许多薪酬过低且未得到充分重视的记者表示敬意，因为他们的作品是理解本书所涉许多主题和人物的基石。

我要特别感谢《纽约时报》、彭博社、*Business Insider*、《商业周刊》、《华尔街日报》、路透社、《财富》、*Inc.*、《连线》、《卫报》、《洛杉矶时报》、《赫芬顿邮报》、《商报》、《南华早报》和财新网等媒体的记者们，没有他们，我是不可能写出这样一部作品的。

致　谢

《特斯拉传：实现不可能》酝酿于 2013 年 8 月。时任 Faber & Faber 出版社非虚构部门主管的朱利安·卢斯（Julian Loose）发邮件问我是否有兴趣写一本关于埃隆·马斯克的书。随后，朱利安启动的这个项目经历过全速冲刺，也遭遇过挫折，最终缓缓越过了终点线。在整个过程中，朱利安给了我许多宝贵的情感和专业支持。我不知道怎样才能充分表达感激之情，且用这几行字聊表谢意吧。

我的代理人吉姆·莱文（Jim Levine）从一开始就对我的能力抱有信心，甚至比我自己更有信心。有他伴我左右并容我从他的经验中汲取智慧，让我倍感幸运。我还要感谢吉姆的同事贝丝·费舍（Beth Fisher）向国际出版商推介我的书，感谢版权代理公司 Levine, Greenberg, Rostan Literary Agency 每一位给予我帮助并以耐心相待的职员。

我的编辑史蒂芬·莫罗（Stephen Morrow）和我一样出生于新西兰小镇，能与他共事让我感到三生有幸。史蒂芬似乎洞悉我内心的每一个角落，他的真知灼见让书稿的质量大大提升，同时又容我保留了自己写作时最珍视的观点和价值。他还支持我克服了一些意外出现的挑战。我对他抱有无尽感激。

还要感谢Faber & Faber的编辑安格斯·卡吉尔（Angus Cargill）给予我的建议和指导。

感谢斯科特·盖特伊（Scott Gattey）提供法律建议；感谢维克多·美诺蒂（Victor Menotti）提供调研支持；感谢童士豪为我牵线搭桥，使我得以采访中国的企业家。

感谢NextEV联合创始人、在汽车行业浸淫40年的老将马丁·利奇慷慨地付出时间并积极配合我的采访。我伤感地得知他于2016年11月不幸过世。但愿我的书能把他忠实地呈现给读者。

沙恩·斯诺（Shane Snow）给了我很多帮助，他是一位多才多艺的作家兼创业者，为我开启了我从没奢望靠近的大门。凯利·彭德格拉斯特（Kelly Pendergrast）、克里斯·豪斯（Chris House）、帕特里克·克鲁森（Patrick Crewdson）、默多克·史蒂芬斯（Murdoch Stephens）、克里斯托弗·米姆斯（Christopher Mims）、艾什利·文斯、卡伦·托马斯（Cullen Thomas）、利兹·贾维斯-西恩（Liz Jarvis-Shean）、亚历克西斯·乔治森（Alexis Georgeson）、克里斯蒂娜·拉（Christina Ra）以及太多无法一一列出姓名的朋友给了我莫大的精神支持，我要感谢他们。我还要感谢特斯拉和Kik的前同事们，我们曾经是同事，现在是好友。

我要向Kik的CEO泰德·利文斯顿（Ted Livingston）致以深挚的谢意。泰德以乐观的态度不懈追求双赢，而我正是这种双赢的受益者。他是个了不起的人，是我的偶像。克里斯·贝斯特

（Chris Best）也一样。贝斯特曾与泰德联合创建Kik，现在又与我联合创建了订阅出版初创公司Substack。

我要向我哥哥安德鲁（Andrew）和嫂子米莉阿玛（Miriama）道一声响亮的"kia ora"[①]，感谢你们在我需要时给我鼓励与同情。你们的孩子也很酷。嘿，汤米（Tommy）、雷切尔（Rachel）、埃斯特（Esther），你们好！我还要向另一个哥哥戴维道声"kia ora"，他已经离开了我，但他在世时教会我很多东西。

感谢我妈妈路易丝，感谢你在艰难时刻以爱和勇气带我们渡过难关。感谢我爸爸理查德认真阅读了每一稿的每一个章节，感谢你对这个项目的热忱。

我要对我的儿子、2017年7月5日出生的詹姆斯说，你在不经意间给予我莫大的帮助，让我度过了一些艰难时刻。

谢谢你们。

最后，致我的妻子王怡宁：感谢你在写书过程中每分每秒给予我的坚定支持与帮助。这只是我们共同走过的许多旅程中最近的一段，今后我们还有很多路要走。希望下一段旅程不至于如此颠簸。我爱你。

[①] 毛利语的问候语，相当于"你好"。——译者注